Das Vermächtnis des Max Raphael Hahn

Lisette Ferera und Cordula Tollmien
unter Mitarbeit von Michael Hayden und Sharon Meen

Das Vermächtnis des Max Raphael Hahn – Göttinger Bürger und Sammler

Eine Geschichte über Leben und Tod, mutige Beharrlichkeit und die fortwirkende Kraft der Familientradition

Übersetzung aus dem Englischen
Tanja Grinberg und Cordula Tollmien

Fotos der Sammlungsobjekte
Michael Rubell, Michael Hayden und Diana Kanter

HOGREFE

GÖTTINGEN · BERN · WIEN · PARIS · OXFORD · PRAG
TORONTO · BOSTON · AMSTERDAM · KOPENHAGEN
STOCKHOLM · FLORENZ · HELSINKI

Die Drucklegung dieses Buches wurde ermöglicht durch die finanzielle Unterstützung der Stadt Göttingen, der Städtischen Sparkasse Göttingen (Lotterie Sparen und Gewinnen – Reinertrag 2013), des Geschichtsvereins für Göttingen und Umgebung, der Jüdischen Kultusgemeinde für Göttingen und Südniedersachsen und des Jüdischen Lehrhauses Göttingen e. V. Außerdem haben sich eine Vielzahl von Privatpersonen an der Finanzierung beteiligt: Gabriele Andretta, Günter Blümel, Doris von der Brelie-Lewien, Angelika Deese und Cordula Tollmien, Waltraud Graubner, Wilfried Haddinga, Franziska Haselmeyer, Wolfgang Hinze, Marie-Luise Küsgen, Inge Ott-Höfer, Sibylle Rohr, Christa Schwalbe, Eva Tichauer Moritz, Jürgen Trittin, Helmhard und Angelika Ungerer und Ulrike Witt. Allen sei herzlich gedankt.

Bibliografische Information der Deutschen Nationalbibliothek

Die Deutsche Nationalbibliothek verzeichnet diese Publikation in der Deutschen Nationalbibliografie; detaillierte bibliografische Daten sind im Internet über http://dnb.dnb.de abrufbar.

© 2015 Hogrefe Verlag GmbH & Co. KG
Göttingen · Bern · Wien · Paris · Oxford · Prag · Toronto · Boston
Amsterdam · Kopenhagen · Stockholm · Florenz · Helsinki
Merkelstraße 3, 37085 Göttingen

http://www.hogrefe.de
Aktuelle Informationen · Weitere Titel zum Thema · Ergänzende Materialien

Fotoreproduktion und Bearbeitung: Michael Rubell
Umschlaggestaltung: Daniel Kleimenhagen, Hildesheim
Satz: ARThür Grafik-Design & Kunst, Weimar, nach einer Vorlage von Lisette Ferera, Michael Rubell und LaVida Family Histories
Druck: Media-Print Informationstechnologie, Paderborn
Printed in Germany
Auf säurefreiem Papier gedruckt

ISBN 978-3-8017-2679-9

Widmung

In Erinnerung an
unsere Eltern Rudolf Hahn/Roger Hayden und Hanni Barton, geb. Hahn
und unsere Großeltern Max Raphael und Gertrud Hahn, geb. Lasch

und für unsere Kinder
Sarah, Anna, Jessica und Gideon, Lisa, David und Tom
Hannah und Maia

Michael und Jonathan Hayden
Diana Kanter und Trudy Barton

Inhalt

Vorwort zur deutschen Ausgabe

Im November 1934, Adolf Hitler und die Nationalsozialisten waren seit fast zwei Jahren an der Macht, erschien in dem nach dem jüdischen Philosophen Philo von Alexandria benannten Berliner Philo-Verlag ein Lexikon, das sich nichts weniger vorgenommen hatte, als ein *Wegweiser durch alle Gebiete jüdischen Wissens aus Vergangenheit und Gegenwart* zu sein und *auf knappem Raum über all das zu unterrichten, was das Judentum umschließt: Religion und Geschichte, Leistung und Leben* (aus dem Vorwort). Der 1919 gegründete Philo-Verlag war das Publikationsorgan des Central-Vereins deutscher Staatsbürger jüdischen Glaubens und hatte vor 1933 vor allem aufklärerische Schriften gegen Judenhass und völkisches Denken veröffentlicht, die sich explizit auch an Nichtjuden richteten. Die bekannteste Publikation unter diesen Schriften war der sogenannte Anti-Anti, eine gegen den Antisemitismus gerichtete Aufklärungsschrift mit dem Untertitel *Tatsachen zur Judenfrage*, die zwischen 1923 und 1932 insgesamt sieben Auflagen erlebte. Nach 1933 hatte man das Verlagsprogramm gezwungenermaßen umstellen müssen und zielte nun auf eine mehr oder weniger rein jüdische Leserschaft, für die man vornehmlich Texte publizierte, die der Behauptung der jüdischen Identität in einer zunehmend feindlichen Umgebung dienten. So erschienen im Philo-Verlag nach 1933 Bücher zur jüdischen Existenz in der Geschichte, religionsphilosophische Werke, aber auch Kunstbände und Koch- und Kinderbücher und eben das *Handbuch des jüdischen Wissens*, das bis heute unter seinem Kurztitel *Philo-Lexikon* bekannt ist und 2003 vom Jüdischen Verlag im Suhrkamp Verlag wieder aufgelegt wurde. Noch im ersten Jahr seines Erscheinens erlebte das *Philo-Lexikon*, das mit einer Auflage von 15 000 Exemplaren gestartet war und bis 1937 insgesamt 31 000-mal gedruckt wurde, seine zweite und dritte Auflage.

Zu den durchweg namhaften Wissenschaftlern und Rabbinern, die zu diesem Lexikon beigetragen hatten, gehörte auch Franz Landsberger, der 1935 Direktor des Jüdischen Museums in Berlin geworden war und der in der Geschichte der Familie des Judaica-Sammlers Max Raphael Hahn später eine wichtige Rolle spielen sollte. Möglicherweise stammte der Artikel des *Philo-Lexikons* über jüdische Sammlungen sogar von ihm: Dieser Artikel beginnt mit einer Kurzdefinition dessen, was eine jüdische Sammlung ist, nämlich entweder eine Sammlung allgemeiner Art in jüdischem Besitz oder aber eine Judaica-Sammlung, und fährt dann fort: *Judaica-Sammlungen umfassen Einzelgebiete wie Archäologisches (Keramik, Münzen, Siegel), Ritualien, Kunstwerke, Handschriften, Drucke, Medaillen, Autographen usw. (jüdischer Herkunft oder auf das Judentum bezüglich) oder alle diese Gebiete zusammen.* (Die in Lexikonartikeln üblichen Abkürzungen wurden der besseren Lesbarkeit halber hier aufgelöst.) Genannt werden dann im Folgenden zunächst öffentliche nichtjüdische Museen, in denen es Judaicabestände gab, wie beispielsweise das British Museum in London, das Musée Cluny (heute Musée national du Moyen Âge) in Paris, das Historische Museum in Amsterdam und das Germanische Museum in Nürnberg, aber auch das Bayrische Nationalmuseum in München, das Stadtmuseum in Köln und das Historische Museum in Frankfurt, das seit 1922 eine eigene Abteilung für Judaica besaß. Davon abgesehen, so der Artikel weiter, gebe es eine Reihe von Museen, die von den jüdischen Gemeinden selbst oder von jüdischen Museumsvereinen betrieben würden, so etwa das schon genannte Jüdische Museum in Berlin oder das Museum jüdischer Altertümer in Frankfurt.

Auch private Sammlungen führt der Artikel auf und nennt dabei gleichberechtigt mit so bedeutenden Sammlungen wie denen der Rothschilds und Sassoons in London, der von Salli Kirschstein in Berlin oder von Heinrich Feuchtwanger in München auch die Sammlung Hahn in Göttingen: Der Name Rothschild und deren bedeutende Kunstsammlungen sprechen dabei für sich. Erwähnt werden soll in diesem Zusammenhang daher nur, dass die Judaica-Sammlung des Musée Cluny, das ursprünglich nur christliche Kultgegenstände von hoher ästhetischer Qualität gesammelt hatte, dem Museum 1890 von der Baronin Nathaniel de Rothschild gestiftet worden war. Es handelte sich dabei um die

Sammlung des 1806 geborenen und 1888 verstorbenen, aus einer Straßburger Rabbinerfamilie stammenden Komponisten Isaak Strauss. Dieser hatte seine Sammlung erstmals auf der Pariser Weltausstellung von 1878 präsentiert, was zugleich das erste Mal überhaupt war, dass jüdische Kultgegenstände öffentlich in einer Ausstellung gezeigt wurden. Die vor allem in Bagdad, Persien, Indien und Hongkong und Shanghai tätige Familie Sassoon, auch *Rothschilds des Ostens* genannt, in der es englische Parlamentsabgeordnete und Zeitungsherausgeber ebenso gab wie jüdische Gelehrte, stand den Rothschilds, was kulturelle Stiftungen angeht, kaum nach: Die Sammlung Sassoon, von der in dem Artikel des *Handbuchs des jüdischen Wissens* die Rede ist, hatte der 1880 geborene David Solomon Sassoon begründet, der bis heute als einer der bedeutendsten jüdischen Sammler und Bücherkenner gilt und der sich auch als Verfasser gewichtiger Werke über hebräische Poesie und die Geschichte der Juden in Bagdad einen Namen gemacht hat. Sein Sammlungsschwerpunkt waren jüdische Manuskripte und Bücher, doch die Sassoon-Sammlung umfasste auch jüdische Zeremonialgegenstände, wie sie im Haus und in der Synagoge verwendet wurden und wie sie auch Max Raphael Hahn bevorzugt sammelte. Nun waren und sind die Rothschild- und Sassoon-Sammlungen natürlich – auch wenn sie in dem Handbuchartikel mit der Hahnschen Sammlung gleichberechtigt genannt werden – weitaus umfangreicher und kostbarer als die relativ gesehen nur kleine Göttinger Sammlung der Familie Hahn, die grob geschätzt etwa 300 oder vielleicht auch etwas mehr Objekte umfasste. Schon eher vergleichbar mit der Hahnschen Sammlung sind dagegen die ebenfalls in dem Artikel genannten Sammlungen von Salli Kirschstein in Berlin und von Heinrich Feuchtwanger in München:

Der Zahnarzt Heinrich Feuchtwanger war ein Verwandter, wenn auch nicht sehr naher, des berühmten Schriftstellers Lion Feuchtwanger und ein Liebhaber jüdischer Sakralkunst. Er engagierte sich in den 1920er Jahren aktiv im Verein für jüdische Museen in Bayern, und es gelang ihm – anders als den Hahns –, seine im Laufe der Jahre zusammengetragenen Schätze 1935 in die Emigration nach Palästina zu retten.

Salli Kirschstein gehörte wie Max Raphael Hahn und Heinrich Feuchtwanger zu der insgesamt besonders rührigen Sammlergeneration, die ihre Samm-

lungen am Ende des 19. Jahrhunderts und in den beiden ersten Jahrzehnten des 20. Jahrhunderts begründeten. Er veröffentlichte 1918 eine Broschüre mit dem Titel *Jüdische Graphiker aus der Zeit von 1625–1825*, in dem er einen kleinen Ausschnitt seiner Sammlung der Öffentlichkeit vorstellte. Auf dem Höhepunkt des gegen Ende des Ersten Weltkriegs in Deutschland wieder neu aufgeflammten Antisemitismus wandte er sich mit dieser Veröffentlichung explizit auch an Nichtjuden, denen er, wie er im Vorwort schrieb, auf diese Weise jüdische Kunsttradition nahezubringen hoffte: *So mag dieses Buch dazu beitragen – trotz des schweren Krieges draußen und des oft häßlichen Kampfes im Innern – die Menschen einander näher zu bringen dadurch, daß es die Erkenntnis des Wortes Grillparzers auch für uns Juden zur Geltung bringen hilft: ,Lernt uns kennen, besser kennen, wie dies bisher oft der Fall war – und ihr werdet uns achten!'*

Schon Isaak Strauss war es 1878 bei der Ausstellung seiner Sammlung auf der Pariser Weltausstellung, auf der seine prachtvollen Artefakte allgemein viel Aufsehen erregt und große Bewunderung gefunden hatten, vor allem um das nichtjüdische Publikum gegangen und insbesondere um die Widerlegung des antisemitischen Arguments, nach dem das Judentum (im Gegensatz zum Christentum) angeblich keine eigenständigen künstlerischen Leistungen hervorgebracht habe. Begründet wurde dieses Verdikt in der Regel mit dem alttestamentarischen Bilderverbot, wobei bis heute vor allem in der populärwissenschaftlichen Literatur außer Acht gelassen wird, dass zum einen das *Du sollst Dir kein Bildnis machen* auch für Christen gilt und dass es sich zum anderen lediglich auf die Darstellung Gottes bezieht.

Ob auch Max Raphael Hahn ein ähnliches auf Nichtjuden gerichtetes aufklärerisches Motiv bewegt hat wie Salli Kirschstein und Isaak Strauss, mag hier dahingestellt bleiben. Ganz sicher aber hätte er die folgende Aussage Kirschsteins unterschrieben: *Ich habe*, schrieb dieser im Vorwort zu seiner Broschüre, *seit über 20 Jahren alles zusammengetragen, was Juden an Kunstwertem und Volkstümlichem für ihre religiöse Uebung, für Gottesdienst und Haus im Laufe der Jahrhunderte in allen Ländern der Erde geschaffen haben, damit aus ihrem ,Eigenen' sich ein Bild des Kulturlebens darbiete.*

Kirschstein, der – nach Aussage von Kurt Schwarz, dem Vorgänger von Franz Landsberger als Leiter des Jüdischen Museums in Berlin – einer der kenntnisreichsten Judaica-Sammler war, hat seine Sammlung aufgrund von geschäftlichen Misserfolgen zweimal verkaufen müssen: das erste Mal schon 1924. Damals ging seine kostbare Sammlung geschlossen an das Museum des Hebrew Union College in Cincinnati, dessen Leiter 1939 Franz Landsberger werden sollte. Nach diesem ersten Verkauf hatte Kirschstein sofort mit dem Aufbau einer neuen Sammlung begonnen, die er dann nach den Krisenjahren 1932 ebenfalls wieder zum Verkauf anbieten musste. Diesmal konnte das Jüdische Museum in Berlin den größten Teil der Sammlung erwerben, was zunächst wie ein Glücksfall aussah, letztendlich aber die Zerstörung der Sammlung durch die Nationalsozialisten zur Folge hatte.

Für die Versteigerung der Kirschstein-Sammlung 1932 war ein über 800 Einzelobjekte umfassender Katalog aufgelegt worden, dem der Kunsthistoriker Theodor Harburger einleitend ein paar Sätze zur Geschichte jüdischer Sammlungen und den Motiven ihrer Sammler vorangestellt hat: Auch Harburger betonte wie Strauss und Kirschstein selbst die Absicht, durch eine solche Sammlung *das Wissen von Judentum und jüdischem Wesen einem weiteren Kreise auch außerhalb der Judenheit zugänglich zu machen* und die *Bedeutung der geistigen und künstlerischen Kräfte* herauszustellen, *die in jüdischen Werken vergangener Zeiten, wie auch der Gegenwart wirksam sind.* Zugleich aber gab er einen kurzen Abriss über die Entstehungsgeschichte dieser Sammlungen, die ohne die bürgerliche Emanzipation der Juden und ihren damit verbundenen Eintritt in die europäische bürgerliche Kultur, in der nun auch Zeremonialobjekte losgelöst von ihrer ursprünglichen religiösen Bedeutung als Kunstobjekte wahrgenommen werden konnten, zweifellos nicht denkbar sind. Doch betont Harburger anders als Strauss nicht so sehr die Bedeutung solcher Sammlungen für die nichtjüdische Umwelt, sondern vor allem für das innerjüdische Leben, ihre Bedeutung als Zeugnis für die immer stärker schwindende Selbstverständlichkeit jüdischer religiöser Praxis:

Die Bestrebungen, schrieb Harburger, *den Niederschlag jüdischen kulturellen Lebens in seinen greifbaren Gestaltungen zu erfassen und zu seinem möglichst abgerundeten Bilde zu formen, sind erst in den jüngst verflossenen Jahrzehn-* *ten aufgetreten. Diese Erscheinung findet ihren Hauptgrund in der Tatsache, daß die früheren Geschlechter das ihren ganzen Lebensbezirk durchpulsende Judentum in sich so stark empfanden, daß sie dem Brauchtum besonderes Augenmerk zuzuwenden nicht für nötig hielten. Neben dieser naiven Einstellung, die das Alltägliche nicht weiter beachtenswert findet, griff – zumal im europäischen Westen – eine gewisse Entfremdung von jüdischen Einrichtungen immer mehr Platz. Aus diesen Ursachen ist der lebenden Generation, besonders der Jugend, die Kenntnis jüdischer Lebensformen fast abhanden gekommen und damit die Gefahr heraufbeschworen, daß ein wesentlicher Quell jüdischen Lebens völlig verschüttet würde. Hier eingesetzt zu haben, ist das Verdienst einzelner Männer, die durch Sammlung des zerstreuten Kulturguts diese Werte bewahrten und damit eine Tätigkeit entfalteten, die vielfach ohne Unterstützung der jüdischen Öffentlichkeit nur mit größter Mühe durchgeführt wurde.*

Sammeln also als Vergewisserung der eigenen jüdischen Identität – das ist ein Motiv, das ganz sicher auch Max Raphael Hahn bewegte und auch seinen Vater, Raphael Hahn, der schon in den 1870er Jahren, also vergleichsweise früh, mit dem Sammeln von Judaica begonnen hatte. Denn Raphael Hahn war zwar anders als sein Sohn sein ganzes Leben lang fest im orthodoxen Judentum verankert, doch er erlebte schon, wie sich in seiner Göttinger Umgebung dieses althergebrachte Judentum nach und nach immer stärker liberalisierte und so viele alte Traditionen verloren gingen. Für sich selbst traf er die Entscheidung, die liberale Göttinger Gemeinde zu verlassen und einer Austrittsgemeinde beizutreten, in der sich die kleine Minderheit der orthodoxen Göttinger Juden sammelte. Doch auch wenn seine beiden in Göttingen lebenden Söhne Nathan und Max Raphael Hahn anfänglich diesen Schritt des Vaters noch mitgingen und sich erst nach dessen Tod der liberalen Mehrheitsgemeinde anschlossen, wird Raphael Hahn sehr wohl bewusst gewesen sein, dass die Veränderung oder die von ihm vielleicht sogar befürchtete Auflösung des Judentums, wie er es kannte und praktizierte, in der modernen Gesellschaft, in die seine Kinder hineinwuchsen, nicht mehr aufzuhalten war. Und seine Sammeltätigkeit kann man als Ausdruck dieses Bewusstseins deuten: *Erst die als bedroht wahrgenommene Lebenswelt macht ihre museale Rettung notwendig*, schrieb Hildegard Frübis dazu in ihrem 2007 erschienen Aufsatz über Judaika-Sammlungen (S. 164), dem sie den Untertitel *Die Ethnographie der eigenen Kultur* gab. *Jenseits ihrer einstigen Nutzung*, so Frübis weiter über die ursprünglich für gottesdienstliche Zwecke geschaffenen Sammlungsobjekte, wurde so *eine von diesen ehemaligen Gebrauchszusammenhängen separierte 'Welt in der Vitrine' geschaffen* und die Judaica ihres religiösen Kontextes beraubt immer stärker zu bloßen Trägern von jüdischer Kultur und Geschichte (S. 165). Und Juden, die sich wie Kirschstein und ganz sicher auch Raphael Hahn und sein Sohn Max Raphael zunächst in erster Linie als Bewahrer jüdischer Traditionen verstanden hatten, wurden auf diese Weise zu ganz normalen bürgerlichen Sammlern mit dem Spezialgebiet Judaica.

Denn Sammeln – und das trifft insbesondere auch für Max Raphael Hahn zu, der nicht nur Judaica, sondern auch weltliche Kunst sammelte – war um die Jahrhundertwende immer auch Ausdruck eines stolzen bürgerlichen Selbstbewusstseins. Durch eine geschmack- und stilvolle Sammlung demonstrierte der wohlhabende Bürger, dass er seinen Reichtum nicht in angeberischem Prunk verschwendete, sondern klug in geistig und künstlerisch hochstehende Objekte investierte: *Der Kunstbesitz*, so der Berliner Kunstkritiker und -sammler Max Friedländer in seinen Erinnerungen aus dem Jahre 1967 und seitdem immer wieder zitiert, *ist so ziemlich die einzige anständige und vom guten Geschmack erlaubte Art, Reichtum zu präsentieren* (zitiert nach Anette Weber, 2008, S. 28). Eine Sammlung versprach darüber hinaus in der wilhelminischen Gesellschaft nicht nur gesellschaftliches Prestige, sondern war auch Mittel individueller Selbstverwirklichung: Oder wie es Wilhelm von Humboldt schon 1831 ausgedrückt hatte: *Und in der That ist die Kunst vorzugsweise geeignet, nicht nur (denn dies wäre bloss eine Täuschung gewährende Unterbrechung) von ernsten Begebenheiten zerstreuend abzuziehen, sondern auch dem Geiste gerade die Ruhe und Stärke zu verleihen, deren beider zugleich das glückliche und das wirkliche Leben bedürfen* (zitiert nach Anette Weber, 2008, S. 31).

Den Göttingern ist die Familie Hahn heute vor allem als Opfer des Nationalsozialismus in Erinnerung: Max Raphael Hahn und seine Frau Gertrud wurden von den Nationalsozialisten in Riga ermordet, und nur ihren Kindern Rudolf und Hanni gelang die Flucht nach England. Allenfalls ist noch bekannt, dass Max Raphael Hahn in den Zwanziger und Dreißiger Jahren als Synago-

Der selbstbewusste deutsche Bürger ließ sich in Öl portraitieren oder auch – moderner – fotografieren. Letzteres tat auch Max Raphael Hahn. Dabei dienten Fotos oft als Vorlage für Gemälde. Dass Max Raphael Hahn hier das Foto selbst rahmen ließ, kann als Bekenntnis zu diesem technisch neuen Medium aufgefasst werden. Zwar ist dieses Foto in Habitus und Gestus noch genau dem klassischen bürgerlichen gemalten Portrait nachempfunden (das Bild wurde sogar vom Fotografen signiert), aber es muss nicht mehr vorgeben, ein Gemälde zu sein. Foto Zwanziger Jahre. – Sammlung Hahn.

genvorsteher das jüdische Leben in Göttingen maßgeblich bestimmte, und man weiß vielleicht auch noch, dass die Hahns vor 1933 eine der einflussreichsten Göttinger Unternehmerfamilien waren. Dass Max Raphael Hahn darüber hinaus ein so wichtiger jüdischer Sammler war, dass er Aufnahme in das *Handbuch des jüdischen Wissens* des Philo-Verlags fand, war selbst mir als Historikerin, die sich jahrelang intensiv mit der Geschichte der Göttinger Juden und speziell mit der Geschichte der Familie Hahn befasst hat, neu. Als ich daher vor einem Jahr das ursprünglich nur für die eigene Familie verfasste Buch über die Sammlung Hahn-Hayden in die Hand bekam, war für mich schon beim ersten Durchblättern klar, dass wir dieses exzeptionelle Dokument aus der Geschichte der wohl bedeutendsten jüdischen Familie Göttingens einer größeren Öffentlichkeit zugänglich machen müssen.

An dieser Stelle seien ein paar Worte zur Entstehungsgeschichte dieses ursprünglich von den Nachfahren der Familie Hahn für die eigene Familie zusammengestellten Buchs eingefügt. Für mich begann diese Geschichte mit einer Mail, die ich am 2. Mai 2011 aus Kanada erhielt: *Mein Name*, hieß es in der Mail, *ist Michael Hayden und ich bin der Enkel von Max Raphael Hahn.* Obwohl ich wusste, dass den Kindern von Max Raphael Hahn, Rudolf und Hanni, gerade noch rechtzeitig die Emigration nach England gelungen war, hat mich diese Mail damals doch über alle Maßen berührt, und das tut sie noch heute. Niemals hätte ich trotz meiner Forschungen zum Wirken des Nationalsozialismus in Göttingen und obwohl ich dabei immer wieder auf die Familie Hahn gestoßen war, damit gerechnet, dass sich einmal jemand bei mir melden würden mit den schlichten Worten *Ich bin der Enkel von Max Raphael Hahn.*

In seiner Mail kündigte Michael Hayden, der Sohn von Rudolf Hahn, der sich in der Emigration in Roger Hayden umbenannt hatte, zweierlei an: nämlich erstens, dass er Material für eine Geschichte der Familie Hahn sammele und dabei hoffe, von meinen Forschungen profitieren zu können, und zweitens, dass er gemeinsam mit seinen Töchtern und seiner Cousine Diana Kanter, die die Tochter von Hanni Hahn ist, im Juni 2011 Göttingen besuchen werde. Es wurde ein sehr intensiver, alle Beteiligten sehr bewegender Besuch, der uns zu allen Stätten der Familiengeschichte führte, die ich in der Kürze der Zeit hatte ausfindig machen können: angefangen von dem nach dessen erstem Besitzer benannten Holbornschen Haus in der Roten Straße, das die Familie Hahn in der Mitte des 19. Jahrhunderts bezog, über das 1864 erworbene Stammhaus der Firma in der Weender Straße 70 (früher 63) und dem Wohnhaus der Hahns in der Merkelstraße 3, in dem Rudolf und Hanni aufgewachsen waren, bis zum Mahnmal für die Synagoge an der Oberen Masch und dem gegenüberliegenden Gerichtsgefängnis, in dem Max Raphael Hahn nach seiner Verhaftung in der Reichspogromnacht vom 10. November 1938 bis zum Juli 1939 einsitzen musste.

Unter dem Betreff *The Story Continues* erhielt ich dann im August 2011 die Nachricht von Michael Hayden, dass er die Historikerin Sharon Meen mit der Aufarbeitung seiner Familiengeschichte beauftragt habe, was zunächst vor allem die Sichtung der Dokumente bedeutete, die seine Großeltern noch Anfang der 1940er Jahre aus Deutschland hatten herausschaffen können. Mit Sharon Meen, die Deutschland ein- oder zweimal im Jahr besucht und dabei auch immer in Göttingen Station macht, bin ich seitdem in regelmäßigem Kontakt, und sie war es auch, die mir im Juni 2013 das inzwischen entstandene Familienbuch zeigte, in dem mich zunächst vor allem die zahlreichen Abbildungen der jüdischen Sakralobjekte faszinierten. Viele dieser Gegenstände sind durch das Wüten der Nationalsozialisten heute unwiederbringlich verloren, doch in diesem Buch leben sie wenigstens als Foto weiter und repräsentieren so einen wichtigen Teil des kulturellen jüdischen Erbes, das einmal auch ein deutsches Erbe war.

Geschrieben wurde dieses Familienbuch unter Mithilfe von Sharon Meen und Michael Hayden von Lisette Ferera, einer Mitarbeiterin des Musée de la civilisation in Quebec. Lisette Ferera, eine Verwandte von Michael Haydens Frau und selbst Tochter von Holocaustüberlebenden, arbeitete sich mit Hilfe von Sharon Meen durch geschätzt 4 000 Seiten von Dokumenten, die sich im Hahn-Hayden-Familenarchiv befinden, und konzentrierte sich in dem für die Familie zusammengestellten Buch dann auf die Judaica-Sammlung von Max Raphael Hahn und auf Max Raphael Hahns Anstrengungen, diese vor den Nationalsozialisten zu retten. Das Buch diente also ebenso wie ursprünglich die von Raphael Hahn und seinem Sohn Max Raphael Hahn zusammengetragene

Sammlung in erster Linie der Vergewisserung der eigenen Identität als jüdische Familie, womit sich – wenn auch vor dem Hintergrund eines am Ende des 19. Jahrhunderts noch nicht vorstellbaren Grauens – in gewisser Weise ein Kreis schloss.

Nachdem sowohl der Leiter des Göttinger Stadtarchivs und des Städtischen Museums Ernst Böhme als auch Michael Hayden für die Idee, dieses Buch auch der Göttinger Öffentlichkeit zu präsentieren, gewonnen worden waren, galt es einen Verleger zu finden. Da in dem ehemaligen Wohnhaus der Familie Hahn in der Merkelstraße 3 inzwischen der Hogrefe Verlag residiert, war es zwar naheliegend, aber dennoch keineswegs selbstverständlich, das Buch über die Familie Hahn-Hayden in diesem Verlag zu veröffentlichen. Denn der Hogrefe Verlag ist ein Psychologieverlag, und Bücher historischen Inhalts gehören daher nicht zum Verlagsprogramm. Dennoch war Verlagsleiter und -eigner Jürgen Hogrefe sofort von diesem Projekt begeistert. In einer Mail vom November 2013 nannte er das Hahn-Buch ein *spannendes Zeitdokument*, das uns den Sammler Hahn nahebringe und uns *anhand des Beispiels der Familie Hahn die unfassliche Unmenschlichkeit und das fürchterliche Unrecht* nochmals vor Augen führe, *das ihnen wie so vielen anderen Juden zugefügt wurde. Besonders*, so Hogrefe weiter, *berührt natürlich der Zusammenhang mit unserem Göttingen. Dadurch verliert vieles an Abstraktheit. Das Werk kann daher sicher auch als ein ganz wichtiges Göttinger Zeitdokument gesehen werden.* Jürgen Hogrefe bewies damit nicht nur sein Interesse für die Geschichte des Hauses in der Merkelstraße 3 und vor allem für das Schicksal seiner früheren Bewohner, sondern auch einen Sinn für den hohen symbolischen Wert, den es insbesondere für die Nachfahren der Familie Hahn besitzt, wenn dieses Buch nun in seinem Hause, also sozusagen in dem ehemaligen Hahnschen Haus selbst, veröffentlicht wird. Für dieses Engagement sind ihm die Familie Hahn-Hayden und die Autoren dieses Buches daher ebenso zu großem Dank verpflichtet wie für die sorgfältige Arbeit an diesem Buch, die in seinem Verlag geleistet wurde.

Für einen größeren, in der Regel nichtjüdischen Leserkreis war es notwendig, das vorliegende Familienbuch um Hintergrundinformationen zur jüdischen Geschichte in Göttingen und zur Geschichte der Familie Hahn, aber auch zu den jüdischen Feiertagen und zur Bedeutung der abgebildeten Ritualobjekte zu ergänzen. Das hat sich abgesehen von vielen überall im Text oder auch in der Legende zu den Fotos eingefügten kleinen oder größeren Erläuterungen vor allem in den von mir neu eingefügten Abschnitten zur Entwicklung der Hahnschen Unternehmungen in den ersten beiden Kapiteln und in dem völlig neu eingefügten dritten Kapitel niedergeschlagen, das das Schicksal der Familie bis zur Emigration der beiden Kinder Rudolf und Hanni schildert und uns die Protagonisten dieses Buches durch die Erinnerungen des damaligen Göttinger Rabbiners Hermann Ostfeld (seit 1951 Zvi Hermon) nahebringt. Sharon Meen war mir dabei durch die unermüdliche Beantwortung meiner vielen Fragen und, wo dies notwendig war, auch durch die Übermittlung von zusätzlichen Dokumenten eine große Hilfe. Angelika Deese besorgte eine letzte Durchsicht des Manuskripts und bewahrte uns vor manchen bisher übersehenen Fehlern.

Für mich persönlich ist das zentrale schriftliche Dokument in dem hier vorliegenden Buch der Brief, den Max Raphael Hahn am 29. Mai 1939 noch aus dem Göttinger Gerichtsgefängnis heraus an seinen im Februar 1939 nach England emigrierten Sohn Rudolf schrieb und dem unter dem Titel *Ich glaube, dass meine Judaica für USA richtig sind, sogar die Basis einer neuen Existenz geben können* ein eigener Abschnitt gewidmet ist (S. 97 in diesem Buch). Es ging Max Raphael Hahn in diesem Brief in erster Linie um die Rettung seiner bereits von den Nationalsozialisten beschlagnahmten Judaica-Sammlung, die er hoffte, gegen die Zahlung von Devisen wieder auslösen zu können. Sein Sohn Rudolf dagegen war der Meinung, dass sein Vater die Sammlung verloren geben und stattdessen alles dafür tun sollte, sich und seine Frau sofort aus Deutschland zu retten (Rudolfs Schwester Hanni war seit Mai 1939 ebenfalls bereits in England). Rudolf hatte in Briefen an seine Mutter daher dem Vater wegen dessen Festhalten an seiner Sammlung bittere Vorwürfe gemacht und ihn beschuldigt, dass er die Zeichen der Zeit nicht erkannt und nicht rechtzeitig für die Emigration der Familie gesorgt habe. Der Brief vom 29. Mai 1939, der sechs lange Seiten umfasst, war Max Raphael Hahns Antwort auf diese Vorwürfe seines Sohnes. Er versuchte seinem Sohn darin sowohl seine objektive Situation (er saß nach wie vor im Gefängnis und war daher nur sehr bedingt handlungsfähig) als auch seine Beweggründe begreiflich zu machen: seine

Hoffnung, sich mit Hilfe der Judaica-Sammlung im Ausland eine neue Existenz aufbauen zu können und auf diese Weise nicht von bereits emigrierten Verwandten abhängig sein zu müssen, und sein trotz aller negativen Erfahrungen nach wie vor ungebrochenes Vertrauen, dass sich die Nationalsozialisten wenigstens an die von ihnen selbst erlassenen Gesetze und Verordnungen halten würden, in denen unter bestimmten Bedingungen tatsächlich eine Auslösung bereits beschlagnahmter Wert- und Kunstgegenstände vorgesehen war.

Dieser Brief zeigt uns Max Raphael Hahn noch einmal als das, was er sein Leben lang gewesen war und was er für immer bleiben wollte: nämlich ein ehrlicher und anständiger Kaufmann, der eben gerade durch seine Anständigkeit und seine Ehrlichkeit, die in Göttingen im Übrigen stadtbekannt waren, zu einem der erfolgreichsten Göttinger Unternehmer geworden war. Max Raphael Hahn war in der Kaiserzeit sozialisiert worden, die den Juden zwar keine gesellschaftliche Gleichberechtigung, aber doch immerhin ein sehr hohes Maß an Rechtssicherheit geboten hatte. Aus dieser Zeit stammte seine durch und durch verinnerlichte Überzeugung, dass man sich als Jude in Deutschland nur an die Gesetze zu halten brauche, um, wenn schon nicht sein Gut wahren und mehren zu können, so doch wenigstens das Wenige retten zu können, was davon geblieben war, und auf diese Weise zu überleben. Doch natürlich wusste auch Max Raphael Hahn im Innersten längst, dass dieser seiner Lebensüberzeugung von der nationalsozialistischen Wirklichkeit inzwischen längst jede Basis entzogen worden war: *Ich hätte Dir noch vieles zu sagen & und auch vielleicht zu erklären*, schrieb Max Raphael Hahn seinem Sohn in dem Brief vom 29. Mai 1939 abschließend, *aber es ist für heute reichlich genug. Für solche Zeiten, wie wir sie erlebt haben, war meine Auffassung zu gerade & die Ungeraden haben das Rennen gemacht.*

Nun schilderte Max Raphael Hahn in seinem Brief jedoch nicht nur seine Bemühungen, seine Sammlung zu retten, sondern auch seine vielfältigen, verzweifelten Anstrengungen, für sich und seine Frau doch noch einen Weg aus Deutschland herauszufinden. Aber die Hürden, die sich – vor allem bedingt durch seine lange Gefängniszeit nach der Verhaftung vom 9. November 1938 – vor ihm auftürmten, waren zumindest zu diesem Zeitpunkt schon unüberwindlich: *Ich fürchte nichts & nehme das an, was das Schicksal mir auferlegt, ohne*

damit zu sagen, dass ich meinem Unglück nachlaufen will, schrieb er seinem Sohn. Dieser Brief ist damit auch das Dokument eines Mannes, der schlicht und einfach nicht mehr weiter wusste, auch wenn er sich dies in letzter Konsequenz nicht eingestehen wollte.

Ich persönlich empfinde diesen Brief, in dem sich Max Raphael Hahn uns noch einmal mit seinen eigenen Worten erklärt und der seine Motive und seinen Charakter so lebendig werden lässt wie keine andere Quelle, als eine besondere Art von Vermächtnis Max Raphael Hahns: Denn dieser Brief bewahrt uns Nachgeborene vor der Überheblichkeit, die sich aus unserem Wissen über das, was später geschah, speist und uns nur allzu leicht einen Menschen be- oder sogar verurteilen lässt, der ex eventu gesehen tatsächlich zu spät und falsch handelte. *Das Wissen um die Schoah*, schrieb die Historikerin Susanne Urban-Fahr in ihrer 2001 erschienenen Studie über den Philo-Verlag, *verstellte jede Möglichkeit des Verstehens, dass viele deutsche Juden alles daran setzten, in Deutschland um ihren Status zu kämpfen und erst die Emigration in Betracht zogen, nachdem im November 1938 die Synagogen zerstört waren* (S. 47). Urban-Fahr bezieht sich hier auf die allgemeine öffentliche Meinung im Nachkriegsisrael, doch gelten ihre Worte bis heute ebenso für viele Historiker gleich welcher Nationalität und auch für viele Familien von Holocaustüberlebenden, die oft wenig Verständnis für die Situation und die Beweggründe ihrer Vorfahren haben, die Deutschland nicht rechtzeitig verließen: *Das Dilemma der deutschen Juden, die nicht aus politischen Gründen flohen, sondern abwägen mussten zwischen Heimat und Fremde, zwischen Isolation in Deutschland und Isolation in einem völlig fremden Land, zwischen Selbstbehauptung und Emigration im Sinne einer Kapitulation sowie der Gewissheit um ein unsicheres und zumeist mit einem weiteren Abstieg verbundenes Leben in der Emigration ist kaum vermittelbar* (S. 86). Positiv gewendet: Es konnte auch eine Form von trotziger Selbstbehauptung, ja, wenn man so will, von persönlichem Widerstand sein, nicht in die Emigration zu gehen, sich nicht vertreiben zu lassen. Man stelle sich nur einmal vor, es hätte die Schoah und vielleicht auch die Zerstörung der Synagogen am 9. November 1938 nicht gegeben, und eine Emigration wäre für die Betroffenen nur besser, nicht aber lebensnotwendig gewesen. Hätte man dann den Juden, die schon in den ersten Jahren emigriert waren, nicht vielleicht nachträglich vorgeworfen, zu früh gegangen zu sein und nicht genügend für ihre

Rechte und ihr Verbleiben in Deutschland gekämpft zu haben? Und genau das war das reale Dilemma, in dem sich wie viele andere deutsche Juden auch Max Raphael Hahn in den Jahren nach 1933 befand und das ihn so lange zögern ließ zu gehen. Sein Alter (er war 1939 fast 60 Jahre alt) und die im Brief geschilderten Schwierigkeiten, seine Unternehmen zu liquidieren, mögen ein weiteres Hindernis bei der Entscheidung für eine frühe Emigration gewesen sein. Doch blind war Max Raphael Hahn nicht: *Ich habe das kommen sehen, ohne auch nur das Geringste dagegen unternehmen zu können*, schrieb er seinem Sohn.

Der damals erst 19-jährige Rudolf stand erst am Beginn seines erwachsenen Lebens, und ihm war es daher natürlich viel leichter gefallen als seinem in Göttingen verwurzelten Vater, alles hinter sich zu lassen. In gewisser Weise kann man vielleicht auch von ihm sagen, dass er, der seine Emigration schon hinter sich hatte und nun von außen auf das Geschehen in Deutschland sah, gegenüber seinem Vater ex eventu argumentierte. Darüber hinaus aber waren seine wütenden Briefe, mit denen er seinen Vater im Göttinger Gerichtsgefängnis traktierte, über weite Strecken nichts anderes als die üblichen Vorwürfe, die in der einen oder anderen Weise jeder heranwachsende Sohn irgendwann einmal seinem Vater macht. Die Tragik liegt darin, dass das, was zu anderen Zeiten ein ganz normaler Vater-Sohn-Konflikt gewesen wäre, nach dessen Beilegung der Vater seinem Sohn vielleicht sogar später einmal ein versöhnliches *Du hast recht gehabt* hätte zurufen können, durch den nationalsozialistischen Judenmord zu einer Konfrontation zwischen Vater und Sohn eingefroren wurde, in der die Erkenntnis, recht gehabt zu haben, für den Sohn keine Versöhnung, sondern nur allergrößten Schmerz und Bitterkeit bedeutete. Die Möglichkeit, sich dem Vater wieder zu nähern, bot dem Sohn später dann ausgerechnet dessen Judaica-Sammlung, gegen deren Rettung er so wütend polemisiert hatte. Davon wird in diesem Buch ausführlich die Rede sein.

Max Raphael Hahn hat in seinem Brief von 29. Mai 1939 sein Verhältnis zu seiner Sammlung an keiner Stelle emotionalisiert, sondern im Gegenteil stark rationalisiert, also viele durchaus zutreffende Gründe angeführt, warum er alles daran setzen müsse und wolle, seine Sammlung zu retten. Nur einem kurzem Satz der Mutter, den diese einem späteren Brief ihres Mannes an Rudolf anfügte, kann man entnehmen, dass es Max Raphael Hahn nicht nur um die Sicherung seiner Existenz im Ausland, sondern auch um Gefühle ging: *Hoffentlich*, schrieb Gertrud Hahn am 9. November 1939, *klappt nun doch noch alles mit seinen Sachen, denn er hängt doch so daran.*

Nach dem Krieg, als Rudolf Hahn/Roger Hayden erkennen musste, dass seine Eltern ermordet worden waren, setzte er alles daran, wenigstens die Sammlung seines Vaters wiederzufinden, die er nun seinerseits als ein Vermächtnis seines Vaters an ihn empfand. Und angesichts der noch von seinem Vater selbst für die Beschlagnahme durch die Nationalsozialisten aufgestellten Liste erinnerte er sich in einem Brief an seine Schwester in England: *Wenn ich mir so die Liste mit den Judaica anschaue, dann kommen bei mir immer die Erinnerungen aus der Kindheit hoch, wie Papa so liebevoll die Antiquitäten abstaubte und sie poliert hat* (Brief vom 4. November 1945, Original Englisch).

Das zeigt, dass wie für alle Sammler auch für Max Raphael Hahn seine Sammlung mehr war als nur eine Ansammlung von leblosen Dingen. Bei einem passionierten Sammler kann man wahrscheinlich von einer fast erotischen Beziehung zwischen Sammler und Objekt sprechen, wovon das hier vorliegende Buch ein beredtes Zeugnis ablegt. Der englische Autor Edmund de Wal hat in seinem 2010 auf Deutsch veröffentlichten Buch *Der Hase mit den Bernsteinaugen*, in dem er die Geschichte der (seiner) jüdischen Familie Ephrussi erzählt, die wie die Hahns eine Familie von Sammlern waren, dieses besondere Verhältnis zwischen Sammler und Sammlungsobjekt meisterhaft geschildert. Über die Vitrinen, die sich Sammler anschaffen, um ihre Sammlungsstücke aufzubewahren und zu präsentieren, kann man darin lesen: *die Vitrine ist – anders als der Museumsschrank – dazu da, aufgeschlossen zu werden. Und diese geöffnete Glastür und der Moment des Schauens, des Auswählens, des Hineinlangens und Ergreifens ist ein Moment der Verführung, eine elektrisierende Begegnung zwischen Hand und Objekt* (S. 74). Die Hahnsche Vitrine mit den Judaica ist auf S. 90 in diesem Buch abgebildet.

Edmund de Wal erzählt in seinem Buch eine Anekdote über seinen 1938 aus Wien nach England emigrierten Urgroßonkel Viktor, der Edmund de Wals Vater und dessen Bruder, die damals noch Kinder waren, aus Vergils Ilias vorzuübersetzen pflegte und speziell die Stelle liebte, in der von Aenas' Rückkehr nach Karthago die Rede ist: *Dort [in Karthago] sind an die Wände Szenen aus Troja gemalt. Erst dann, konfrontiert mit den Bildern dessen, was er verloren hat, kann Aeneas endlich weinen. ‚Sunt lacrimae rerum', sagt Aeneas. Es sind die Tränen der Dinge*, liest Viktor dort am Küchentisch, während die Buben ihre Algebra-Aufgaben machen (S. 271).

Sunt lacrimae rerum et mentem mortalia tangunt – lautet der vollständige Satz bei Virgil, für den es keine eindeutige deutsche Entsprechung gibt, dafür aber eine Vielzahl von Deutungen: Neben der Übersetzung von Viktor, in der die Dinge selbst weinen, auch solche, in denen es heißt: *Wir weinen über Dinge* oder andere, die sich von der konkreten Dinglichkeit ganz entfernen und nach der wir *das Geschehene beweinen und Menschenschicksal unser Herz berührt.* Dann gibt es noch eine beide Deutungen vereinende Übersetzung, die da sagt: *Tränen sind in allen Dingen, und alles, was dem Tode geweiht ist, berührt unser Herz* oder noch ein wenig artifizieller: *Die Dinge haben ihre Tränen, das ist die Signatur von Raum und Zeit, von innerer und äußerer Begrenzung.*

Wie auch immer, ein besseres Motto für ein Buch über einen Sammler und seine Sammlung ist meines Erachtens kaum denkbar.

Göttingen, den 29.5.2014 – 75 Jahre, nachdem Max Raphael Hahn seinem Sohn Rudolf aus dem Göttinger Gerichtsgefängnis geschrieben hatte: *Mag sein, dass Du eines Tages recht hast.*

Cordula Tollmien

Silberne Bessamimbüchse, Standfläche aus drei Halbkreisen, darauf flache Blätter und ein kleiner Löwe, Stengel mit Blättern und Blüten und einer Frucht, die als Behältnis für die Gewürze dient, oben Blätter, Blumen, eine Kugel und eine Fahne, mit Silber- und Meistermarke, wahrscheinlich 18. Jahrhundert – Sammlung Hahn.

Die Offenbacher Haggada, die Raphael Hahn 1844 zur Feier seiner Bar Mitzwa geschenkt bekam, dem Tag, an dem ein jüdischer Junge nach Vollendung seines 13. Lebensjahres religionsmündig wird. – Sammlung Hahn.

Max Raphael Hahn und seine Frau Gertrud 1917 in Berlin.

Kunst und Leben

Der Stammvater der Familie, Raphael Hahn, begann seine Sammlung nur wenige Jahre, nachdem er sich als Geschäftsmann erfolgreich in Göttingen niedergelassen hatte. Es war die Zeit unmittelbar nach der deutschen Reichsgründung 1871, in der der allgemeine optimistische Aufschwung in Deutschland auch die deutschen Juden erfasste, die sich erstmals in der deutschen Geschichte rechtlich gleichgestellt sahen und sich nun endlich auch ihre volle politische und gesellschaftliche Anerkennung erhofften. Wie viele seine Glaubensgenossen in Deutschland war auch Raphael Hahn ein großer Anhänger deutscher Kultur und Sprache, doch war er gleichzeitig tief in der jüdischen Religion und den jüdischen Traditionen verwurzelt, und so lag es nahe, dass er beides miteinander verband, indem er nicht einfach nur Kunst, sondern künstlerisch gestaltete Judaica sammelte. Wertvolle jüdische Kultgegenstände aus Silber befanden sich in seiner Sammlung sowie jahrhundertealte Haggadot und Megillot. Die Haggada (hebräischer Plural Haggadot) ist die Erzählung von der Befreiung der Juden aus ägyptischer Sklaverei, die jährlich am Vorabend des Pessachfestes gelesen wird. Viele der alten Haggadot sind reich und kostbar illustriert. Die Megilla ist das Buch Esther, das zum jüdischen Fest Purim verlesen wird und an die Rettung des jüdischen Volkes durch Königin Esther in der persischen Diaspora erinnert. Auf der folgenden Seite ist eine besonders schöne Megilla abgebildet.

Nach dessen Tod übernahm Raphaels jüngster Sohn Max Raphael Hahn die Sammlung seines Vaters. Dieser hatte schon seit der Jahrhundertwende auch selbst gesammelt. Zu seiner Sammlung gehörten Holzschnitte und Radierungen des berühmten deutsch-jüdischen Malers Max Liebermann und des jüdisch-orthodoxen deutschen Künstlers Hermann Struck, aber auch chinesische Gemälde und Stickarbeiten, Meißner Porzellan, Briefmarken und später auch Autogramme von berühmten Persönlichkeiten aus den USA und England. Seine wahre Leidenschaft aber blieben wie bei seinem Vater die Judaica. Als die Nationalsozialisten ihre antijüdischen Gesetze erließen, die die Juden zunächst vor allem ihres Vermögens und ihrer ökonomischen Überlebensbasis beraubten und sie schließlich mit dem Tode bedrohten, tat Max Raphael Hahn alles, um seine wertvolle Judaica-Sammlung zu retten, weil er hoffte, dadurch in einem möglichen Exilland die Existenz seiner Familie sichern zu können.

Tatsächlich gelang es Max Raphael und seiner Frau Gertrud nach Überwindung erheblicher bürokratischer Schwierigkeiten 1940 und 1941 einige ihrer Besitztümer und Dokumente, insgesamt mehrere Container, nach Schweden und in die Schweiz zu schicken. Doch für sie selbst war es da schon zu spät. Max Raphael und Gertrud Hahn entkamen den nationalsozialistischen Schergen nicht mehr. Sie wurden im Dezember 1941 nach Riga deportiert und dort ermordet. Nur ihren Kindern Rudolf und Hanni war noch vor Ausbruch des Krieges die Flucht nach England gelungen.

Schon 1939 hatten die Nationalsozialisten die wertvollen Silberobjekte aus der Hahnschen Judaica-Sammlung konfisziert. Nur einige wenige dieser Stücke konnte Max Raphael Hahn retten, wobei bis heute ungeklärt ist, wie ihm das gelang. Doch konnten diese insgesamt sieben Objekte später aus Deutschland herausgeschmuggelt werden und befinden sich bis heute in Familienbesitz. Der Großteil der Judaica-Sammlung aber wurde trotz aller Bemühungen der beiden Hahngeschwister auch nach dem Krieg nicht wiedergefunden und muss als verloren gelten. Von einigen dieser Objekte haben sich Fotos erhalten. Sie werden in diesem Buch mit einem V (für Verlust) gekennzeichnet.

Vollständig erhalten haben sich jedoch die Dokumente, die Max Raphael Hahn und seine Frau Gertrud vor ihrer Ermordung verschickt hatten, und so konnte anhand von Briefen, Postkarten, Zeitungsartikeln und Fotos die Geschichte der Familie bis ins 19. Jahrhundert hinein rekonstruiert werden. Je genauer man sich mit dieser Familiengeschichte befasst, desto deutlicher wird die Bedeutung der von Raphael Hahn und seinem Sohn Max Raphael Hahn und später von dessen Sohn Rudolf Hahn (Roger Hayden) und den Enkeln Jonathan und Michael Hayden weitergeführten Sammlung für die Familie: Es geht in dieser Familiengeschichte daher nicht nur um eine der vielen durch die NS-Zeit zerstörten und auseinandergerissenen deutsch-jüdischen Familien, sondern auch um die Liebe zur religiösen Kunst, um die kreativen Synergieeffekte, die aus dem Akt des Sammelns entstehen, und um die Verantwortung für Tradition und Geschichte, die diese Aktivität dem Sammler abverlangt.

Megilla (Buch Esther) aus dem 19. Jahrhundert, Pergamentrolle, der Text unterteilt durch Säulen mit reichverzierten Federzeichnungen – Sammlung Hahn.

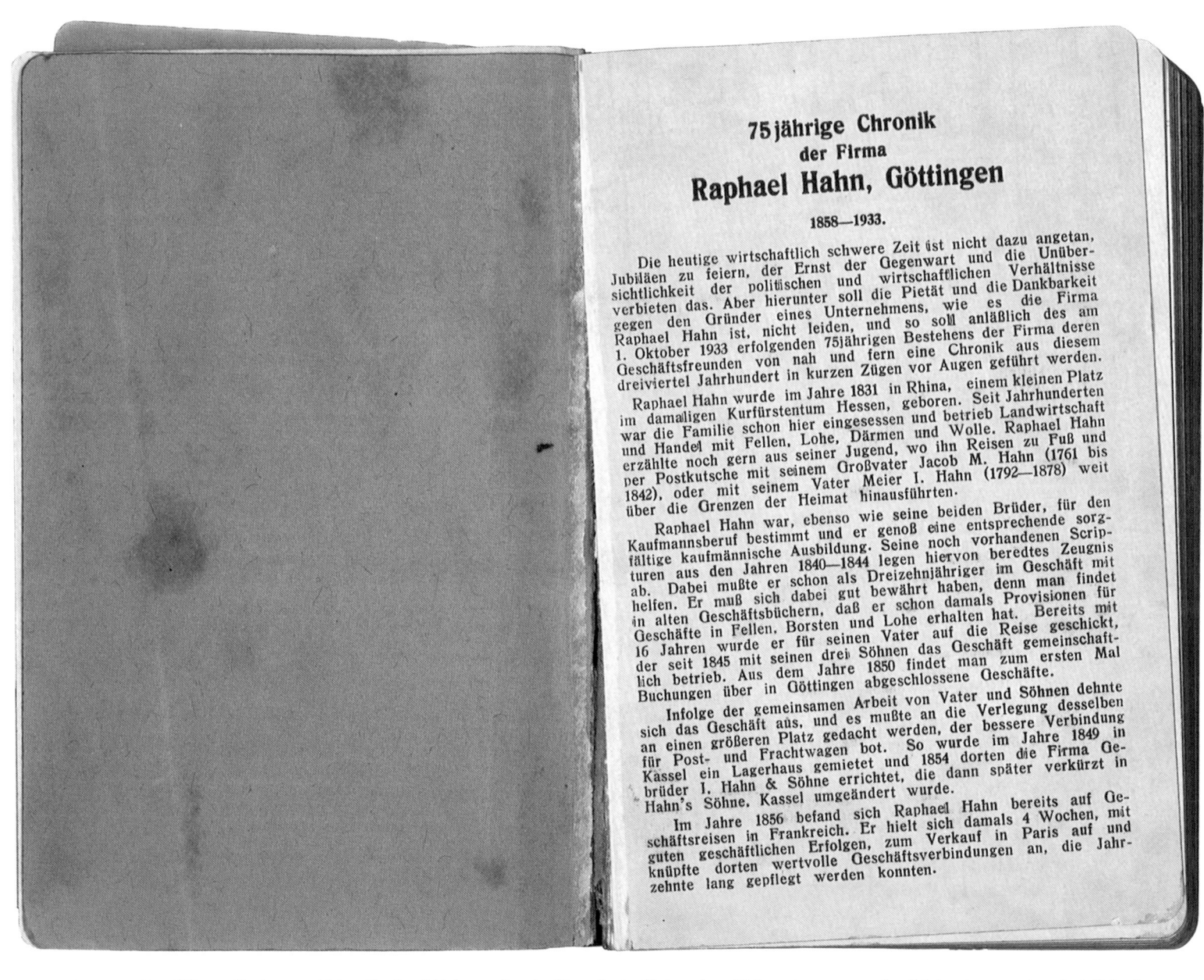

75jährige Chronik
der Firma
Raphael Hahn, Göttingen

1858—1933.

Die heutige wirtschaftlich schwere Zeit ist nicht dazu angetan, Jubiläen zu feiern, der Ernst der Gegenwart und die Unübersichtlichkeit der politischen und wirtschaftlichen Verhältnisse verbieten das. Aber hierunter soll die Pietät und die Dankbarkeit gegen den Gründer eines Unternehmens, wie es die Firma Raphael Hahn ist, nicht leiden, und so soll anläßlich des am 1. Oktober 1933 erfolgenden 75jährigen Bestehens der Firma deren Geschäftsfreunden von nah und fern eine Chronik aus diesem dreiviertel Jahrhundert in kurzen Zügen vor Augen geführt werden.

Raphael Hahn wurde im Jahre 1831 in Rhina, einem kleinen Platz im damaligen Kurfürstentum Hessen, geboren. Seit Jahrhunderten war die Familie schon hier eingesessen und betrieb Landwirtschaft und Handel mit Fellen, Lohe, Därmen und Wolle. Raphael Hahn erzählte noch gern aus seiner Jugend, wo ihn Reisen zu Fuß und per Postkutsche mit seinem Großvater Jacob M. Hahn (1761 bis 1842), oder mit seinem Vater Meier I. Hahn (1792—1878) weit über die Grenzen der Heimat hinausführten.

Raphael Hahn war, ebenso wie seine beiden Brüder, für den Kaufmannsberuf bestimmt und er genoß eine entsprechende sorgfältige kaufmännische Ausbildung. Seine noch vorhandenen Scripturen aus den Jahren 1840—1844 legen hiervon beredtes Zeugnis ab. Dabei mußte er schon als Dreizehnjähriger im Geschäft mit helfen. Er muß sich dabei gut bewährt haben, denn man findet in alten Geschäftsbüchern, daß er schon damals Provisionen für Geschäfte in Fellen, Borsten und Lohe erhalten hat. Bereits mit 16 Jahren wurde er für seinen Vater auf die Reise geschickt, der seit 1845 mit seinen drei Söhnen das Geschäft gemeinschaftlich betrieb. Aus dem Jahre 1850 findet man zum ersten Mal Buchungen über in Göttingen abgeschlossene Geschäfte.

Infolge der gemeinsamen Arbeit von Vater und Söhnen dehnte sich das Geschäft aus, und es mußte an die Verlegung desselben an einen größeren Platz gedacht werden, der bessere Verbindung für Post- und Frachtwagen bot. So wurde im Jahre 1849 in Kassel ein Lagerhaus gemietet und 1854 dorten die Firma Gebrüder I. Hahn & Söhne errichtet, die dann später verkürzt in Hahn's Söhne. Kassel umgeändert wurde.

Im Jahre 1856 befand sich Raphael Hahn bereits auf Geschäftsreisen in Frankreich. Er hielt sich damals 4 Wochen, mit guten geschäftlichen Erfolgen, zum Verkauf in Paris auf und knüpfte dorten wertvolle Geschäftsverbindungen an, die Jahrzehnte lang gepflegt werden konnten.

Die von den Söhnen Nathan und Max Raphael Hahn verfasste Chronik der Hahnschen Unternehmungen, die sich in einem wahrscheinlich als Werbegeschenk an ihre Kunden verteilten Kalender für das Jahr 1933 befindet – Stadtarchiv Göttingen.

Kapitel 1: Im Herzen ein Sammler

Raphael Hahn – Bürger der Stadt Göttingen

Raphael Hahn wurde im Jahr 1831 in Rhina geboren, einem kleinen Dorf im damaligen Kurfürstentum Hessen. *Seit Jahrhunderten*, heißt es in einer 1933 erschienenen, von seinen Söhnen zum 75-jährigen Bestehen ihrer Firma verfassten Chronik, deren erste Seite hier als Einleitung zu diesem Kapitel abgebildet ist, *war die Familie schon hier eingesessen und betrieb Landwirtschaft und Handel mit Fellen, Lohe, Därmen und Wolle. Raphael Hahn erzählte noch gern aus seiner Jugend, wo ihn Reisen zu Fuß und per Postkutsche mit seinem Großvater Jacob M. Hahn (1761 bis 1842), oder mit seinem Vater Meier I. Hahn (1792–1878) weit über die Grenzen der Heimat hinausführten.* Schon als 13-jähriger musste Raphael Hahn im väterlichen Familiengeschäft helfen, und *schon im Alter von 16 Jahren*, heißt es in der Chronik, *wurde er für seinen Vater auf die Reise geschickt, der seit 1845 mit seinen drei Söhnen das Geschäft gemeinschaftlich betrieb. Aus dem Jahre 1850 findet man zum ersten Mal Buchungen über in Göttingen abgeschlossene Geschäfte.*

Das Geschäft der Hahns lief gut. 1849 wurde wegen der besseren Verkehrsanbindung in Kassel ein Lagerhaus gemietet und 1854 dort die Firma *Gebrüder I. Hahn & Söhne* gegründet, die später kurz als *Hahn's Söhne Kassel* firmierte. Auch ins Ausland wurden Kontakte geknüpft: 1856 reiste Raphael Hahn beispielsweise nach Paris und baute dort Geschäftsbeziehungen auf, die jahrzehntelang hielten. Doch sein Hauptreisegebiet lag in der näheren Umgebung, zwischen Kassel und Hannover, Weser und Harz. Göttingen – damals noch ein kleines Landstädtchen mit nicht mehr als 12 000 Einwohnern – wurde dabei mehr und mehr zum Zentrum seiner Aktivitäten, bis sich Raphael Hahn 1858 entschloss, ganz nach Göttingen überzusiedeln und dort einen eigenen Zweig des Familienunternehmens zu gründen. Er stellte beim Magistrat der Stadt Göttingen einen Antrag auf Verleihung des Bürger- und Einwohnerrechts, und am 16. November 1858 wurde Raphael Hahn offiziell Bürger der Stadt Göttingen.

Sein erstes Lager richtete Raphael Hahn in einer alten Gendarmeriekaserne in der Roten Straße 25 ein und bezog mit seiner Familie eine Wohnung in der Roten Straße 34, dem nach seinem ersten Besitzer benannten Holbornschen Haus. Als talentierter und ehrgeiziger Geschäftsmann, der keine harte Arbeit scheute, setze Raphael Hahn die Erfolgsgeschichte des väterlichen Unternehmens fort und konnte schon 1864, also nur sechs Jahre nach seiner Übersiedlung nach Göttingen, das große Haus in der Weender Straße 63 (heute 70) erwerben, das zum Stammsitz der Familie werden sollte. Die Firma Raphael Hahn war 1865 die erste Firma, die bei der damals erst neu eingerichteten Handelskammer in Göttingen registriert wurde. Raphael Hahn blieb weiter beteiligt an der Kasseler Firma *Hahn's Söhne*, zu der inzwischen auch Schwesterfirmen in Halle und Rhina und später auch in Merseburg und Leipzig gehörten.

Im Jahr 1860 heiratete Raphael Hahn die damals 24-jährige Hannchen Blaut, die aus Geisa, einem kleinen Dorf in Thüringen, stammte und über die es in der von ihren Söhnen verfassten Chronik heißt, dass sie eine *ebenso kluge und edle wie schöne Frau* gewesen sei, mit der Raphael *in glücklichster Ehe lebte und die ihm, trotz der reichen Kinderschar, die sie zu erziehen hatte, eine wertvolle Mitarbeiterin war.* Das Paar hatte insgesamt zwölf Kinder, wobei zwischen der Geburt der ältesten Tochter Mathilde und der des jüngsten Sohnes Max Raphael fast zwanzig Jahre lagen. Fünf der zwölf Kinder starben allerdings bereits im Kindesalter (siehe dazu die Grafik mit den Kindern von Raphael und Hannchen Hahn auf Seite 26).

Geschäftsbuch von Raphael Hahn: Erste Eintragungen über in Göttingen abgeschlossene Geschäfte im Jahr 1850 (in der Mitte der linken Seite) und eine Einkaufsliste aus dem Jahr 1860.

GRUSS aus GÖTTINGEN, Weenderstr. 63

Postkarte des Stammhauses der Firma von Raphael Hahn, wahrscheinlich um 1910. Dieses Gebäude steht immer noch im historischen Zentrum von Göttingen und ist ein stolzes Andenken an das Geschäftsimperium, das von Raphael Hahn begründet wurde.

Raphael Hahn und seine Frau Hannchen, geb. Blaut, wahrscheinlich 1860er Jahre.

Die Kinder von Raphael und Hannchen Hahn

Raphael Hahn

geb. 27.5.1831 in Rhina,
gest. 22.12.1915 in Göttingen

verheiratet mit Hannchen Blaut,
geb. 25.5.1831 in Geisa,
gest. 24.11.1908 in Göttingen

Mathilde Hahn ——————————————— 4 Kinder

geb. 24.4.1861, gest. 30.8.1936 in Regensburg

verheiratet mit dem Regensburger Rabbiner und Redakteur
Dr. Seligman Meyer, gest. 6.1.1926

Meier Hahn

geb. 19.8.1862, gest. 24.1.1864 in Göttingen

Rosalie Hahn ——————————————— 3 Kinder

geb. 20.10.1863, gest. 26.7.1953 in Harrow, England

verheiratet seit 1893 mit Dr. Moritz Friedeberger, geb. 1862 in Schrimm
bei Posten, gest. 1953; das Paar lebte zunächst in England, von 1908
bis zum Ende des 1. Weltkriegs in Wien und dann wieder in England

Minna Hahn ——————————————— 1 Kind

geb. 12.7.1865, gest. in London, England

verheiratet mit dem Leiter des israelitischen Lehrerseminars und
Schulleiter der jüdischen Volksschule in Kassel, Dr. Felix Lazarus,
geb. 20.8.1865 in Petershagen/Westfalen, gest. 1945 in London

Jacob Hahn

geb. 9.10.1866, gest. 24.4.1871 in Göttingen

Nathan Hahn ——————————————— 2 Kinder

geb. 27.11.1868, ermordet im September 1942 in Treblinka

verheiratet mit Betty Grünbaum, geb. 13.10.1883 in Burgebrach/
Oberfranken, ermordet im September 1942 in Treblinka

Marianne Hahn ——————————————— 3 Kinder

geb. 3.11.1871, gest. in Argentinien

verheiratet mit Leopold Haas (Bankdirektor in Karlsruhe),
geb. 1867, gest. um 1926

Henriette (Henny) Hahn

geb. 10.10.1872, gest. 28.3.1885 in Göttingen

Hermann Hahn

geb. 26.8.1874, ermordet 5.6.1942 in Kulmhof (Chełmno)

Adolf Hahn

geb. 1876, gest. 1877

Frieda Hahn

geb. 22.10.1878, gest. 4.4.1880 in Göttingen

Max Raphael Hahn ——————————————— 2 Kinder

geb. 22.4.1880, ermordet 1942 in Riga

verheiratet mit Gertrud Lasch, geb. 14.7.1893 in Halberstadt,
ermordet im Dez. 1941 in Riga

Die älteste Tochter von Raphael und Hannchen Hahn, Mathilde, war Künstlerin. Sie heiratete Dr. Seligmann Meyer, der Bezirksrabbiner in Regensburg war. Mathilde Seligmann malte den Familienstammbaum 1901 zum 70. Geburtstag ihres Vaters. Öl auf Leinwand – Sammlung Hahn.

Die Liebe zur jüdischen religiösen Kunst

Raphael und Hannchen waren beide orthodoxe Juden und lebten auch in Göttingen weiter nach den jüdischen Traditionen, die sie aus ihren Geburtsdörfern mitgebracht hatten. Das Paar hielt sich streng an die jüdischen Feiertage, fastete zu Jom Kippur, achtete die Kaschrut (die jüdischen Speisegesetze) und heiligte den Schabbat. Letzteres bedeutete, dass Raphael Hahn am Schabbat keine Geschäfte tätigte, obwohl der Samstag in der christlichen Mehrheitsgesellschaft damals ein normaler Arbeitstag war, und dass er später noch nicht einmal das Telefon benutzte, weil man an diesem von Gott gegebenen Ruhetag auch kein Feuer machen durfte und darunter in modernen Zeiten auch alles zählte, was mit Strom betrieben wurde. Seinem Unternehmen hat diese Weigerung, Konzessionen an die moderne Zeit und die von außen gesetzten geschäftlichen Notwendigkeiten zu machen, nicht geschadet.

33 Jahre lang war Raphael Hahn zudem Leiter der Chewra Ansche Chesed, einer in jeder jüdischen Gemeinde existierenden Vereinigung, die sich ehrenamtlich um die Kranken und Sterbenden kümmert: *Es schreckte ihn keine ansteckende Krankheit davon ab*, hieß es in einem im Dezember 1915 in der *Deutschen Israelitischen Zeitung* erschienenen Nachruf auf Raphael Hahn, *an den Kranken und Toten die jüdischen Liebespflichten zu erfüllen.* Die *Deutsche Israelitische Zeitung* wurde über mehrere Jahrzehnte lang von Raphael Hahns Schwiegersohn, dem Regensburger Bezirksrabbiner Dr. Seligmann Meyer, herausgegeben. Meyer war auch Herausgeber der ebenfalls in Regensburg erscheinenden *Laubhütte* und pflegte die meisten Artikel in seinen Zeitschriften selbst zu verfassen. Daher stammt sicher auch der Nachruf auf Raphael Hahn von ihm.

Auch das biblische Gebot der Wohltätigkeit nahm Raphael Hahn sehr ernst. So hatte er schon bei seiner Vereidigung als Göttinger Bürger der städtischen Armenkasse die damals überdurchschnittlich hohe Summe von 50 Talern gespendet und folgte sein gesamtes geschäftliches Leben hindurch dem biblischen Gebot, von jedem Verdienst zehn Prozent an Arme oder für wohltätige Zwecke zu spenden. *Hierüber*, berichteten seine Söhne in der Firmenchronik von 1933, *führte Raphael Hahn bis an sein Lebensende ein sogenanntes ‚Zehntbuch‘, in welchem mit peinlichster Genauigkeit die Verteilung dieser für gute Zwecke bereit gehaltenen Gelder aufgezeichnet war.*

Seine orthodoxe Lebensweise war Raphael Hahn so wichtig, dass er gemeinsam mit einer Reihe anderer Gemeindemitglieder seinen Platz in der Göttinger Synagoge kündigte, als man in der 1895 fertiggestellten neuen großen Synagoge an der Ecke Obere und Untere Masch nicht wie abgesprochen ein traditionelles Reinigungsbad, eine sogenannte Mikwe, sondern stattdessen eine große Orgel einbaute. Für einen orthodoxen Juden aber hat Orgelmusik in einem jüdischen Gottesdienst strenggenommen gar nichts zu suchen, und die Tatsache, dass der Göttinger Gemeindevorstand eine Mikwe nun gegen die vorher getroffene Absprache als religiös veraltet und allgemein störend bezeichnete, stellte für die strenggläubigen Göttinger Juden eine nicht mehr akzeptable Anpassung an die christliche Mehrheitsgesellschaft dar. Sie schlossen sich daher zu einer Betgemeinschaft zusammen, die sich von 1896 bis 1921 in Räumen in der Prinzenstraße 3 traf, die damals dem Bankverein (heute Commerzbank) gehörten. Doch genügten diese Räumlichkeiten, vielleicht auch die dort herrschende Atmosphäre offensichtlich nur bedingt den Ansprüchen Raphael Hahns, der daher so lange wie ihm dies körperlich möglich war, den Gottesdienst in Bovenden besuchte. Die jüdische Gemeinde in Bovenden war eine zu dieser Zeit objektiv schon im Niedergang befindliche kleine Landgemeinde im ehemaligen Herrschaftsbereich der Edelherren von Plesse, die Raphael Hahn aber offensichtlich das bot, was er von einem normalen jüdischen Gottesdienst erwartete. Während der Hohen Feiertage jedoch besuchte er *mit Frau und Kindern* die Gottesdienste in einer *benachbarten Stadt*, wie es in dem schon zitierten Nachruf auf Raphael Hahn heißt. Damit ist wahrscheinlich Kassel gemeint, wo die Hahnsche Tochter Minna lebte und der Schwiegersohn Dr. Felix Lazarus seit 1897 als Leiter des israelitischen Lehrerseminars tätig war. *Mit Frau und Kindern* – das bedeutet, dass auch Nathan und Max Raphael Hahn, die beiden einzigen Kinder Raphaels Hahns, die nach wie vor in Göttingen lebten, ursprünglich der orthodoxen Betgemeinschaft angehörten. Und nicht nur das, sie waren dort auch an führender Stelle aktiv engagiert und unterzeichneten beispielsweise am 9. Januar 1905 ein Protokoll, in dem festgelegt wurde, dass die von der Familie Rothschild geleistete Spende, mit der man inzwischen in dem 1899 errichteten Haus in der Roten Straße 28, das der Familie Löwenstein gehörte, eine Mikwe eingebaut hatte, zurückzuerstatten sei, falls man irgendwann eine neue Mikwe oder sogar eine eigene orthodoxe Synagoge in Göttingen bauen werde. Zwar kam es in Göttingen nie zum Bau einer orthodoxen Synagoge, obwohl sich speziell Raphael Hahn bis zu seinem Tode dafür einsetzte, doch immerhin hatte die orthodoxe Betgemeinschaft in Göttingen nun eine eigene Mikwe, was aber so unbekannt blieb, dass selbst in dem Nachruf auf Raphael Hahn im Jahre 1915 fälschlicherweise behauptet wurde, dass es in Göttingen keine Mikwe gebe. Erst in den 1990er Jahren wurde diese Mikwe, die ursprünglich mit Regenwasser gespeist wurde, von dem jetzigen Besitzer des Hauses Anton Grüber wiederentdeckt. Seit 2005 befinden sich die Räume der Jüdischen Kultusgemeinde für Göttingen und Südniedersachsen in dem ehemaligen Löwensteinschen Haus in der Roten Straße 28.

Die in den 1890er Jahren erbaute neue Göttinger jüdische Synagoge am damaligen Waageplatz – Städtisches Museum Göttingen.

Wie viele andere seiner Zeitgenossen auch begab sich Raphael Hahn mit steigendem Wohlstand unter die Sammler, doch anders als die meisten seiner jüdischen und nichtjüdischen Kollegen sammelte er keine weltlichen Kunstwerke, die ihm Ansehen und gesellschaftliche Bedeutung bei seiner christlichen Umwelt verschafft hätten, sondern seiner Herkunft und seiner religiösen Überzeugung entsprechend Judaica und bewahrte damit wohl manche der von seinen liberaleren Glaubensgenossen nicht mehr genutzten Ritualgegenstände aus jüdischen Haushalten oder aus mangels Mitgliedern aufgelösten kleineren Landgemeinden vor der Zerstörung. Im Vorwort zur deutschen Ausgabe dieses Buches wurde darauf hingewiesen, dass die erste öffentliche Ausstellung jüdischer Zeremonialgeräte 1878 auf der Pariser Weltausstellung stattfand. Das ist etwa die Zeit, in der auch Raphael Hahn mit seiner Sammlertätigkeit begann, und zumindest in Deutschland gehörte er damit wahrscheinlich zu den ersten, die eine solche Sammlung aufbauten.

Der Sammler Raphael Hahn, der seine Sammlung, bis er im Dezember 1915 im Alter von 84 Jahren starb, mit großer Hingabe pflegte, verstand sich sicher in erster Linie als Bewahrer einer gefährdeten jüdischen Tradition, und seine Sammlung war daher für ihn nicht eine lukrative, nur repräsentativen Zwecken dienende Wertanlage, obwohl Judaica, seit sie als Ergebnis ihrer Präsentation auf der Pariser Weltausstellung als Teil der europäischen Kunst und Kultur wahrgenommen worden waren, sich auch dafür eigneten und auch von Nichtjuden gesammelt wurden.

Doch auch Raphael Hahn war – wie später auch sein Sohn Max Raphael – bereit, seine Sammlung mit Nichtjuden zu teilen, und stellte daher der 1889 gegründeten Göttinger Städtischen Altertumssammlung (Vorläufer des heutigen Städtischen Museums) einzelne Objekte zur Verfügung. Denn mit der Initialzündung der Strausschen Sammlung auf der Pariser Weltausstellung richteten seit den 1890er Jahren immer mehr Museen auch in Deutschland eigene Judaica-Abteilungen ein. So war 1893 in Hamburg eine Vitrine mit Judaica im Museum für Kunst und Gewerbe aufgestellt worden, und der Leiter der Göttinger Altertumssammlung, der auf Mediävistik spezialisierte Germanist Moritz Heyne, der sich vor allem als Mitarbeiter am *Grimmschen Wörterbuch* einen Namen gemacht hat, richtete 1897 auch im Göttinger Museum einen eigenen

Raphael Hahn im Alter von 83 Jahren, Göttingen 1914.

Raum für Judaica ein. Von Raphael Hahn erhielt er dafür in den Jahren zwischen 1899 und 1903 verschiedene Ausstellungsstücke, darunter eine Haggada aus dem 17. Jahrhundert, einen getrockneten Palmzweig für das Laubhüttenfest, einen vom hessischen Landgrafen ausgestellten Schutzbrief für Juden und einen Leuchter aus Blech für das Chanukkafest, das jüdische Lichterfest, das an die Wiedereinweihung des zweiten jüdischen Tempels erinnert. Die Haggada und der Schutzbrief waren Leihgaben und wurden in den 1920er Jahren der Familie zurückgegeben. Der Palmzweig und der hier abgebildete Chanukkaleuchter, der in seiner einfachen Art sehr gut aus einer ehemaligen Landsynagoge stammen könnte, und die Raphael Hahn beide dem Göttinger Städtischen Museum geschenkt hatte, befinden sich dagegen noch immer dort. Sie zeugen von Raphael Hahn und seiner Liebe zum Judentum, die sich in seiner Sammlung materialisierte und damit den Kern seines Wesens und seiner Identität als Jude ausmachte.

Chanukkaleuchter aus Blech, dem Städtischen Museum geschenkt von Raphael Hahn im Januar 1900 – Städtisches Museum Göttingen.

Die Geschichte der Mappa

Eine Mappa, auch Torawimpel genannt, ist ein Stoffband, das um die Torarolle gewickelt wird. In einigen Regionen des aschkenasischen Judentums gibt es nun eine bis ins 14. Jahrhundert zurückreichende Tradition, nach der die Mappa aus dem Beschneidungstuch hergestellt wird, in das man den Jungen nach seiner Beschneidung gewickelt hatte. Zurückgeführt wird diese Sitte auf den Rabbiner Jakob ben Moses ha-Levi Molin, der als Pate bei einer Beschneidung (der sog. Brit Mila) das Wickelband einer Torarolle als Beschneidungswindel nutzte, da die Eltern des Jungen so arm waren, dass sie sich keine Windel leisten konnten. Nach der Zeremonie wurde das Tuch dann gereinigt und wieder als Mappa benutzt. Daraus entstand nun die umgekehrte Tradition, das Beschneidungstuch, das mit dem Namen und Geburtsdatum des Kindes versehen wurde, als Toraband zu nutzen. Oft kunstvoll verziert, ist die Mappa ein Beispiel jüdischer Volkskunst.

1986 besuchte Michael Hayden, der Urenkel von Raphael Hahn, die Heimatstadt seines Großvaters Max Raphael Hahn und seines Vaters Rudolf Hahn (Roger Hayden). Damals fanden in Göttingen gerade die Oberbürgermeisterwahlen statt, und Michael Hayden fiel ein Plakat auf, auf dem der Kandidat den Namen Artur Levi trug. Er rief Levi an und stellte sich als Enkelsohn von Max Raphael Hahn vor. Eine halbe Stunde später trafen sich die beiden Männer im Foyer von Gebhardts Hotel, und Levi erzählte Michael Hayden von seiner Freundschaft mit der Familie Hahn (er war genauso alt wie Hanni, die Tochter von Max Raphael Hahn). Levi erzählte Michael Hayden auch, dass er selbst im Jahr 1937 nach England geflohen war und sich während des Krieges am Widerstand gegen das NS-Regime beteiligt hatte, nach dem Krieg aber wieder nach Deutschland zurückgekehrt war, um seine Kräfte dem demokratischen Aufbau des Landes zu widmen. Und Michael Hayden erzählte Levi, dass er sich zuvor mit dem Leiter des Städtischen Museums in Göttingen getroffen habe und dieser ihm im Lagerraum des Museums eine Mappa gezeigt habe, auf der er den Namen seines Urgroßvaters gelesen habe. Er sei, so berichtete Michael Hayden in einem Brief an Levi nach seiner Rückkehr nach Kanada, sofort überzeugt gewesen, dass dies *das Stofftuch, in das mein Urgroßvater während seiner Brit Mila gewickelt worden war und in das er bei seiner Bar Mizwa die Tora wickelte* gewesen sein müsse (Brief vom 10.11.1986, Original Englisch).

Inschrift in der Offenbacher Haggada, die Raphael Hahn zu seiner Bar Mitzwa im Jahr 1844 geschenkt bekam und bei der seine Mappa als Toraband verwendet wurde – Sammlung Hahn (siehe auch die Abbildung des Titelblattes dieser Haggada auf S. 18).

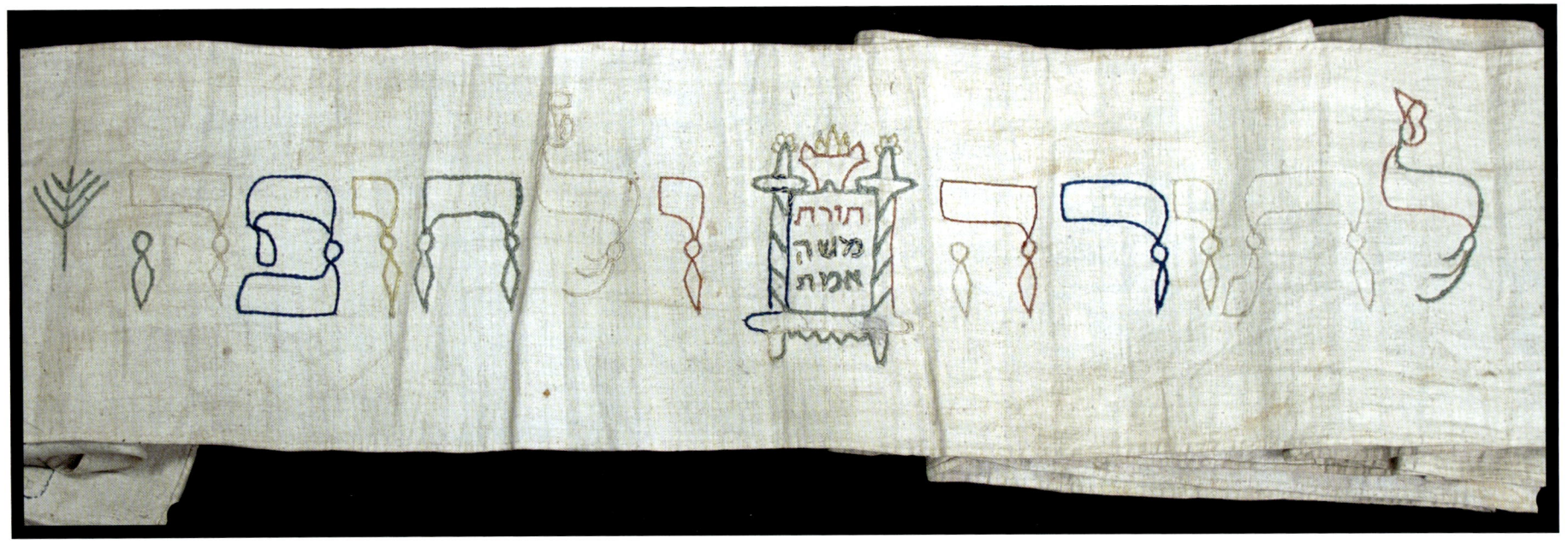

Auf die Mappa ist gestickt: *Raphael, der Sohn Meirs, ist geboren im Glück Freitag, den 15. Tag Sivan im Jahre 591 [27.5.1831].* Weiter findet sich dort wie auf den meisten Torawimpeln der Segenspruch, der mit den Worten endet: *Er wachse heran zur Tora, zur Chuppa (Heirat) und zu guten Werken. Amen. Sela* – Sammlung Hahn.

Levi, der von 1973 bis 1981 schon einmal Göttingens Oberbürgermeister gewesen war, war inzwischen zum zweiten Mal in dieses Amt gewählt worden. Trotz der vielfältigen Aufgaben, die nun als neues Stadtoberhaupt auf ihn warteten, kümmerte er sich persönlich um die Mappa, die Michael Hayden bei seinem Besuch im Göttinger Museum gesehen hatte. Er verhandelte mit dem Museumsdirektor, der sich zwar grundsätzlich damit einverstanden erklärte, die Mappa den Nachfahren der Familie Hahn auszuhändigen, aber die Bedingung stellte, dass das Göttinger Museum dafür im Tausch eine andere Mappa erhalten müsse. Levi nahm deshalb Kontakt mit der jüdischen Gemeinde in Hannover auf. Doch diese hatte keine Mappa, die sie hätte weitergeben können, gab ihm aber eine Adresse in Basel. Von dort bekam Levi dann tatsächlich ein Toraband geschickt, das er dem Göttinger Museum im Austausch für die von Michael Hayden nur wenige Wochen zuvor im Museum entdeckte Mappa übergeben konnte (Informationen aus einem Brief von Artur Levi an Michael Hayden vom 29.1.1987).

Am 4. Februar 1987 um 11 Uhr morgens erhielten Michael und Sandy Hayden in Vancouver ein Paket aus dem Büro des Oberbürgermeisters von Göttingen. Die Mappa aus dem Jahre 1831, die den Namen des Urgroßvaters von Michael Hayden, Raphael Hahn, trug, traf zwölf Stunden nach der Geburt ihres dritten Kindes ein. Zum Gedächtnis und zu Ehren ihres Ururgroßvaters erhielt die Tochter von Michael und Sandy Hayden den Namen Jessica Raphaela.

Max Raphael Hahn: ein deutscher Jude und erfolgreicher Unternehmer

Max Raphael Hahn, der 1880 geborene jüngste Sohn von Raphael und Hannchen Hahn, stieg mit sechzehn Jahren in das Familienunternehmen ein. Drei Jahre später übernahm er gemeinsam mit seinem elf Jahre älteren Bruder, Nathan, der schon seit 1887 in der Firma tätig war, die Leitung der Hahnschen Unternehmen von seinem Vater, der jedoch bis zu seinem Tode im Jahr 1915 noch immer lebhaften Anteil an allen geschäftlichen Belangen nahm. In den folgenden Jahren erlebte die Firma vor allem durch ihre vielfältigen Auslandskontakte, jetzt auch nach England und in die USA, erneut einen so großen Aufschwung, dass sie innerhalb weniger Jahre das erfolgreichste jüdische Unternehmen in Göttingen wurde und eines der erfolgreichsten Unternehmen der Stadt überhaupt. *In fünf Lagerhäusern*, hieß es in der Chronik von 1933, *wurde die Ware sortiert und verarbeitet. Im Jahre 1906 wurde das Geschäftshaus Weenderstraße umgebaut, erweitert und modernisiert. Aber alles reichte nicht aus für die wachsende Ausdehnung des Unternehmens.* Nachdem Max Raphael Hahn, der bis dato formal nur Prokurist gewesen war, 1912 gleichberechtigter Inhaber geworden war, wurde die Firma in eine offene Handelsgesellschaft umgewandelt und im gleichen Jahr die Gebäude und Grundstücke der stillgelegten Zuckerfabrik A.-G. in der Weender Landstraße 59 erworben und für die Zwecke der Firma umgebaut. *Es ist hier ein Häute- und Darmlager entstanden*, so die Chronik weiter, *wie es nur wenige Firmen in Deutschland besitzen. Das Grundstück ist ca. 16 000 qm groß, wovon ca. 3 500 qm bebaut sind, es enthält ca. 10 000 qm Lager- und Fabrikräume. Vier Anschlußgleise vermitteln den Güterverkehr mit der Staatsbahn, eigene Rangieranlage, Aufzüge und Zufahrtstraßen vervollständigen die großzügige Anlage.*

Heute befindet sich auf dem Gelände ein Einkaufszentrum, das im Andenken an die Hahnschen Unternehmen *Galluspark* heißt. Diese Namensgebung erinnert insbesondere an die ehemalige Gallus-Schuhfabrik, die sich dort befunden hatte. In dieses von Wilhelm Suchfort schon 1832 als schlichte Schuhmacherei gegründete Unternehmen war Max Raphael Hahn 1908 als Geschäftsführer und Mitinhaber eingestiegen, und die beiden Brüder gaben nach der endgültigen Übernahme 1926 dann dem inzwischen auf die Fabrikation von erstklassigen Luxus- und Straßenschuhen spezialisierten Unternehmen ihren latinisierten Familiennamen.

Der Erste Weltkrieg unterbrach den Aufschwung der Hahnschen Unternehmen kurzzeitig. Seit 1916 unterstanden die Firmenlager unter Leitung von Nathan Hahn der Heeresverwaltung und dienten als Sammellager für Häute und Felle, die für die Truppenausstattung gebraucht wurden. Und Max Raphael Hahn stellte sich der 1914 von Walther Rathenau begründeten Preußischen Kriegsrohstoffabteilung zur Verfügung. Rathenau hatte schon bei Beginn des Krieges hellsichtig erkannt, dass ein moderner Krieg immer auch ein Wirtschaftskrieg sein würde und ohne zentrale Bewirtschaftung aller kriegswichtigen Güter und Rohstoffe nicht zu gewinnen war. Und als die Preußische Kriegsrohstoffabteilung nun 1917 einen Lederexperten brauchte, zögerte Max Raphael Hahn nicht und verließ – obwohl gerade frisch verheiratet – Göttingen, um zunächst in Leipzig eine leitende Stellung in der Kriegslederabteilung zu übernehmen und dann als Sachverständiger für die Kriegsrohstoffabteilung in Wien und Budapest bis in die Nachkriegszeit hinein tätig zu werden.

Erst im Februar 1919 kehrte er gemeinsam mit seiner Frau Gertrud, die er im Juni 1917 geheiratet hatte, nach Göttingen zurück und zog mit ihr zunächst in die Bürgerstraße 2, im Mai desselben Jahres dann in die Bertheaustraße 4, bis sie Anfang September 1919 die Villa in der Merkelstraße 3 erwerben konnten, die bis zu ihrer Vertreibung durch die Nationalsozialisten 1940 ihre Heimat werden sollte.

Gertrud Hahn, meistens nur kurz Trude genannt, war dreizehn Jahre jünger als Max Raphael, der bei seiner Hochzeit schon 37 Jahre alt war, und stammte wie er aus einer jüdisch-orthodoxen Unternehmerfamilie. Ihr Vater Philipp Lasch gehörte zu der bekannten Laschschen Handschuhmacherdynastie in Halberstadt, und ihre Mutter Fanny Lasch, geb. Israel, war nach dem frühen Tod des Vaters 1909 (sie selbst war damals erst 41 Jahre alt) Miteigentümerin der *Siegmund Lasch Handschuhfabriken* geworden. Gertrud, beim Tod des Vaters noch nicht 16 Jahre alt, wurde als Älteste und einzige Tochter von der Mutter früh im Haushalt und auch bei der Erziehung der beiden jüngeren Brüder Alfred (Freddy) und Siegfried (Friedel) hinzugezogen. Als Tochter eines Handschuhfabrikanten lernte sie sogar schneidern. Sehr wahrscheinlich hatten sich Max Raphael Hahn und Gertrud Lasch aufgrund von geschäftlichen Beziehungen zwischen den Hahnschen und den Laschschen Unternehmen kennengelernt.

Philipp und Fanny Lasch, Gertruds Eltern, in ihrem Haus in Halberstadt, vor 1909.

Gertrud Lasch als zwanzigjährige modebewusste junge Dame, Halberstadt 1913.

Die Geschwister Lasch (von links nach rechts): Friedel (Siegfried) in Pfadfinderuniform, Freddy (Alfred) in Militäruniform und Trude (Gertrud) in der Uniform einer Schwesternhelferin, Halberstadt nach 1914.

Gertrud Lasch war während des Krieges bis zur ihrer Hochzeit 1917 im Halberstädter *Lazarett Casino* tätig, das im Haus der jüdischen Behrend-Lehmann-Loge eingerichtet worden war, in dem sich auch das Halberstädter Casino befand. Behrend Lehmann war ein Halberstädter Jude, der im ausgehenden 17. Jahrhundert und beginnenden 18. Jahrhundert Finanzier der polnischen Unternehmungen des sächsischen Königs August des Starken, also ein sogenannter Hofjude, gewesen war. Das der Geschichte der jüdischen Gemeinde gewidmete Museum in Halberstadt trägt seinen Namen.

Die Geschwister Lasch mit Max Raphael Hahn (von rechts nach links Friedel, Trude, Max Raphael und Freddy) vor dem Laschschen Haus in Halberstadt, um 1918.

Gertrud Hahn wurde ihrem Mann Max Raphael das, was auch schon dessen Mutter für seinen Vater gewesen war: eine kluge, intelligente, und im Übrigen auch sportliche Frau (sie spielte noch mit über 40 Jahren mit dem nur knapp über zwanzigjährigen Rabbiner der Gemeinde Tennis), die ihn bei allen seinen Unternehmungen vorbehaltlos unterstützte. Genau neun Monate nach ihrer Rückkehr nach Göttingen wurden dem Paar am 3. Dezember 1919 der Sohn Rudolf geboren. Die Tochter Hanni kam am 29. März 1922 zur Welt.

Nachdem es Max Raphael und Nathan Hahn gelungen war, ihre Unternehmen durch die schwierigen Zeiten der Kriegswirtschaft und vor allem der anschließenden Inflationszeit zu bringen, stiegen die Umsätze in den Zwanziger Jahren vor allem durch das Anknüpfen neuer Handelsbeziehungen (beispielsweise nach Argentinien, von wo man die besten Därme für die Eichsfelder Wurstwarenhersteller bezog) wieder auf die alte Vorkriegshöhe. *Die Geschäfte werden von den Brüdern stets gemeinsam betrieben*, hieß es in einem nach dem Zweiten Weltkrieg erstellten Bericht des Ermittlungstreuhänders für die Rückerstattung des Hahnschen Wohnhauses in der Merkelstraße 3, den Alex Bruns-Wüstefeld in seiner Studie über die *Entjudung* der Göttinger Wirtschaft wiedergegeben hat: *Nathan Hahn, 11 Jahre älter als sein Bruder, ist von ruhigem und zurückhaltendem Wesen. Max ist weitaus agiler und scharfsinniger und insbesondere sehr weitblickend. Beim Abschluß von Verträgen sagt Max immer: ‚Mein Bruder Nathan als der Ältere muß den Ausschlag geben.' Zwar macht Nathan dann hin und wieder Einwendungen, ist letzten Endes jedoch stets mit den Ideen des jüngeren Bruders einverstanden. Max gilt als sehr energisch, aber es heißt, daß es angenehm ist, mit ihm zu verhandeln, da er offen sagt, was er meint. Aufgrund seiner direkten Beziehungen zum Ausland ist er über wirtschaftliche Fragen außerordentlich gut unterrichtet und hält sich mit seinen verständigen Ansichten dazu in keiner Weise bedeckt. Bei allen Transaktionen ist die Firma Hahn, und vor allem Max R. Hahn, ein angesehener und beliebter Geschäftspartner. Die Hahns genießen einen Ruf als anständige, strebsame Kaufleute jüdischen Glaubens, welche es ausgezeichnet verstehen, ihr Vermögen zu mehren. Es heißt, sie wahrten ihren Vorteil, beachteten aber auch die Rechte ihrer Gegenseite.*

Eine Fotopostkarte von Gertrud und Max Raphael Hahn, versendet von Gertrud Hahn am 10. April 1918.

Gertrud Hahn mit ihren beiden Kindern: Rudolf, als Kind Rudi genannt,
und seiner kleinen Schwester Hanni, 1922.

Max Raphael Hahn mit Rudi und Hanni, 1925.

Neben ihrer Firma investierten die beiden Brüder auch erfolgreich in Immobilien, so dass sie zusätzlich zu dem Firmenbesitz und ihren beiden Privathäusern in der Merkelstraße 3 und der Baurat-Gerbert-Straße 19, wo Nathan Hahn seit 1928 mit seiner Familie wohnte, noch einer Reihe anderer Häuser und unbebaute Grundstücke in Göttingen und der näheren Umgebung besaßen. So waren in den Zwanziger Jahren bei beiden Brüdern alle Voraussetzungen für ein erquickliches und komfortables Familienleben gegeben.

Das Zuhause der Familie von Max Raphael Hahn, zunächst in Leipzig und dann in Göttingen in der Merkelstraße, strahlte kultivierte, stilvolle, ruhige Eleganz und zugleich Respektabilität aus und entsprach damit in allem dem etwas überladenen Geschmack des gehobenen deutschen Bürgertums: Die Familie besaß Neu-Rokoko- und Biedermeiermöbel, wertvolle Antiquitäten und Perserteppiche, einen Flügel von dem weltberühmten Musikinstrumentenhersteller Julius Heinrich Zimmermann, Meißner Porzellan und Tafelsilber, das mit Monogrammen und einem Familienwappen versehen war.

Die Wohnung von Max Raphael und Gertrud Hahn in Leipzig mit Jugendstilmöbeln eingerichtet, 1917.

Das Haus der Familie Hahn, Ess- und Wohnzimmer in der Merkelstraße 3 in Göttingen, Zwanziger und Dreißiger Jahre.

Wie die vielen erhaltenen Urlaubsfotos zeigen, reisten die Hahns auch viel und gern: die Eltern allein zu Kunst- und Kulturereignissen in den Großstädten Europas, zu Gertrud Hahns Familie in Halberstadt und Bad Pyrmont, woher ihre Mutter stammte, oder zur Kur beispielsweise nach Karlsbad, gemeinsam mit den Kindern meistens in einen Ferienort an der Nord- oder Ostsee.

Gertrud Hahn mit Rudi und Hanni am Strand von Niendorf im Juli 1923.

Gertrud und Max Raphael Hahn mit Rudi und Hanni und deren Kindermädchen Toni auf Norderney im Juli 1925.

Gertruds Mutter, Fanny Lasch, war die einzige aus der Großelterngeneration, die noch lebte, als Hanni und Rudi geboren wurden. Fanny Lasch liebte ihre Enkelkinder über alles und verbrachte viel Zeit mit ihnen, 1926.

Gertrud Hahn mit Hanni und Rudi, 1928.

Der 60. Geburtstag von Fanny Lasch in Halberstadt am 11. April 1928. Fanny Lasch sitzt vorn in der ersten Reihe zwischen Hanni und Rudi.
Max Raphael Hahn steht in der Mitte der letzten Reihe, Gertrud schräg vor ihm in dem Kleid mit dem schwarzen Kragen.

Max Raphael Hahns 50. Geburtstag am 22. April 1930: Gertrud Hahn stehend vorgebeugt im Halbprofil rechts neben Max Raphael Hahn, rechts neben ihr sitzt ihre Mutter Fanny Lasch. Links neben Max Raphael Hahn seine Geschwister (von links) Minna Lazarus, Hermann Hahn und Marianne Haas; ganz rechts außen steht Nathan Hahn. Der einzeln stehende junge Mann in der Mitte des Kamins (mit Fliege und im Halbprofil) ist dessen Sohn Max Meier Hahn, rechts vor ihm steht seine Mutter Betty Hahn (Nathans Frau), hinter Fanny Lasch sein Bruder Leo. Die beiden Herren in der hinteren Reihe links mit der Fliege sind Gertruds Brüder Siegfried und Alfred Lasch. Hanni (erste Reihe links) und Rudi (rechts) im Rokokokostüm sind wie Meißner Porzellanfigurinen gekleidet.

Und auch ein leidenschaftlicher Sammler

Das nebenstehende Foto mit seinen beiden als Meißner Porzellanfigurinen verkleideten Kindern versinnbildlicht einen der Sammelschwerpunkte Max Raphael Hahns, der sich mit steigendem Wohlstand den verschiedensten auch weltlichen Sammelgebieten widmete: Die Vielfalt seiner Interessen – von Meißner Porzellan über chinesische Stickarbeiten, historische Karten und Radierungen und Zeichnungen von Max Liebermann (siehe dazu die Abbildungen in Kapitel 6 dieses Buches) und auch von Hermann Struck bis hin zu Zinngefäßen, Briefmarken und Autogrammen berühmter Persönlichkeiten – zeigt einen leidenschaftlichen, aber nicht sehr systematischen Sammler, der offensichtlich nicht leicht widerstehen konnte, wenn sich ihm ein neues Sammlungsfeld erschloss. So wirkt diese Sammelleidenschaft fast ein wenig beliebig.

Doch strahlen diese scheinbar wahllos zusammengetragenen Objekte die Freude und den Spaß aus, den Max Raphael Hahn beim Erwerb und der Betrachtung aller dieser Exponate gehabt haben muss. Speziell die leicht transportierbare Autogrammsammlung, die Max Raphael Hahn erst in den 1930er Jahren begann und bei der er sich vor allem auf amerikanische Berühmtheiten konzentrierte, und auch die Sammlung historischer Karten sah Max Raphael Hahn wohl vor allem als eine Investition zu Sicherung seiner schon damals immer unsicherer werdenden Zukunft. Schwerpunkt und Herzstück seiner Sammlung aber war wie bei seinem Vater auch für Max Raphael Hahn seine Judaica-Sammlung, der in diesem Buch deshalb ein eigenes Kapitel gewidmet ist.

Meißner Miniaturporzellan, Deutschland, Ende des 19. und frühes 20. Jahrhundert – Sammlung Hahn.

Chinesische Reispapier-Gemälde aus dem
19. Jahrhundert. Einzelne Personen und Gruppen
in höfischer Kleidung – Sammlung Hahn.

Aegypti Recentior Descriptio und *Carthaginis Celeberrimi Sinvs Typvs*
Abraham Ortelius. Antwerpen, Belgien 1570 – Sammlung Hahn.

Africae Tabula Nova
Abraham Ortelius, Antwerpen, Belgien 1570 – Sammlung Hahn.

Africa juxta Navigationes et Observationes Recentissimas Aucta,
Correcta et in Sua Regna et Status Divisa in Lucem Edita …
Matthäus Seutter, Augsburg, Deutschland 1728 – Sammlung Hahn.

John G. Whittier (1807–1892)
Amerikanischer Quäker, Dichter und aktiver Gegner
der Sklaverei.

Mark Twain (1835–1910)
Samuel L. Clemens, US-amerikanischer Schriftsteller
und Humorist; besser bekannt unter seinem Pseudonym
Mark Twain.

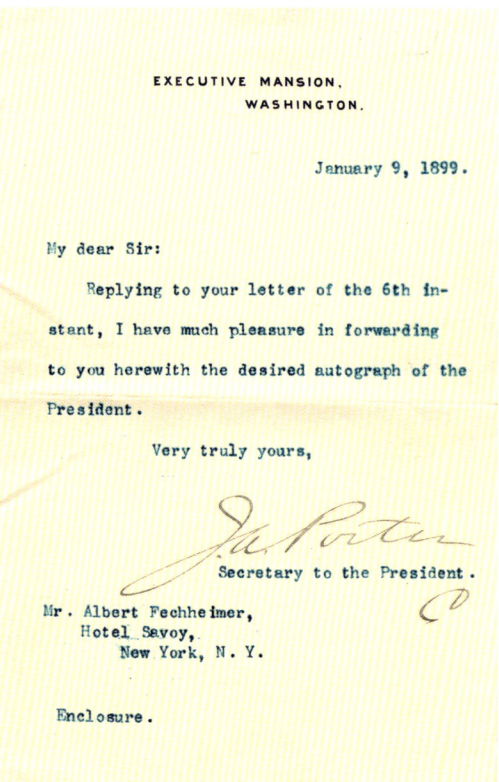

Cyrus West Field (1819–1892)
US-amerikanischer Geschäftsmann und Bankier, der im
Jahr 1858 das erste Telegraphenkabel (Seekabel) am
Meeresgrund des Atlantischen Ozeans verlegt hatte.

Henry W. Longfellow, (1807–1882)
Amerikanischer Volksdichter, Europareisender und Professor für moderne Sprachen an der Harvard University.

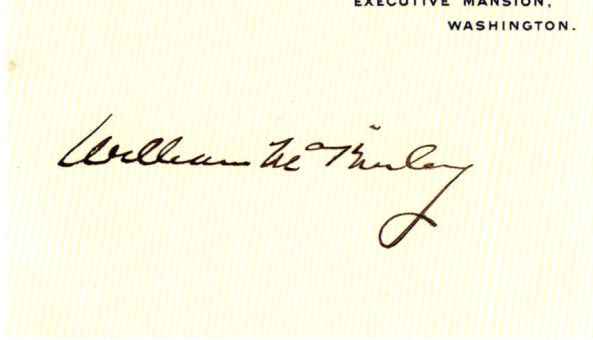

William McKinley (1843–1901)
25. Präsident der Vereinigten Staaten.

Das silberne Hawdala-Set im Barockstil war ein Geschenk der jüdischen Gemeinde in Kiew an Chaim ben Chorav Mausche im Jahr 5450 nach jüdischer bzw. 1690 nach christlicher Zeitrechnung. Der Baum, der den Baum des Lebens repräsentiert, steht in einem eingezäunten Garten Eden. Die drei großen Früchte sind die Behälter für die verschiedenen Gewürzarten. Auf dem Baumstamm befindet sich ein Kidduschbecher (ein Becher für Wein, über den zu Beginn der Schabbatmahlzeit ein Segen, der Kiddusch, gesprochen wird), dessen Deckel mit Blumen und Laub verziert ist. Der Hawdala-Teller mit Lochmuster steht auf einem Stiel, um den herum sich eine Schlange mit einem Rubinauge windet. Augsburger Arbeit.

Eine Mesusa (eine am Türpfosten jedes jüdischen Hauses befestigte Kapsel, die Texte aus der Tora enthält), ein Tora-Zeigestab (den man beim Lesen der Tora verwendet, um diese nicht zu berühren), ein Amulett und ein Hawdala-Set (rituelle Gegenstände, die bei der Feier zum Ausgang des Schabbats verwendet werden) – Sammlung Hahn (V).

Kapitel 2: Die Judaica-Sammlung von Max Raphael Hahn

Jüdische Tradition und religiöses Erbe

Die Judaica-Sammlung war Ausdruck des innersten Wesens von Max Raphael Hahn, der sich hier als der wahre Sohn seines Vaters erwies und die von diesem begonnene Sammlung jüdischer religiöser Kultusgegenstände systematisch und mit großer Intensität und großem Ernst fortsetzte. Je mehr die Sammlung, die einen Zeitraum von mehreren hundert Jahren umfasste, wuchs, desto mehr erfüllte sie Max Raphael Hahn mit Stolz und Genugtuung. Die ältesten Objekte seiner Sammlung stammten aus dem 17. Jahrhundert, die neuesten wurden erst im Jahr 1935 angefertigt. Viele der über 300 Sammelstücke waren für den Schabbat und für die jüdischen Feiertage bestimmt, also für das Alltagsleben eines religiösen Juden. In der Sammlung gab es aber auch synagogale Kunst: Tora-Schilder, Tora-Krönchen (Rimonim), Zeigestäbe (Yad) und beispielsweise auch einen bronzenen Leuchter aus dem Mittelmeerraum, der die Form einer Moscheelampe hatte. Die Inschrift auf dem Leuchter war sowohl Hebräisch als auch in einer mit hebräischen Buchstaben geschriebenen Fremdsprache verfasst. Außerdem gehörten Münzen, Medaillen, Gebetbücher, Porzellan, Zinnteller, Kunstwerke und Kinderamulette zu der Sammlung. Eines der Amulette stammte von einer jüdisch-christlichen Sekte und trug auf der Rückseite eine Inschrift auf Hebräisch, während auf der Vorderseite der Kopf Jesu abgebildet war. Es gab auch zwei braun glasierte Wandfliesen aus einer kleinen böhmischen Landsynagoge, die mit den hebräischen Worten *Uworuch* (und er wird segnen) und *Bezessecho* (der hebräische Ursprung dieses Wortes ließ sich nicht identifizieren) versehen waren.

Doch nicht nur ein unverbrüchlicher Teil seiner Identität, sondern – etwas pathetisch ausgedrückt – Balsam für seine Seele war jüdische religiöse Kunst für Max Raphael Hahn. In seiner Sammlung verband sich sein religiöses mit seinem weltlichen Leben in einer Weise, die man vielleicht am besten als heilend

Ein Beispiel für synagogale Kunst in der Sammlung Hahn: Silberner Toraschild aus Deutschland mit der Aufschrift *Zeew Ben Zwi (Hirsch) 5553*, das ist nach christlicher Zeitrechnung das Jahr 1793 – Sammlung Hahn.

bezeichnen kann, denn noch immer existierten für einen Juden in Deutschland viele Brüche in seinem Leben. Anders als viele Juden seiner Generation, die sich von der Religion ihrer Väter abwandten oder doch zumindest distanzierten, war religiöses Leben für Max Raphael Hahn ein unhinterfragter essentieller Bestandteil seines Lebens. Wie sein Vater besuchte auch er regelmäßig die Synagoge und engagierte sich für die jüdische Gemeinde. Sein Zuhause und seine Familie, die Gemeinde und die jüdische Religion – das waren seit seiner Kindheit die drei bestimmenden Grundpfeiler seines privaten Lebens. Sowohl Max Raphael als auch Gertrud Hahn hatten ihre Wurzeln im orthodoxen Judentum, und so richtete sich das Leben ihrer Familie ganz selbstverständlich nach dem Rhythmus der jüdischen Feiertage, und natürlich wurde wie in ihren Elternhäusern der Schabbat geheiligt, auch wenn die gesamte christliche Umwelt an diesem Tag arbeitete. Doch anders als ihre Eltern vollzogen Max Raphael und Gertrud Hahn in ihrem Alltag eine Versöhnung des orthodoxen mit dem in Göttingen vorherrschenden Reformjudentum: Denn sie besuchten, seit sie sich 1919 wieder in Göttingen niedergelassen hatten, die Gottesdienste in der Göttinger liberalen Synagoge und engagierten sich in der dortigen Gemeinde, hielten aber im privaten Bereich an vielen orthodoxen Riten fest, die sie aus ihren Elternhäusern gewohnt waren.

Wie diese Vermischung von orthodoxem und liberalem Judentum konkret aussah, schilderte Gertrud Hahns jüngerer Bruder Siegfried Lasch in seinen Erinnerungen an seine Kindheit in Halberstadt, die er 1963 zu Papier brachte: *Die Menschen in Halberstadt*, schrieb Friedel Lasch, *waren immer überwiegend orthodox gewesen, sodass später die Juden, die sich der liberalen und der Reformbewegung anschlossen, viele orthodoxe Bräuche beibehielten. Damit galt Halberstadt, wie Frankfurt am Main – Frankfurt vor allem durch den Einfluss der Familie Rotschild – als eine der bekanntesten orthodoxen Gemeinden in Deutschland. So war es damals selbstverständlich, dass alle Häuser und insbesondere die Wohnungen der orthodoxen Juden zusätzlich zu der elektrischen Türklingel einen Messing- oder einen Kupfer-Klopfer hatten* [wie oben schon gesagt, durfte man am Schabbat nichts benutzen, was mit Strom betrieben wurde]. *Und niemand hat zweimal darüber nachgedacht, am Schabbos [Schabbat] den Klopfer und an den anderen Tagen die Türklingel zu benutzen. Es war so natürlich, dass mir das nie aufgefallen wäre, wenn nicht viele Jahre später meine Freunde völlig verblüfft gewesen wären, als sie von diesem Brauch hörten* (Original Englisch).

Doch ebenso selbstverständlich wie Max Raphael in seinem privaten Alltag weiter die alten orthodoxen jüdischen Regeln achtete, engagierte er sich nun nicht mehr wie sein Vater in der orthodoxen Austrittsgemeinde, die in Göttingen auch noch in den Zwanziger Jahren weiter bestand und der er ursprünglich auch selbst angehört hatte, sondern in der Göttinger Reformgemeinde, und dies sogar an führender Stelle: Im Oktober 1921 wurde Max Raphael Hahn in den dreiköpfigen Vorstand der Göttinger Synagogengemeinde gewählt und bekleidete dieses Amt in beeindruckender Kontinuität fast zwanzig Jahre lang bis zu seiner Vertreibung aus Göttingen im April 1940. Er wurde damit – wie es der Göttinger Rabbiner Hermann Ostfeld später ausdrückte – zur dominierenden Persönlichkeit der Göttinger jüdischen Gemeinde und prägte jahrzehntelang deren Geschicke nach innen wie außen.

Wie seinem Vater war auch Max Raphael Hahn jüdische Wohltätigkeit ein inneres Anliegen: So engagierte er sich gemeinsam mit seiner Frau Gertrud in der Göttingen Ortsgruppe der jüdischen Moritz-Lazarus-Loge, deren Name zugleich als ein Programm gelesen werden kann: Denn anders als in Halberstadt war die Loge in Göttingen nicht nach einem jüdischen Hoffinanzier des 17./18. Jahrhunderts benannt worden, sondern nach dem erst 1903 verstorbenen linksliberalen jüdischen Philosophen Moritz Lazarus, der sich in seinen Schriften um die Verbindung von religiöser und nationaler Identität bemüht hatte und am Ende des 19. Jahrhunderts der prominenteste Laienführer des liberalen Judentums war. Die Göttinger Moritz-Lazarus-Loge gehörte zum internationalen, 1843 von deutsch-jüdischen Auswanderern in den USA gegründeten B'nai-B'rith-Orden. Der Aufstieg des deutschen Antisemitismus in den 1880er Jahren und die zunehmende Ausschließung von Juden aus deutschen Freimaurer- und Odd-Fellows-Logen hatten 1882 zur Gründung der ersten deutschen B'nai-B'rith-Loge in Berlin geführt, die noch vor dem Ersten Weltkrieg zur zweitgrößten nationalen Gruppe innerhalb der internationalen Organisation (nach der amerikanischen Sektion) aufgestiegen war. Der Einfluss der Loge, der wie in Göttingen in der Regel alle wohlhabenden und gebildeten Männer der jüdischen Gemeinde angehörten, ging weit über ihre Mitgliederzahl hinaus. Insbesondere waren die Logen maßgeblich am Aufbau eines modernen Netzes jüdischer Wohlfahrtspflege in Deutschland beteiligt.

Die Göttinger Ortsgruppe der Moritz-Lazarus-Loge war schon 1908 von dem Göttinger Rechtsanwalt Julius Rosenberg gegründet worden. Wegen ihrer liberalen Ausrichtung ist es jedoch eher unwahrscheinlich, dass die Hahns schon zu diesem frühen Zeitpunkt Mitglieder der Loge waren. Auch im Nachruf auf Raphael Hahn ist davon nicht die Rede. So wird Max Raphael Hahn ebenso wie sein Bruder Nathan erst nach dem Ersten Weltkrieg – also nach seiner Hinwendung zum liberalen Judentum der Göttinger Gemeinde – aktiv in der Moritz-Lazarus-Loge geworden sein. Satzungsgemäß verlangte die Loge von jedem ihrer Mitglieder, jederzeit den Beweis dafür anzutreten, *daß Judentum gleichbedeutend ist mit rechtschaffenem Verhalten, mit der Betätigung der höchsten Grundsätze der Ethik und Humanität, daß das Bekenntnis der jüdischen Religion dem Juden zur Ehre gereicht* (aus den Gesetzen der Loge von 1921, S. 4). Der Präsident der Loge wurde jeweils für zwei Jahre von den Mitgliedern gewählt. Mindestens einmal bekleidete Max Raphael Hahn in der Zeit vor 1933 dieses Amt.

Frauen waren von der Mitgliedschaft in den Logen ausgeschlossen. Doch gab es seit 1886 den Logen angegliederte Schwesternschaften. 1933 (und vielleicht auch schon früher, worüber uns aber leider keine Dokumente vorliegen) wurde der Schwesternbund der Moritz-Lazarus-Loge in Göttingen von Gertrud Hahn geleitet. Zu diesem Zeitpunkt hatte die Loge selbst 43 Mitglieder, und der Schwesternbund, der aus den Ehefrauen der Logenmitglieder bestand, bestand entsprechend ebenfalls aus 43 Frauen.

Im Judentum werden die Pflichten, Gebote und Verbote, die in der Tora enthalten sind, Mitzwot genannt. Die zehn Gebote gehören dazu, aber beispielsweise auch die Befolgung der Schabbatruhe und die Speisegesetze, aber auch, dass man, wie Raphael Hahn es noch wörtlich ausgeführt hat, den Zehnten für die Armen geben müsse. Max Raphael Hahn verwirklichte diese letzte Mitzwa auch durch sein Engagement in der Loge, und in seiner Sammlung machte er religiöse Kunstobjekte, die zur Erfüllung der Mitzwot an Feiertagen genutzt wurden, zu einem Schwerpunkt.

Auf der Rückseite dieses Fotos ist notiert: *Aufführung am 12. Dez[ember] 31 zur Loge mit Julie Rosenberg u[nd] Hete Wertheim* [Der 12. Dezember war 1931 der letzte Tag von Chanukka]. *Wiederholt am 22. März 1932 zur Generalversammlung des [Israelitischen] Frauenvereins in dieser Besetzung: Thea Valk, Trude Rosenthal, Netty Cohn, Ilse Daniel.*

Das Foto muss also, weil insgesamt fünf Frauen (Gertrud Hahn mit den vier oben Genannten) zu sehen sind, von der Wiederholung der Aufführung bei der Generalversammlung des Israelitischen Frauenvereins im Mai 1932 stammen. Dieser war nicht identisch mit dem Schwesterbund der Loge, sondern umfasste – weniger exklusiv – praktisch alle Frauen der jüdischen Gemeinde Göttingen und war daher 1933 mit über hundert Mitgliedern der größte jüdische Verein in Göttingen. Auch er widmete sich vorwiegend der Wohltätigkeit und bot den Frauen in den weitgehend männlich geprägten jüdischen Gemeinden (auch die gemeindliche Armen- und Sozialfürsorge lag ursprünglich ausschließlich in der Hand von Männern) ein eigenes akzeptiertes Betätigungsfeld. Bemerkenswerterweise trat Gertrud Hahn (in der Mitte des Fotos) bei dieser Aufführung in Admiralsuniform auf.

Bessamimbüchsen und Hawdalateller – der Schabbat

Für Max Raphael und Gertrud Hahn war der Schabbat ein heiliger geliebter Feiertag und die Beachtung der Schabbatregeln ein wichtiger Teil ihres Familienlebens. Und so schmückten ihr Heim in der Merkelstraße drei Schabbat-Lampen aus Italien, Holland und Deutschland; Kidduschbecher aus Österreich, Deutschland, Polen und Russland; Schabbat-Kerzenhalter im Barock-Stil, mehrere Hawdala-Sets (siehe dazu die Abbildung im Eingang zu diesem Kapitel auf S. 48) und eine Vielzahl von Bessamimbüchsen in allen möglichen Stilvariantem von Barock bis Rokoko, von Neoklassizismus bis zur Neo-Renaissance: In Bessamimbüchsen werden besondere, duftende Gewürze aufbewahrt, an denen beim Hawdala-Ritual zum Ausgang des Schabbat gerochen wird, um etwas vom besonderen Geschmack dieses Festtages in den Alltag mitzunehmen.

Filigrane silberne Bessamimbüchse – Sammlung Hahn (V).

52

Challadecke, in die der Hefezopf eingeschlagen wurde, der traditionell zum Schabbat gebacken wurde, Deutschland, Anfang des 19. Jahrhunderts: Bestickte Seide mit Weinlaub- und Weintraubenmuster und einem Kidduschbecher in der Mitte. Hebräischer Text: *Und Mose verkündete die Feste des Ewigen den Kindern Israels. Und Gott segnete den siebten Tag und erklärte ihn für heilig.* – Sammlung Hahn.

53

Schon jahrhundertelang haben Juden Künstler damit beauftragt, religiöse Objekte von hoher Anmut und Eleganz zu gestalten, immer eingedenk der Worte in der Tora: *Betet an den HERRN in heiligem Schmuck* (Psalm 29:2). Metallarbeiten spielten dabei schon immer eine große Rolle, und auch heute noch verbinden geschickte Silberschmiede alte Formen mit neuen Designideen und schaffen so religiöse Objekte, die durch Kreativität und Intelligenz überzeugen.

Wahrscheinlich bietet kein einziges religiöses Kunstobjekt so viel kreatives Potential wie die für die Hawdala-Zeremonie – die Zeremonie zum Schabbatausgang – verwendete Bessamimbüchse, die deshalb ein Sammlerobjekt von ganz besonderer Schönheit ist.

Max Raphael Hahn besaß insgesamt 65 verschiedene Bessamimbüchsen in allen möglichen Formen: als Blume oder Frucht gestaltet, als chinesische Pagode, Lokomotive, als Türmchen mit wehenden Fahnen, als Davidstern, Sichelmond, Blattlaub und jedes nur erdenkliche Tier (siehe dazu die Abbildungen auf S. 17, S. 48, S. 52 und S. 55, die Vitrinen auf S. 66 und S. 90). Viele der Hahnschen Bessamimbüchsen stammten aus dem 18. und 19. Jahrhundert und trugen Signaturen von renommierten Meistern aus Augsburg und Nürnberg, den damaligen Zentren deutscher Silberschmiedekunst.

Silberne Bessamimbüchse aus Polen, 18. Jahrhundert. Ein Ast eines Birnbaums mit Blättern und Blumen, die aus dem runden Sockel wachsen. In der Mitte, eine birnenförmige Frucht, ein Vogel als Krone – Sammlung Hahn (V).

Hawdala-Teller aus Porzellan, Deutschland,
ca. 1920 – Sammlung Hahn.

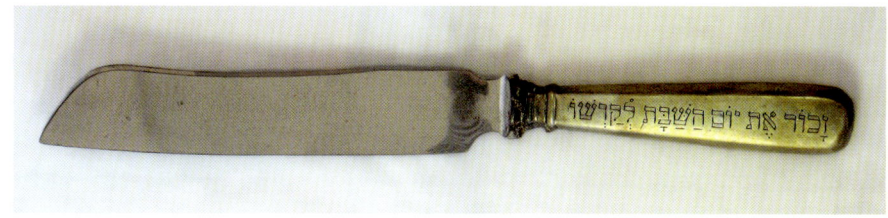

Challamesser, Deutschland, um 1900. Auf dem Griff der hebräische Text:
Achte und heilige den Schabbat – Sammlung Hahn.

Silberne Bessamimbüchse aus der Türkei,
19. Jahrhundert – Sammlung Hahn.

Challadecke, Deutschland, frühes 20. Jahrhundert – Sammlung Hahn.

Vom Auszug aus der Sklaverei – die Haggadot

Am Vorabend des Pessachfestes, an dem Juden ihre Befreiung aus der ägyptischen Sklaverei feiern, wird traditionell die Haggada gelesen und gesungen – ein häufig aufwändig bebildertes Buch, in dem das in der Tora im Buch Sefer Schemot (bei den Christen das 2. Buch Moses *Exodus*) geschilderte Exil der Israeliten in Ägypten und ihr Auszug in die Freiheit wiedergegeben wird, ergänzt um rabbinische Ausschmückungen und Auslegungen dieser Geschichte. In der Haggadot-Sammlung Max Raphael Hahns befanden sich Ausgaben aus den Jahren 1695, 1712, 1765 und 1780, die alle in Amsterdam gedruckt worden waren. Amsterdam war im 18. Jahrhundert das Zentrum des jüdischen Verlagswesens. Die Offenbacher Ausgabe aus dem Jahre 1795 trägt eine Inschrift von Raphael Hahn aus dem Jahr 1844 – das Jahr seiner Bar Mizwa (siehe S. 18 und S. 31). In der Sammlung gab es auch eine von Daniel Hofer illustrierte, nach dem Druckort Sulzbach benannte Haggada aus dem Jahre 1751 (siehe die Abbildungen S. 57 und S. 169).

Titelbild der Amsterdamer Haggada 1712 – Sammlung Hahn.

Mein Interesse an der Geschichte und den Ursprüngen von Pessach wurde durch meine Judaica-Sammlung geweckt. In den ersten beiden Nächten von Pessach wird aus der Haggada vorgelesen. Haggada bedeutet ‚Geschichte‘ bzw. ‚Erzählung‘. Es gibt Haggadot, die aus dem 13. Jahrhundert stammen. Diese Bücher sind natürlich sehr wertvoll und werden als Kunstwerke in Museen gehütet. Die erste gedruckte Haggada erschien im Jahr 1486. Der Text in der Haggada ist seit über 1000 Jahren nahezu unverändert geblieben.

Da die Haggada nicht für den Gebrach in der Synagoge gedacht war, konnte dieses Buch mit Ornamenten und schönen Illustrationen geschmückt werden und galt damit Jahrhunderte lang als Ausdruck jüdischer Kunst. Ich bin stolzer Besitzer von originalen und faksimilierten Haggadot aus einem Zeitraum von über 300 Jahren.

Es gibt Haggadot aus fast allen Ländern, wo Juden jemals gelebt haben, weshalb der hebräische Text oft mit Kommentaren und Übersetzungen in vielen verschiedenen Sprachen begleitet wird, sogar in Afrikaans. Bislang wurden über 2000 Ausgaben erfasst und es kommen jedes Jahr neue hinzu.

Die Haggada ist erfüllt von der Sehnsucht nach Erlösung und Freiheit, dem Glauben an das Überleben des jüdischen Volkes und das Vertrauen auf G'tt in Zeiten der Gefahr.

Auszug aus einem Artikel von Roger Hayden, dem Sohn von Max Raphael Hahn, der nach dem Krieg in Südafrika lebte. Der Artikel erschien am 31. März 1974 in einer Südafrikanischen Zeitung (Original Englisch).

Amsterdamer Haggada von 1695: Die erste Haggada, die die Bleisatztechnik nutzte (Illustrationen von dem Graveur Abraham Ben Jacob, Kommentar von Jehuda ben Isaak Abravanel) und Sulzbacher Haggada von 1751– Sammlung Hahn.

Die erste Karte von Israel wurde in der Amsterdamer Haggada von 1695 publiziert – Sammlung Hahn.

58

Haggada aus Wien, undatiert – Sammlung Hahn.

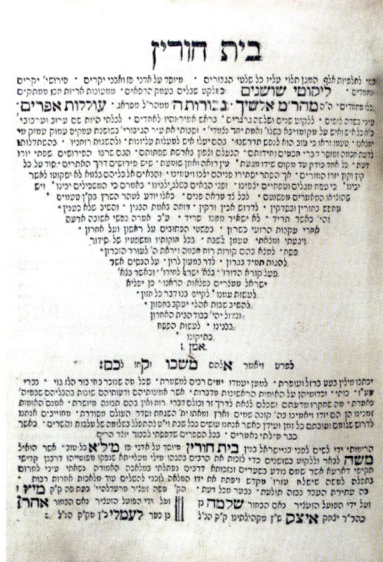

Amsterdamer Haggada von 1780 – Sammlung Hahn.

Haggada aus Metz von 1767 – Sammlung Hahn.

Rettung aus höchster Gefahr – die Meggilot

Max Raphael Hahn interessierte sich ganz besonders für die Megilla, das Buch Esther, in dem die Rettung des jüdischen Volkes während der persischen Diaspora geschildert wird. Das Buch Esther berichtet davon, dass Haman, der höchste Regierungsbeamte des persischen Königs, an einem einzigen Tag die gesamten Juden im Perserreich ermorden wollte, und zwar aus Rache, weil sich der Jude Mordechai, der zur königlichen Dienerschaft gehörte, geweigert hatte, vor Haman niederzuknien. Esther, die persische Königin, die eine Cousine von Mordechai war und dessen Adoptivtochter, setzte sich beim König für die Juden ein und erreichte durch Fasten und Gebet, dass die Juden gerettet wurden. Dieser Rettung gedenkt man am Purimfest, an dem das Buch Esther vorgelesen wird und die anwesenden Kinder immer, wenn bei der Lesung der Name Haman fällt, mit Tuten, Rasseln und Ratschen (jiddisch *Grägger*) so viel Lärm wie möglich machen. Hamans Name wurde bei den Juden weltweit zum Symbol der Judenfeindschaft.

Detailaufnahme einer Megilla aus dem 19. Jahrhundert, Pergamentrolle auf einem Holzstab, farbige Federzeichnung – Sammlung Hahn (siehe auch S. 20).

Obwohl das Buch Esther ein biblischer Text ist, kommt in diesem Buch der Name G'ttes kein einziges Mal vor, wodurch das Buch nicht, wie die anderen heiligen Schriften, dem Verbot unterliegt, keine Illustrationen zu haben. Zwar sind die Megillot, die in den Synagogen vorgelesen werden, genauso schlicht wie die Torarollen, die Exemplare für den Hausgebrauch bieten jedoch den jüdischen Illustratoren die seltene Gelegenheit, ihre Talente zur Schau zu stellen.

Der dramatische Verlauf der Geschichte in der Megilla Esther bietet angesehenen Illustratoren, sowie einfachen Volkskünstlern genug Freiraum sich auszutoben. So entstanden über die Jahrhunderte viele ganz besondere Megillot und die Megilla wurde nach der Erfindung des Buchdrucks zu der beliebtesten jüdischen Handschrift für Illustratoren.

Auszug aus einem Artikel von Michael Kaniel, dem Inhaber der Galerie *The Collector* in Jerusalem, die sich auf Antiquitäten und jüdische religiöse Kunst spezialisiert hatte, erschienen in der *Jerusalem Post Weekly* am 29. Februar 1972 (Original Englisch).

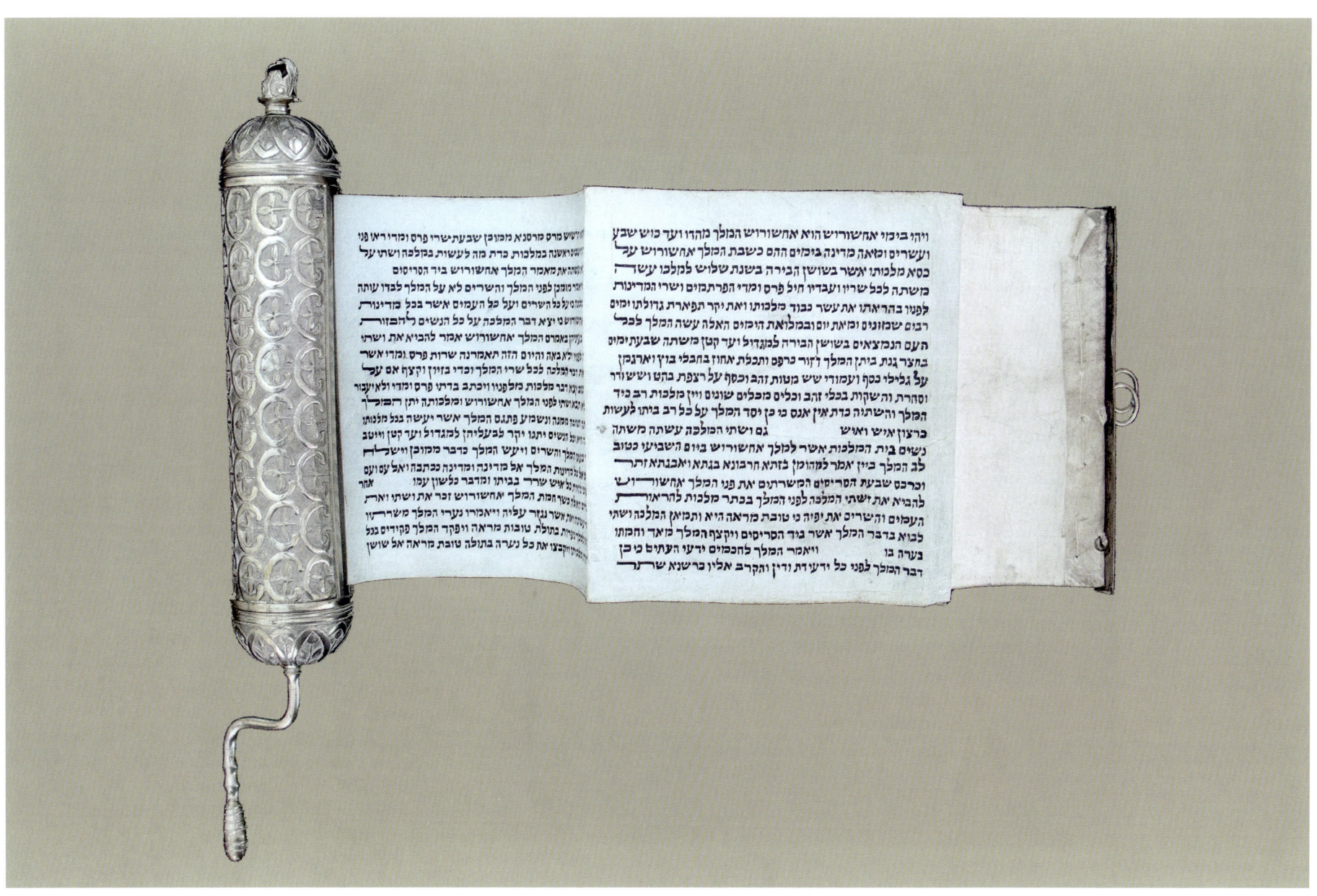

Megilla (das Buch Esther). Pergamentrolle in einem reich verzierten silbernen Gehäuse aus Marokko: C-förmige achtreihige Ornamente,
Laubkrone auf der oberen Halbkugel, unten ist eine ähnliche Halbkugel mit einer Kurbel zum Drehen der Rolle – Sammlung Hahn.

Chanukkaleuchter – das jüdische Lichterfest

Das Chanukkafest, auch Lichterfest genannt, erinnert an die Wiedereinweihung des zweiten jüdischen Tempels im jüdischen Jahr 3597 (164 v. Chr.) nach dem erfolgreichen Makkabäeraufstand gegen hellenisierte Juden und makedonische Syrer. Die Makkabäer beseitigten den im jüdischen Tempel von Griechen errichteten Zeusaltar und führten den jüdischen Tempeldienst wieder ein, zu dem auch ein dauernd brennender siebenarmiger Leuchter, die Menora, gehörte. Nach der Überlieferung war aufgrund der Eroberung durch die Syrer nur noch ein Krug geweihtes Öl vorhanden, der nur für einen Tag reichte. Für die Herstellung neuen geweihten Öles brauchte man aber acht Tage. Doch durch ein Wunder reichte das Öl dann doch für die gesamten benötigten acht Tage, und daran erinnern die acht Lichter des Chanukkaleuchters. Dementsprechend dauert das Chanukkafest denn auch acht Tage, an denen jeweils ein Licht mehr angezündet wird. Tatsächlich hat der Leuchter aber oft neun Arme, wobei der neunte kleiner oder anders gestaltet ist als die anderen acht. Mit diesem neunten Licht, das man als Diener bezeichnet, werden die acht anderen Lichter angezündet.

Ähnlich wie bei den Bessamimbüchsen boten auch Chanukkaleuchter große künstlerische Gestaltungsfreiheit, und Max Raphael Hahn besaß eine große Sammlung verschiedenster Chanukkaleuchter, von denen allerdings die meisten als verloren gelten müssen.

Ein ganz besonderer Chanukkaleuchter aus der Sammlung Max Raphael Hahns: Der Leuchter ist aus Bronze, im italienischen Renaissancestil mit einer von zwei Löwen flankierten Vase in der Mitte. Er trägt anders als neuere Chanukkaleuchter nicht Kerzen, sondern wie in der Originalgeschichte Öllämpchen. Das neunte Öllämpchen befindet sich rechts oben, und der dazugehörige Löwe trägt auf der Stirn die Bezeichnung Schammasch (hebräisch für Diener) – Sammlung Hahn (V).

„Eine besonders wertvolle und vollständige Privatsammlung jüdischer Ritualien"

Im Januar 1929 widmete der angesehene Frankfurter Kunsthistoriker und -kritiker Erich Toeplitz der Hahnschen Judaica-Sammlung im *Israelitischen Familienblatt*, damals eines der größten jüdischen Wochenblätter in Deutschland, in einer mehrteiligen Artikelfolge über *Jüdische Kunstsammlungen* einen eigenen reichbebilderten Beitrag, in dem er diese Sammlung als *eine besonders wertvolle und vollständige Privatsammlung jüdischer Ritualien* bezeichnete. Dieser Artikel war eine direkte Folge der Ende der 1920er Jahre verstärkt unternommenen Bemühungen der jüdischen Landesverbände, die jüdischen Kunstdenkmäler und -objekte in den jeweiligen Regionen erstmalig systematisch zu erfassen. Für Bayern hatte man damit Theodor Harburger beauftragt, aus dessen Einleitung zum Katalog der Sammlung Salli Kirschstein oben im Vorwort zur deutschen Ausgabe dieses Buches ausführlich zitiert wurde. Für Preußen hatte man Erich Toeplitz mit der Inventarisierung von jüdischen Kunstobjekten, Friedhöfen, Synagogen und deren Interieurs betraut. Toeplitz war aktives Mitglied der 1897 in Frankfurt gegründeten, sehr rührigen Gesellschaft zur Erforschung jüdischer Kunstdenkmäler, für die er auch eine Reihe von Publikationen besorgt hatte, und daher für diese Aufgabe gut gerüstet. Unter Mithilfe der örtlichen Gemeinden suchte er nun nicht nur nach künstlerisch bemerkenswert ausgestalteten Synagogen oder von den Gemeinden betriebenen kleineren oder größeren Museen, sondern eben auch nach Privatsammlungen, und so wurde er auch auf die Hahnsche Sammlung aufmerksam – dies vielleicht sogar durch Max Raphael Hahn selbst, der ja Synagogenvorsteher war und daher von Toeplitz wahrscheinlich direkt kontaktiert worden war.

In den seinem Beitrag über die Hahnsche Sammlung vorausgehenden Artikeln im *Israelitischen Familienblatt* hatte sich Toeplitz zunächst mit der *Sammlung Kauffmann-Frankfurt* beschäftigt. Gemeint war damit die Sammlung des Verlegers und Antiquars Felix Kauffmann, der in Frankfurt einen Verlag für Judaica, Hebraica und jüdische Theologie betrieb und eine große Privatsammlung historischer jüdischer Schriften aufgebaut hatte.

Der zweite Beitrag der Toeplitzschen Artikelfolge hatte der Sammlung der Berliner Jüdischen Gemeinde gegolten, von der im Vorwort zur deutschen Ausgabe dieses Buches auch schon die Rede war. 1929 war die Berliner Sammlung, die während des Ersten Weltkriegs durch eine Schenkung des Dresdner Sammlers Albert Wolf entstanden war, noch in sehr beengten Verhältnissen in drei Räumen neben der Gemeindebibliothek untergebracht. Doch schon im November 1927 hatte diese bedeutende Sammlung, die zumeist nur kurz als Jüdisches Museum Berlin bezeichnet wurde, mit dem Kunsthistoriker Karl Schwarz einen neuen Leiter erhalten. Schwarz erweiterte und systematisierte nicht nur die bestehende Sammlung, sondern gestaltete diese auch grundlegend um und sammelte nun auch jüdische zeitgenössische bildende Kunst. Schwarz' Ziel war der Aufbau eines modernen jüdischen Museums, in dem nicht nur antike Kultgeräte und einige Altertümer aus Palästina gezeigt werden sollten, sondern auch moderne Kunst und insbesondere moderne Kultgegenstände, für die Schwarz gezielt Aufträge an Künstler vergab. 1929 – in dem Jahr der Toeplitzschen Artikelfolge – hatte Schwarz gerade einen Förderverein ins Leben gerufen, für den er als Ehrenvorsitzenden Max Liebermann hatte gewinnen können. Die Gemeinde stellte große und repräsentative Räume im ehemaligen jüdischen Altersheim in der Oranienburger Straße 31 zur Verfügung, und am 24. Januar 1933 konnte dann nach Jahren intensiver Arbeit endlich das neue Berliner Jüdische Museum eingeweiht werden. Eine Woche später wurde Adolf Hitler zum Reichskanzler gemacht. Schwarz kündigte kurz darauf seine Stellung in Deutschland und emigrierte noch im Juni 1933 nach Palästina, wo er Direktor des neugegründeten Kunstmuseums in Tel Aviv wurde. Das Berliner Jüdische Museum bestand noch bis zur Reichspogromnacht 1938.

In seinem dritten, dem Artikel über die Hahnsche Sammlung direkt vorausgehenden Beitrag hatte sich Toeplitz allgemein dem Thema der künstlerischen Gestaltung von Chanukkaleuchtern gewidmet, die auch Max Raphael Hahn sammelte.

Der Artikel über die Hahnsche Sammlung ist hier im Faksimile abgedruckt. Der besseren Lesbarkeit halber und weil in diesem Artikel die Hahnsche Sammlung sehr vollständig beschrieben ist (darunter eine Vielzahl von Objekten, die als unwiederbringlich verloren gelten müssen), soll er hier dennoch mit kur-

Jüdische Kunstsammlungen ✶ IV. Die Sammlung Max Hahn in Göttingen
Von Erich Toeplitz (Frankfurt a. M.)

In Fortführung unserer Artikelreihe über Sammlungen jüdischen Kultgerätes in Privat- und jüdischem Museumsbesitz (vgl. die Aufsätze über die Sammlung Kauffmann-Frankfurt in Nr. 21, „Die Sammlung der Berliner Jüdischen Gemeinde" in Nr. 30, „Chanukkaleuchter" in Nr. 32) bringen wir nachstehend die Beschreibung einer besonders wertvollen und vollständigen Privatsammlung jüdischer Ritualien.

Unter den Sammlungen, die in den letzten Jahren neu entstanden sind, ragt die vorliegende durch Qualität und große Vielseitigkeit besonders hervor.

Von den zahlreichen Besomimbüchsen dieser Sammlung, von denen jede in ihrer Art eine Besonderheit darstellt, ist vor allem diejenige zu erwähnen, die lt. Inschrift aus Kiew stammt, doch ein Augsburger Goldschmiedezeichen von 1680 trägt. Auf einem Tablett befindet sich eine Blume mit Früchten, die als Gewürzbüchsen ausgebildet sind, und ein Stengel mit einem Untersatz für einen Becher. (Wir haben hier die Besomimbüchse ohne Untersatz abgebildet.) Diesem Gegenstand verwandt ist ein Blumenstück, dessen Fuß ein Blatt ist, auf dem ein geschwungener, mit Blättern versehener

Kidduschbecher (18. Jahrhundert ?)

Silberner Bucheinband (um 1700)

Stengel sich erhebt, der in einer als Gewürzbehälter ausgebildeten Blume endet. Zwei weitere Stücke der gleichen Art und eine besondere Abart des gleichen Typus, jedoch ohne Untersatz, vervollständigen diese Reihe.

Zwischen den Blumenformen und den Türmen vermitteln zwei eiförmige Gewürzbehälter auf einem Stengel, oben mit einem Fähnchen bekrönt.

Unter den 19 Türmen der Besomimsammlung befinden sich verschiedene Stücke, die sowohl hinsichtlich ihrer frühen Datierung — um 1700 — als auch hinsichtlich ihres Formenreichtums weit über das übliche Maß hinausgehen.

Eine Hawdalahschüssel mit dem üblichen Dekor, jedoch mit altem Silberstempel, schließt diese Reihe ab.

Die Bechersammlung enthält zwei Stücke, die auf drei Kugeln ruhen, und von denen einer mit einem Deckel versehen ist. Ferner finden sich zwei schöne Stengelbecher, drei teilweise vergoldete Becher und ein getriebener Kampf darstellender Becher und Jaakobs Traum, die nach Form und Qualität mit zu den erlesensten Stücken der Sammlung gehören.

Unter den Amuletten dürfte das barocke Exemplar mit den Tempelsymbolen das reichste sein. In diesem Zusammenhang wäre auch eine silberne Mesusah, die verhältnismäßig früh (zirka 1750) anzusetzen ist, hervorzuheben.

Der vorhandene Thoraschmuck umfaßt ein paar schlichtere und ein paar reichere Rimonim, ein reich verziertes Taß (Augsburger Arbeit des 18. Jahrhunderts) und eine dazu gehörige Jad, sowie einen Teil einer mit figürlichem Schmuck versehenen Jad.

Ein paar reizvolle Rokoko-Sabbath-Leuchter und ein paar ebensolche Kandelaber aus dem Ende des 18. Jahrhunderts leiten zu den Lampen über, unter denen vor allen Dingen eine reich dekorierte Menorah zu erwähnen ist, die einem Baum gleicht und einen Löwen als Dekoration aufweist, die allegorische Bedeutung hat.

Neben diesen Gegenständen aus Silber, bei denen noch zwei reizvolle Esrogschalen und eine reich dekorierte Pidjon ha-Ben-Schüssel mit altem Silberstempel aufzuzählen wären, sind auch noch zwei Porzellanschälchen, laut den hebräischen Inschriften für Festlichkeiten

Besomimbüchse (um 1800)

Reich dekorierte Menorah (Anfang 12. Jahrhundert)

Besomimbüchse Augsburger Arbeit (1680)

Besomimbecher (1776)

einer frommen Bruderschaft (Chewra Kadischa) bestimmt, zu nennen. Fünf meist polnische Messingmenoroth, eine große Anzahl von Sabbathlampen, verschiedene Zinnteller, teilweise für Purim und Seder mit entsprechenden Darstellungen, und ein zinnernes Gießfaß mit hebräischer Inschrift und figuralem Schmuck (1745) wären als das Wesentlichste der Kultgeräte zu nennen.

Zu den Büchern leiten die silbernen Bucheinbände über, unter denen als ganz besonders bedeutsam ein barockes Stück mit reich getriebenem Blattwerk zu erwähnen ist. Die wertvollste Handschrift dürfte ein Exemplar der sehr seltenen Prager Megillah mit reichen Kupferstichumrahmungen, z. T. Bilder aus dem Esther-Buch, sein.

Eine einfachere Megillath Esther, in der Art der Porzellanmaler farbig ausgeschmückt, wäre in diesem Zusammenhang ebenfalls anzuführen, in dem auch gute Ausgaben der Venediger und Amsterdamer Haggadah erwähnt werden müßten.

Ein Berachoth-Büchlein und eine Frauenbibel mit Bildschmuck vervollständigen die wesentlichsten Angaben über die Bibliothek, die dieser Sammlung angegliedert.

Nicht unerwähnt darf auch die Bildersammlung bleiben, unter der besonders im Stich Kleinharts, David ben Abraham Oppenheimer und ein Schabkunstblatt von M. Klauber, den Oberrabbiner Ezechiel Landau darstellend, genannt werden müssen. Es finden sich unter den Porträts aber auch andere bedeutende jüdische Zeitgenossen und Männer der Vergangenheit, unter denen Heine, Mendelssohn und ihr Kreis, aber auch Musiker und Schauspieler zu nennen sind.

In der Stille hat hier ein Einzelner mit gutem Geschmack und reichem Verständnis eine Sammlung zusammengebracht, die viele öffentliche Sammlungen in den Schatten stellen kann, und die weit über die Grenzen seiner engeren Heimat hinaus bekannt werden sollte.

Schon bei der verhältnismäßig kurzen Besichtigung der Sammlung Hahn taucht die Frage auf, ob und unter welchen Umständen diese Schätze weiteren Kreisen nutzbar gemacht werden könnten. Eine Frage, die nicht nur bei der Privatsammlung ernsthaft erwogen werden muß. Nur selten werden Privatsammler

Kiddusch becher (1776)

ihre Schätze für öffentliche Museen opfern, zumal hier häufig die Mittel fehlen, das übernommene Gut entsprechend zu pflegen. Für vorübergehende Ausstellungen kann man — besonders nach den schlechten Erfahrungen, die an verschiedenen Stellen gemacht wurden — nur selten noch Privathand Objekte bekommen. Der einzige Ausweg ist die Publikation in umfassender Form, die gleichzeitig dem Sammler eine wesentliche Erhöhung des Besitzwertes sichert. Nur was vor aller Augen publiziert (nicht im snobistischen Privatdruck) vorliegt, kann die Beachtung und Bewertung erhalten, die der Sammler als höchstes Ziel anstreben müßte.

Neben den zusammenfassenden Aufsatz, den das „Israelitische Familienblatt" in dankenswerter Weise pflegt, sollte die Einzelbeschreibung in Katalogform treten, wie sie z. B. für den Frankfurter Besitz durch die Gesellschaft zur Erforschung jüdischer Kunstdenkmäler bewirkt wurde. Auch den Besitz der jüdischen Gemeinden könnte man auf diesem Wege bequem und billig publizieren, was besonders im Hinblick auf die Landesverbandsarbeit, der es zu weitgehender Tätigkeit an Mitteln zu fehlen scheint, nötig wäre. Ohne saubere und eingehende Behandlung der einzelnen Objekte wird die Betrachtung der jüdischen Kunstdenkmäler von der frühesten Zeit bis auf unsere Tage in der Luft hängen bleiben.

Eine solche Publizierung hat aber noch einen weiteren Vorteil: nicht nur das „noblesse", sondern auch Öffentlichkeit verpflichtet. Sowie eine größere Sammlung erst einmal weiteren Kreisen bekannt ist, werden notfalls viel leichter Interessenten finden, die einen Verkauf unersetzbaren Gutes ins Ausland zu verhindern wissen.

Silberner Bucheinband (um 1800 ?)

Schale für die Festlichkeit einer frommen Brüderschaft (um 1800)

Schale zum Darbieten des Erstgeborenen bei der Feier der Auslösung (um 1700)

Schale für die Festlichkeit einer frommen Brüderschaft (um 1800)

Artikel von Erich Toeplitz über die Hahnsche Sammlung im *Israelitischen Familienblatt* vom 17. Januar 1929.

zen Kommentaren und Hinweisen auf die Abbildungen in diesem Buch versehen transkribiert werden:

Unter den Sammlungen, schrieb Toeplitz im *Israelitischen Familienblatt vom 17. Januar 1929*, *die in den letzten Jahren neu entstanden sind, ragt die vorliegende durch Qualität und Vielseitigkeit besonders hervor.*

Von den zahlreichen Beßominbüchsen dieser Sammlung, von denen jede in ihrer Art eine Besonderheit darstellt, ist vor allem diejenige zu erwähnen, die l[au]t Inschrift aus Kiew stammt, doch ein Augsburger Goldschmiedezeichen von 1680 trägt. Auf einem Tablett befindet sich eine Blume mit Früchten, die als Gewürzbüchsen ausgebildet sind, und ein Stengel mit einem Untersatz für einen Becher. (Wir haben hier die Beßominbüchse ohne Untersatz abgebildet) [Das vollständige hier von Toeplitz beschriebene Hawdalaset ist auf S. 48 in diesem Buch abgebildet.] *Diesem Gegenstand verwandt ist ein Blumenstück, dessen Fuß ein Blatt ist, auf dem ein geschwungener, mit Blättern versehener Stengel sich erhebt, der in einer als Gewürzbehälter ausgebildeten Blume endet* [in der Mitte des Artikels abgebildet]. *Zwei weitere Stücke der gleichen Art und eine besondere weitere Abart des gleichen Typus, jedoch ohne Untersatz, vervollständigen diese Reihe.*

Zwischen den Blumenformen und den Türmen vermitteln zwei eiförmige Gewürzbehälter auf einem Stengel, oben mit einem Fähnchen bekrönt.

Unter den 19 Türmen der Beßomimsammlung [siehe die Abb. auf S. 52, S. 55, S. 66, S. 90 und S. 116] *befinden sich verschiedene Stücke, die sowohl hinsichtlich ihrer frühen Datierung – um 1700 – als auch hinsichtlich ihres Formenreichtums weit über das übliche Maß hinausgehen.*

Eine Hawdalaschüssel mit dem üblichen Dekor, jedoch mit altem Silberstempel, schließt diese Reihe ab [siehe Abb. S. 90, dort auf dem zweiten Regal von oben, ganz links].

Über die Sammlung von Kidduschbechern (siehe Abb. S. 124), *von denen sich nach dem Raub der Nationalsozialisten keiner erhalten hat und von denen man*

immerhin zwei in dem Toeplitzschen Artikel abgebildet findet, schrieb Toeplitz: *Die Bechersammlung enthält zwei Stücke, die auf drei Kugeln ruhen, und von denen einer mit einem Deckel versehen ist (1776)* [rechts oben in dem Artikel abgebildet]. *Ferner finden sich zwei schöne Stengelbecher, drei teilweise vergoldete Becher und ein getriebener – Jaakobs Traum und Kampf darstellend –, die nach Form und Qualität mit zu den erlesensten Stücken der Sammlung gehören.*

Unter den Amuletten dürfte das barocke Exemplar mit den Tempelsymbolen das reichste sein. In diesem Zusammenhang wäre auch eine silberne Mesusah, die verhältnismäßig früh (zirka 1750) anzusetzen ist, hervorzuheben [siehe dazu die Abb. auf S. 48].

Der vorhandene Thoraschmuck umfaßt je ein paar schlichtere und ein paar reichere Rimonim [das sind die äußeren krönenden Aufsätze der beiden hölzernen Stäbe einer Tararolle; in der Vitrine auf S. 90 befinden sich auf dem obersten Bord Toraschmuck, rechts und links zwei Rimonim, in der Mitte ein Toraschild, vgl. dazu auch das Foto auf S. 49], *ein reich verziertes Taß* [das ist ein Toraschild] *(Augsburger Arbeit des 18. Jahrhunderts) und eine dazu gehörige Jad* [der Zeigestab zum Lesen der Tora, siehe Abb. S. 48], *sowie einen Teil einer mit figürlichem Schmuck versehenen Jad.*

Ein paar reizvolle Rokoko-Sabbath-Leuchter und ein paar ebensolche Kandelaber aus dem Ende des 18. Jahrhunderts leiten zu den Lampen über, unter denen vor allen Dingen eine reich dekorierte Menorah zu erwähnen ist, die einem Baum gleicht und einen Löwen als Dekoration aufweist, die allegorische Bedeutung hat [abgebildet in der Mitte des Artikels].

Neben diesen Gegenständen aus Silber, bei denen noch zwei reizvolle Esrogschalen [auch Etrog, Paradiesapfel, der beim jüdischen Laubhüttenfest eine wichtige Rolle spielt] *und eine reich dekorierte Pidjon-ha-Ben-Schüssel mit altem Silberstempel* [eine Schale, auf der der erstgeborene Sohn 30 Tage nach der Geburt vom Vater beim Priester symbolisch ‚ausgelöst‘ wird; in dem Artikel in der Mitte unten abgebildet] *aufzuzählen wären, sind auch noch zwei Porzellanschälchen, laut den hebräischen Inschriften für Festlichkeiten einer frommen Bruderschaft (Chewra Kadischa) bestimmt* [links und rechts unten in dem

Artikel abgebildet], *zu nennen. Fünf meist polnische Messingmenoroth, eine große Anzahl von Sabbathlampen, verschiedene Zinnteller, teilweise für Purim und Seder mit entsprechenden Darstellungen, und ein zinnernes Gießfaß mit hebräischer Inschrift und figuralem Schmuck (1745) wären als das Wesentlichste der Kultgeräte zu nennen.*

Vitrine mit Judaica aus der Sammlung Hahn (V).

Zu den Büchern leiten die silbernen Bucheinbände über, unter denen als ganz besonders bedeutsam ein barockes Stück mit reich getriebenem Blattwerk zu erwähnen [links in diesem Artikel abgebildet]. Die wertvollste Handschrift dürfte ein Exemplar der sehr seltenen Prager Megillah mit reichen Kupferstichumrahmungen, z. T. Bilder aus dem Esther-Buch, sein.

Eine einfachere Megillath Esther, in der Art der Porzellanmaler, farbig ausgeschmückt, wäre in diesem Zusammenhang ebenfalls anzuführen [siehe dazu die Abb. auf S. 20 und S. 60], in dem auch gute Ausgaben der Venediger und Amsterdamer Haggadah erwähnt werden müssen [siehe dazu die Abb. auf S. 56–59].

Ein Berachoth-Büchlein [Buch mit Segenssprüchen] und eine Frauenbibel mit Bildschmuck vervollständigen die wesentlichsten Angaben über die Bibliothek, die dieser Sammlung angegliedert ist.

Nicht unerwähnt darf auch die Bildersammlung bleiben, unter der besonders ein Stich Kleinhards, David ben Abraham Oppenheimer und ein Schabkunstblatt von M. Klauber, den Oberrabbiner Ezechiel Landau darstellend, genannt werden müssen [Oppenheimer wurde 1702 Oberrabbiner von Prag und 1718 Landesrabbiner von Böhmen und Mähren, Landau wurde 1755 Oberrabbiner von Prag]. Es finden sich unter den Porträts aber auch andere bedeutende jüdische Zeitgenossen und Männer der Vergangenheit, unter denen Heine, Mendelssohn und ihr Kreis, aber auch Musiker und Schauspieler zu nennen sind.

Abschließend wünschte sich Toeplitz mehr öffentliche Aufmerksamkeit für die Hahnsche Sammlung: *In aller Stille hat hier ein Einzelner mit gutem Geschmack und reichem Verständnis eine Sammlung zusammengestellt, die viele öffentliche Sammlungen in den Schatten stellen kann und die weit über die Grenzen seiner engeren Heimat hinaus bekannt werden sollte.*

Schon bei der verhältnismäßig kurzen Besichtigung der Sammlung Hahn taucht die Frage auf, ob und unter welchen Umständen diese Schätze weiteren Kreisen nutzbar gemacht werden könnten. Eine Frage, die nicht nur bei dieser Privatsammlung ernsthaft erwogen werden muß. Nur selten werden Privatsammler ihre Schätze für öffentliche Museen opfern, zumal hier häufig die Mittel fehlen, das übernommene Gut entsprechend zu pflegen. Für vorübergehende Ausstellungen kann man – besonders nach den schlechten Erfahrungen, die an verschiedenen Stellen gemacht wurden – nur selten aus Privathand Objekte bekommen.

Welche schlechten Erfahrungen hier gemeint waren (wahrscheinlich kamen die Objekte unvollständig, beschädigt oder verspätet zurück), führt Toeplitz nicht aus, doch haben jüdische Privatsammler, wie wir oben schon bei Raphael Hahn gesehen haben, immer wieder Objekte leihweise oder auch als Geschenk auch nichtjüdischen Museen zur Verfügung gestellt. Auch Raphaels Sohn Max Raphael Hahn teilte seine Judaica-Sammlung gern mit einer größeren Öffentlichkeit und setzte damit die Tradition seines Vaters fort. Anders als sein Vater beschickte er aber auch Ausstellungen außerhalb Göttingens: So stellte er beispielsweise 1930 Rudolf Hallo Objekte für eine Ausstellung im Hessischen Landesmuseum in Kassel zur Verfügung. Hallo, ein enger Freund des ebenfalls in Kassel geborenen bedeutenden jüdischen Philosophen Franz Rosenzweig, war seit 1923 im Hessischen Landesmuseum tätig, und auf seine Initiative und unter seiner Führung war dort am 10. April 1927 das Jüdische Museum in Kassel als Teil des Hessischen Landesmuseums eröffnet worden. Von den Ausstellungsstücken dieses nur kleinen, aber kunst- und kulturgeschichtlich erstrangigen jüdischen Museums in Kassel vermittelt heute nur noch ein erhaltener Katalog einen Eindruck. Doch wenn man diesen betrachtet, erkennt man sofort die Ähnlichkeit der Sammlungsschwerpunkte von Rudolf Hallo und Max Raphael Hahn, und beide müssen sich daher gut verstanden haben. Rudolf Hallo hatte die Kasseler Ausstellung, wie in einem nichtjüdischen Museum nicht anders zu erwarten, vor allem für Nichtjuden eingerichtet und er erkannte dabei klar die damit verbundene Gefahr, dass sich der nichtkundige Besucher vor allem von der *schönen Oberfläche* der Dinge beeindrucken lassen würde. *Es ist aber*, so betonte er deshalb in einem Leitfaden zu seiner Ausstellung, *im Grunde eine Kultausstellung; wenn es zugleich auch eine Kunstausstellung geworden ist, so verrät das bloß, daß die Juden auch in ihre kultischen Verrichtungen und Gerätschaften ihr ganzes Streben nach würdiger Schönheit legen konnten.* (Rudolf Hallo im *Hessischen Kurier* am 27. 5. 1927, zitiert nach Schmidberger, 1988, S. 63). Auch darin wird er sich mit Max Raphael Hahn einig gewesen sein.

Anders als das Kasseler Jüdische Museum, das schon im Laufe des Jahres 1933 aufgelöst wurde, bestand das Jüdische Museum in Berlin – wie oben schon gesagt – noch bis zum November 1938, und so konnte sich Max Raphael Hahn noch im Dezember 1935 an einer Ausstellung über *Altjüdische Kultgeräte* in Berlin beteiligen. Leiter des Museums war inzwischen der Kunsthistoriker Franz Landsberger, der 1933 sein Extraordinariat an der Universität Breslau verloren hatte und seit 1934 in Berlin lebte. Nach dem Weggang von Karl Schwarz hatte zunächst Erna Stein, die schon seit 1930 im Museum gearbeitet hatte, die Leitung innegehabt, bis auch sie 1935 wie Schwarz nach Palästina emigrierte und man Landsberger den Direktorenposten antrug. Kurz nach seiner Amtsübernahme am 1. Mai 1935 gab Landsberger ein Interview, in dem er – damals noch nicht ahnend, das auch sein Museum die NS-Zeit nicht überstehen würde – um Leihgaben bat und auch die *vielen jüdischen Familien, die heute ihren Wohnsitz in Deutschland* aufgeben, ebenso wie die *jüdischen Gemeinden, die jetzt aufgelöst werden müssen* dazu aufforderte, sein Museum zu bedenken (zitiert nach Simon, 1988, S. 50). Dennoch war ihm natürlich auch schon 1935 bewusst, dass ein jüdisches Museum gleich welcher Art inzwischen eine völlig andere Funktion hatte als in früheren Zeiten: *Ursprünglich nur eine Stätte wissenschaftlicher Forschung und ästhetischen Genusses, steht es heute, ohne diese Eigenschaften im mindesten aufgegeben zu haben, mitten im Strom des Lebens. Gewiß, es will erfreuen, aber zugleich dem von der Last unserer Tage Beschwerten eine Stunde lösender Vergangenheit schenken* (zitiert nach Simon, 1988, S. 52).

Jüdische Kunst als Trost und Stärkung in schwerer Zeit – diese Bedeutung sollte seine Judaica-Sammlung in den folgenden Jahren auch für Max Raphael Hahn in steigendem Maße erhalten.

Die Auflösung des Jüdischen Museums in Berlin und die Zerstreuung und Zerstörung seiner Bestände erlebte Landsberger persönlich nicht mehr direkt mit. Denn er war nach dem 9. November 1938 für einige Wochen ins Konzentrationslager Sachsenhausen verschleppt worden und konnte direkt im Anschluss an seine Entlassung nach Oxford emigrieren. Dort erhielt er 1939 einen Ruf an das Hebrew Union College in Cincinatti (Ohio), wo er Kunstgeschichte des Judentums lehrte und das dazugehörige Museum aufbaute. Da Landsberger die

Hahnsche Sammlung durch die Ausstellung vom Dezember 1935 gut kannte, konnte er nach dem Krieg in einem von den Kindern Max Raphael Hahns wegen der Beschlagnahme der Sammlung durch die Nationalsozialisten angestrengten Entschädigungsverfahren, von dem noch die Rede sein wird, als Gutachter fungieren. Es ist im Übrigen gut vorstellbar, dass der Kontakt zum Berliner Museum und damit auch zu Landsberger ursprünglich durch den Toeplitzschen Artikel über die Hahnsche Sammlung, von der man möglicherweise dort sonst gar nichts gewusst hätte, zustande gekommen ist.

Ganz sicher aber kann man wohl davon ausgehen, dass es eine Folge des Toeplitzschen Artikels war, dass die Hahnsche Sammlung in das 1934 erstmals erschienene und bis heute immer wieder aufgelegte *Handbuch des jüdischen Wissens* des Philo-Verlags in Berlin aufgenommen und darin gleichberechtigt mit so bedeutenden Sammlungen wie denen der Rothschilds und Sassoons genannt wurde, wovon im Vorwort zur deutschen Ausgabe dieses Buches schon ausführlich die Rede war.

Am Ende seines im *Israelitischen Familienblatt* erschienenen Artikels hatte Toeplitz noch einen konkreten Vorschlag dazu gemacht, auf welche Weise man abseits von Ausstellungen die Öffentlichkeit an der Hahnschen Sammlung teilnehmen lassen könnte. *Der einzige Ausweg, so schrieb er, ist die Publikation in umfassender Form, die gleichzeitig dem Sammler eine wesentliche Erhöhung des Besitzwertes sichert. Nur was vor aller Augen publiziert (nicht im snobistischen Privatdruck) vorliegt, kann die Beachtung und Bewertung erhalten, die der Sammler als höchstes Ziel anstreben müßte. Neben den zusammenfassenden Aufsatz, den das ‚Israelitische Familienblatt‘ in dankenswerter Weise pflegt, sollte die Einzelbeschreibung im Katalog treten, wie sie z. B. für den Frankfurter Besitz durch die Gesellschaft zur Erforschung jüdischer Kunst-*

denkmäler bewirkt wurde. Auch den Besitz der jüdischen Gemeinden könnte man auf diesem Wege bequem und billig publizieren, was besonders im Hinblick auf die Landesverbandsarbeit, der es zu weitgehender Tätigkeit an Mitteln zu fehlen scheint, nötig wäre. Ohne saubere und eingehende Behandlung der einzelnen Objekte wird die Betrachtung der jüdischen Kunstdenkmäler von der frühesten Zeit bis auf unsere Tage in der Luft hängen bleiben.

Die Gesellschaft zur Erforschung jüdischer Kunstdenkmäler hatte 1928 in Frankfurt eine große Ausstellung ihrer eigenen Sammlung, ergänzt um Objekte, die aus dem Familienbesitz ihrer Mitglieder stammte, organisiert. Diese Ausstellung war anschließend in mehreren Nummern der als *Notizblätter* bezeichneten Verbandszeitung dokumentiert worden.

Zu einer vergleichbaren Publikation oder – wie von Toeplitz angeregt – gar einem eigenen Katalog für die Hahnsche Sammlung ist es leider vor 1933 nicht mehr gekommen. Erst die Hahnschen Erben sollten sich nach dem Krieg an die Verzeichnung der verbliebenen Reste dieser stolzen Sammlung machen, und auch das hier vorliegende Buch löst in gewisser Weise die Toeplitzsche Forderung nach einer möglichst genauen Beschreibung der Hahnschen Sammlung ein. *Eine solche Publizierung,* hatte Toeplitz geschrieben, *hat aber noch einen weiteren Vorteil: nicht nur ‚noblesse‘, sondern auch Öffentlichkeit verpflichtet. Sowie eine größere Sammlung erst einmal weiteren Kreisen bekannt ist, werden sich notfalls viel leichter Interessenten finden, die einen Verkauf unersetzbaren Gutes ins Ausland zu verhindern wissen.* 1929 konnte Toeplitz noch nicht ahnen, dass nicht ein potentieller Verkauf ins Ausland, sondern die deutschen Behörden selbst die Sammlung in den nächsten Jahren nicht nur bedrohen, sondern letztlich fast vollständig zerstören würden.

Die Göttinger Synagoge noch unzerstört (Städtisches Museum Göttingen) und die letzte bekannte Fotografie, die Max Raphael und Gertrud Hahn gemeinsam zeigt, aufgenommen 1938.

Kapitel 3: Entrechtung und Vertreibung nach 1933

Verdrängung aus dem Wirtschaftsleben

Der systematische Terror gegen die Juden begann in Göttingen nicht wie andernorts am 1. April 1933 mit dem reichsweiten Boykott jüdischer Kaufleute und Gewerbetreibender, sondern unplanmäßig bereits drei Tage früher, am 28. März 1933, als aus einem Demonstrationszug der SA heraus fast alle Schaufensterscheiben der jüdischen Geschäfte (und derer, die man dafür hielt) in der Göttinger Innenstadt zerstört wurden. Auch die Fensterscheiben der Wohnungen jüdischer Bürger in den anliegenden Straßen wurden eingeworfen sowie die Synagoge verwüstet und außerdem fünf jüdische Geschäftsleute auf einen Viehwagen geladen und unter dem Gejohle der schreienden Menge durch die Straßen gekarrt.

Übergriffe auf jüdische Bürger und deren Besitz hatte es in Göttingen auch schon vor der Machtübergabe an die Nationalsozialisten gegeben, und auch die Synagoge und die Rabbiner waren schon zuvor immer wieder Opfer nationalsozialistischer Attacken gewesen. Der brutalste Überfall vor 1933 hatte dabei dem Sekretär, Kantor und Vorbeter der Göttinger Synagogengemeinde Abraham Taustein gegolten, der am 20. Juni 1932 auf offener Straße von zwei SA- und zwei SS-Männern mit einer Autokurbel so zusammengeschlagen worden war, dass er blutend und bewusstlos zusammenbrach. Auch Hahns gerieten in das Visier nationalsozialistischer Randalierer, die ihnen beispielsweise am 15. Januar 1932 die Fensterscheiben in der Merkelstraße 3 einwarfen. Doch war man damals noch von fanatischen Einzeltätern ausgegangen, das war nach dem (gelenkten) Straßenterror vom 28. März 1933 nun nicht mehr möglich.

Nur zehn Tage nach diesem *Göttinger Schaufenstersturm* vom 28. März folgte am 7. April 1933 das sogenannte Gesetz zur Wiederherstellung des Berufsbeamtentums, das nicht nur den Ausschluss der Juden aus dem öffentlichen Dienst legalisierte, sondern auch erstmals definierte, wer nach nationalsozialistischer Auffassung ein Jude sei, nämlich jeder, der zumindest einen jüdischen Großelternteil in seiner Familie hatte. Auf der Grundlage dieses Gesetzes wurden dann am 25. April 1933 per Telegramm die ersten sechs jüdischen Professoren (dar-

unter mit Emmy Noether eine Professorin) von der Universität verwiesen. Ebenfalls betroffen von dem Gesetz waren in Göttingen eine Reihe von jüdischen Rechtsanwälten und Ärzten, die ihre Kammer- bzw. Kassenzulassung verloren.

Max Raphael und Gertrud Hahn 1934.

Eine explizite gesetzliche Regelung der Vertreibung und Enteignung der Juden, die in der freien Wirtschaft tätig waren, erfolgte offiziell erst mit den sogenannten Arisierungsgesetzen vom November 1938. Doch bedeutete dies keineswegs, dass der Prozess der *Entjudung der deutschen Wirtschaft* erst im Jahre 1938 begann, wie die Göttinger Zahlen eindrucksvoll belegen: Denn schon 1933 gaben zwanzig jüdische Geschäftsleute in Göttingen ihr Geschäft auf, und bis Anfang 1938 existierten von den ursprünglich 97 jüdischen Unternehmen in Göttingen (Stand 30. Januar 1933) mit 56 % schon über die Hälfte nicht mehr bzw. waren in *arische* Hände übergegangen. Zum Zeitpunkt des Novemberpogroms waren dann nur noch 19 Betriebe mit jüdischem Eigner übriggeblieben, die zumeist am Rande des Existenzminimums vegetierten.

Die Formen der Verdrängung waren dabei vielfältig: Die Kundenabwanderung, die oft schon vor 1933 begonnen hatte, setzte sich nach dem Boykott vom 1. April 1933 beschleunigt fort; Lieferanten und Banken kündigten langjährige Lieferverhältnisse oder Kredite, nationalsozialistische Betriebsangehörige übten innerhalb der Betriebe Druck aus, und Industrie- und Handelskammern, Fachgruppen, kaufmännische Innungen und Reichsnährstand behinderten auf jede nur erdenkliche Weise den alltäglichen Geschäftsverkehr. Aber auch die Presse, die keine Anzeigen jüdischer Betriebe mehr druckte, und die Behörden, die Anträge von Juden gar nicht oder nur schleppend bearbeiteten und die jüdischen Betriebsinhaber durch unbegründete und willkürliche Finanz- oder gewerbepolizeiliche Kontrollen drangsalierten, verschlimmerten die Lage für die jüdischen Geschäftsinhaber. Den stärksten Druck aber übte natürlich die NSDAP selbst aus: Von Drohungen gegen Betriebsinhaber und Kunden über öffentliche Agitation und Hetze und tätliche Übergriffe auf Eigentum oder Personen stand ihr dabei ein nahezu unbegrenztes Arsenal von Einschüchterungs- und Vertreibungsmethoden zur Verfügung. Es verwundert daher nicht, dass sich lange vor den sogenannten Arisierungsgesetzen von 1938 jüdische Betriebsinhaber gezwungen sahen, *freiwillig* an *arische* Besitzer zu verkaufen oder aber – häufiger – ihre Betriebe zu liquideren, sodass in Göttingen die gesetzlich legalisierten *Arisierungen* nur 23 % aller Geschäftsaufgaben ausmachten.

Auch die Hahns waren von dieser schleichenden Enteignung betroffen. Dafür ein Beispiel: An der Straßenkreuzung Weender Straße – Theaterstraße hatten die Brüder Hahn Ende Oktober 1931 ein Verkaufsgeschäft für Schuhwaren, das Prominent-Schuhhaus, eröffnet, in dem die Produkte ihrer Gallus-Schuhfabrik unter Umgehung des Einzelhandels direkt vermarktet werden sollten. Doch wegen der damals schon virulenten antisemitischen Hetze traten sie nicht selbst als Eigentümer auf, sondern hatten im Handelsregister als Gesellschafter ihren Geschäftsführer Fritz Engel und dessen Ehefrau eintragen lassen, die keine Juden waren. Doch bereits nach wenigen Monaten war bekannt, wem das Geschäft wirklich gehörte. Nach dem 30. Januar 1933 wurde das Schuhhaus dann überall und hemmungslos als *Judengeschäft* verunglimpft und der Inhaber und seine Familienangehörigen öffentlich als *Judenknechte* beschimpft. Immer wieder wurden die Schaufensterscheiben mit Wasserglas beschmiert und mit antisemtischen Sprüchen überklebt, und beim *Schaufenstersturm* am 28. März 1933 wurden die Scheiben des Geschäfts nur deshalb nicht zertrümmert, weil Friedrich Lanz, Seniorchef der angrenzenden Drogeriehandlung und sein Sohn Werner, der Mitglied in der SA war, aus Sorge um das eigene Geschäft dies verhinderten. Schon Ende April 1933 musste das Geschäft dann in zur Weender Straße hin gelegene Räume im gleichen Haus verlegt werden, und der begehrte Eckladen wurde von einer WMF-Filiale übernommen, die noch heute darin residiert. Angesichts der ständig sinkenden Umsätze begann Fritz Engel, der durch die Aufregungen bereits einen Nervenzusammenbruch erlitten hatte, im Juni 1934 mit dem verlustreichen Totalausverkauf, und Ende September 1934 wurde das Geschäft dann unter erheblichen Verlusten geschlossen.

Ausgerechnet in den Oktober 1933 fiel das 75-jährige Jubiläum der Hahnschen Unternehmen in Göttingen. In der zu diesem Anlass von Nathan und Max Raphael in Form eines kleinen Taschenkalenders herausgegebenen Chronik, aus der oben schon mehrfach zitiert wurde, formulierten sie zugleich ihre tiefe Sorge über die herrschenden Zustände wie auch ihre damals offensichtlich noch bestehende Hoffnung auf bessere Zeiten: *Das wirtschaftliche Geschäftsjubiläum fällt in eine Zeit schwerster wirtschaftlicher Depression und in politisch bewegte Zeiten. Wollen wir vertrauensvoll hoffen, daß der Tiefpunkt der Wirtschaftskrise überschritten ist und politische Beruhigung eintritt, damit für unser deutsches Vaterland wiederum die Grundlagen für einen erfolgreichen und ehrenvollen Aufstieg gegeben sind.*

Das unglückliche Kriegsende brachte auch für die Firma einen Abbruch fast aller ausländischen Beziehungen. Es mußte wieder alles neu aufgebaut werden. Dank der Tüchtigkeit der Inhaber gelang es, die Firma durch alle Fährnisse der Zwangswirtschaft und Inflation hindurchzuführen und die Umsätze wieder auf die alte Höhe und darüber hinaus zu steigern. Die letzten Jahre haben, infolge der allgemeinen wirtschaftlichen Krise und durch den Rückgang der Rohstoffpreise der Firma erhebliche Rückschläge gebracht. Durch niederliegen der Industrie und durch Unterbindung des Exports, infolge der Zoll- und Devisen-Kontingentierungsmaßnahmen ist das einst so blühende Sortimentsgeschäft in Häute und Fellen ganz bedeutend in Mitleidenschaft gezogen.

Die Firma hat diesen Tatsachen Rechnung getragen und die Abteilung Därme und Blasen durch eigene Sortiererei und durch Hinzunahme neuer Absatzgebiete bedeutend erweitert. Die Darmsortiererei wird vorbildlich geführt, ihre Erzeugnisse haben infolge ihrer außerordentlich guten und reellen Sortierung allgemeinen Anklang gefunden und werden von den meisten Abnehmern als das Beste bezeichnet, was in diesem Artikel auf den Markt kommt. Tausende von Fleischern und Hausschlachtern in Nord- und Mitteldeutschland gehören zu ihren treuen und zufriedenen Kunden.

Das 75jährige Geschäftsjubiläum fällt in eine Zeit schwerster wirtschaftlicher Depression und in politisch bewegte Zeiten. Wollen wir vertrauensvoll hoffen, daß der Tiefpunkt der Wirtschaftskrise überschritten ist und politische Beruhigung eintritt, damit für unser deutsches Vaterland wiederum die Grundlagen für einen erfolgreichen und ehrenvollen Aufstieg gegeben sind.

Uebersicht der Hahn'schen Unternehmungen 1933:

I. Raphael Hahn, Göttingen,
Häute- und Fellgroßhandel, Export,
Därme- und Blasengroßhandel, Import,
Darmsortiererei.

II. Nathan und Max R. Hahn, Göttingen,
Immobilienverwaltung.

III. Gallus Schuhfabrik G. m. b. H., Göttingen,
Fabrikation erstklassiger Luxus- und Straßenschuhe in feinster, genähter Rahmenausführung.

Tages-Merkbuch
für
1933
und
1. Vierteljahr 1934

★

Schutz-Marke.

Zum 75-jährigen Bestehen der Göttinger Hahnschen Unternehmen herausgegebener Taschenkalender – Stadtarchiv Göttingen.

Bekanntlich erfüllte sich diese Hoffnung nicht, und dies vor allem deshalb nicht, weil der nationalsozialistische Terror gegen die Juden mehr und mehr staatlich legitimiert wurde und sich daran auch die zuvor als Garanten von Recht und Ordnung geltenden Institutionen wie die Polizei oder die kommunalen Verwaltungen beteiligten. Auch die Göttinger Stadtverwaltung versuchte von der Ausplünderung jüdischer Bürger zu profitieren, indem sie etwa beim Ankauf von Grundstücken, die ihnen oft von den jüdischen Besitzern selbst angeboten wurden, deren Notsituation gezielt ausnutzte. So beschloss etwa die Baudeputation, ein Verkaufsangebot der Brüder Nathan und Max Raphael Hahn vom 20. November 1933 abzulehnen, da sie der Auffassung sei, *daß die fraglichen Grundstücke bei längerem Warten der Stadt doch noch zufallen werden* (Aktennotiz vom 21. 11. 1933).

Das war kurz nachdem die Hahns von einem Geschäftspartner angezeigt worden waren, der behauptete, dass diese im Umfeld der Reichstagswahl vom 12. November 1933 den damals schon illegalen sozialdemokratischen *Vorwärts* verbreitet hätten. Die Anzeige, die natürlich völlig aus der Luft gegriffen war, beruhte lediglich auf der Tatsache, dass der Anzeigenerstatter vor Jahren (!) einmal Därme für eine Hausschlachtung von den Hahns bezogen hatte und nun scharfsinnig folgerte, dass derjenige, der ihm den *Vorwärts* zugeschickt habe, seine Adresse nur von den Hahns bekommen haben könne. Dieser vage Verdacht reichte aus, um am 11. November 1933 die Geschäftsräume der Firma Hahn zu durchsuchen, wobei natürlich nichts gefunden wurde. Noch war es aber immerhin möglich, dass Max Raphael Hahn daraufhin selbst zur Polizei ging und um den Namen des Anzeigenerstatters bat, damit er gegen diesen Strafanzeige wegen Beleidigung stellen könne. Was auf diese Anzeige erfolgte – wahrscheinlich gar nichts –, ist in den Akten nicht dokumentiert. Doch ist dies ein gutes Beispiel dafür, wie gedeckt durch den staatlich sanktionierten Antisemitismus vormals angesehene Geschäftsleute durch völlig absurde Vorwürfe diskreditiert und der Gefahr einer Verhaftung ausgesetzt wurden.

In den folgenden Jahren nahmen dann natürlich auch die tätlichen Angriffe des nationalsozialistischen Straßenmobs gegen Person und Eigentum an Stärke und Virulenz zu: So marschierte im April 1935 vor der Merkelstraße 3 ein Trupp SA auf, der *Max Hahn verrecke* skandierte. Auch gegen diese Attacke wehrte sich Max Raphael Hahn noch mit einer Anzeige und nannte sogar einen Tatverdächtigen. Erstaunlicherweise wurde die Anzeige von der Polizei nicht nur entgegengenommen, sondern daraufhin sogar Ermittlungen angestellt und der von Hahn genannte Verdächtige verhört, der aber seine Tatbeteiligung abstritt. Weitere Ermittlungen blieben ergebnislos. Dass Max Raphael Hahn diese Attacke überhaupt angezeigt hatte, zeugt von seinem zu diesem Zeitpunkt noch weitgehend ungebrochenen Selbstbewusstsein, von seiner Bereitschaft, um seine Position als deutscher Jude zu kämpfen, und von seinem immer noch vorhandenen Glauben an Recht und Gesetz, den er auch Jahre später noch, als es um die Rettung seiner Sammlung und seines eigenen Lebens ging, nicht völlig verloren hatte. Und es zeugt auch von seinem nach wie vor relativ hohen Ansehen bei den Polizeibehörden, in denen noch viele Beamte aus der Weimarer Zeit arbeiteten. Denn dass ein SA-Führer wegen der Anzeige eines Juden zur Polizei einbestellt und verhört wurde und dass dieser, statt sich mit seiner Tat zu brüsten, diese leugnete, war 1935 keineswegs mehr selbstverständlich.

Dennoch, auch die Hahnschen Geschäfte befanden sich seit 1933 im kontinuierlichen Niedergang, und die Brüder Hahn waren wie alle ihre jüdischen Kollegen in Göttingen gezwungen, auch schon vor 1938 Teile ihres Besitzes zu verkaufen oder wie bei der Gallus-Schuhfabrik Konkurs anzumelden. Der Gallusfabrik hatten zunächst die Banken, dann die Städtische Sparkasse und die Stadtverwaltung schon 1934 einen dringend benötigten Kredit verweigert. Zwei

Jahre hatten die Hahnbrüder dann noch hart um deren Erhalt gekämpft, bis sie im August 1936 aufgeben mussten. Zwar versuchten die Brüder auch danach, die Firma durch Produktionserweiterung auf Fleischereibedarfsartikel noch einmal wiederzubeleben, doch war ein geregelter Geschäftsbetrieb nicht mehr möglich. Endgültig liquidiert wurde das Unternehmen dann gemeinsam mit dem Hauptbetrieb, der Rohhäute- und Fellgroßhandlung Raphael Hahn Söhne OHG, am 1. März 1939, zu dem die Gewerbeabmeldung erfolgte. Die Hahnschen Betriebe waren damit die letzten jüdischen Betriebe, die in Göttingen der Zwangsliquidierung zum Opfer fielen. Die Abwicklung des Firmenvermögens zog sich allerdings noch bis Ende 1940 hin.

Erholung von Beschimpfung und Verfolgung – Max Raphael Hahn und seine Frau Gertrud (beide in der Mitte) mit Max Raphaels Bruder Hermann Hahn (rechts) und deren beider Schwester Marianne Haas, geb. Hahn (links) 1936 in Karlsbad.

Der 1874 zwischen Nathan und Max Raphael geborene mittlere Bruder Hermann Hahn, der Göttingen schon früh immer wieder für längere Reisen verlassen hatte, hatte sich zunächst in München als Bankier betätigt, wo ihn Max Raphael Hahn (auf dem Foto aus dem Jahre 1902 rechts) mehrfach besucht hatte, doch wechselte er dann das Metier und wurde Antiquitätenhändler. Nach dem Ersten Weltkrieg ließ sich Hermann Hahn in Köln nieder.

„Eine bedrohte, verängstigte Judengemeinde"

Nicht nur für seine eigene Familie und seinen Besitz hatte Max Raphael Hahn in den Jahren nach 1933 zu sorgen und zu kämpfen, sondern für die gesamte jüdische Gemeinde in Göttingen, für die er sich mehr noch als in den Jahren zuvor verantwortlich fühlte und zu deren Zentrum, um das sich alle Hilfesuchenden scharten, er in den schweren Jahren der Verfolgung mehr und mehr wurde. Dem letzten Göttinger Rabbiner, Hermann Ostfeld, der in den 1980er Jahren seine Erinnerungen an seine Göttinger Zeit niederschrieb, verdanken wir ein anschauliches und eindrückliches Bild von dem Leben *in einer bedrohten, verängstigten Judengemeinde, die um ihr Leben, um ihre Kinder, um ihre Zukunft bangt.*

Der damals erst 23-jährige Ostfeld war direkt nach seinem Studium an der Hochschule für die Wissenschaft des Judentums in Berlin am 15. September 1935 als Nachfolger von Abraham Taustein, der nach Palästina emigriert war, nach Göttingen gekommen. Er kam unmittelbar vor den Hohen Feiertagen nach Göttingen, zu Beginn des neuen jüdischen Jahres und dem Jom Kippur, dem Versöhnungstag. Zugleich war das genau der Tag, an dem die sogenannten Nürnberger Gesetze beschlossen wurden: das *Reichsbürgergesetz*, das Juden den Staatsbürgerstatus absprach und sie zu bloßen Staatsangehörigen ohne politische Rechte degradierte, und das *Gesetz zum Schutze des deutschen Blutes und der deutschen Ehre*, das Ehen und auch außereheliche Beziehungen zwischen Juden und Nicht-Juden unter Strafe stellte. Vorausgegangen war diesen Gesetzen wie überall im Reich auch in Göttingen eine Welle von als *Volkszorn* inszenierten Straßenkrawallen, deren Opfer, wie oben geschildert im April 1935 auch Max Raphael Hahn geworden war.

Ostfeld, der seine Ausbildung bei dem bekannten liberalen Rabbiner Leo Baeck erhalten hatte, war ein sehr junger, noch unerfahrener, aber dafür auch relativ unerschrockener Rabbiner, der sich vor allem als Fürsprecher der Jugend verstand und sich trotz aller Bedrohung nicht scheute, die Dinge beim Namen zu nennen: *Die Fragwürdigkeit der jüdischen Existenz von heute*, so sagte er in seiner Predigt kurz nach seiner Ankunft in Göttingen am 28. September 1935, am ersten Abend von Rosch Haschana (dem jüdischen Neujahrsfest), *ist an keinem von uns vorbeigegangen. Wir Juden sind wieder einmal die Prügelknaben der Welt geworden. Das jüdische Kind wird von den anderen Kindern seines Alters getrennt, weil man fürchtet, dass die Gegenwart jüdischer Kinder in einer Klasse die Entwicklung anderer Kinder hemmen kann.*

Hintergrund dieser Bemerkung war eine Verfügung des nationalsozialistischen Reichserziehungsministers Bernhard Rust vom 10. September 1935, in der die Einrichtung gesonderter Volksschulen für *voll- und halbjüdische* Kinder angeordnet worden war.

Junge jüdische Menschen, die aufwärts streben, so Ostfeld weiter in seiner Predigt, *werden in ihrem Vorwärtsdrängen zurückgehalten, weil sie Juden sind. Das alles muss uns bitter erregen und unser Ehrgefühl aufs tiefste verletzen. Und alle unsere Energien, alle Kräfte unseres Körpers und unserer Seele sind von diesem Gedanken ganz und gar ausgefüllt.*

Er selbst, so führte Ostfeld weiter aus, verstehe sich nicht allein als Prediger, sondern in der ursprünglichen Bedeutung des Wortes *Rabbiner* in erster Linie als Lehrer, als *Künder und Vermittler der jüdischen Kultur* für die gesamte Gemeinde, aber auch insbesondere mit Blick auf die Jugend: *In diesem Sinne bedeutet Rabbiner sein, die Verantwortung auch für die nächste Generation tragen. Ein altes Wort sagt: ‚Auf dem Atem der Kinder ruht die jüdische Welt'. Dieses Wort gilt heute mehr als je. Wir haben vorhin andeutend über die Verwirrung der jüdischen Gegenwart gesprochen. Wir haben gesagt, dass es der Jugend an spezifischen Werten fehlt. Man muss unserer Jugend wieder das Organ für diese spezifisch jüdischen Werte schaffen. Jüdische Elternhäuser tun häufig noch immer zuwenig, um jüdische Erziehung zu gewährleisten. Und es entsteht daraus eine grosse heilige Aufgabe. Der Atem der Kinder auf dem die Welt steht muss wider [sic!] geweckt werden.*

Ostfeld forderte also eine Rückwendung zur jüdischen Tradition, das Bekenntnis zum Judentum, das viele Juden in einer christlichen Umwelt schon fast aufgegeben hatten, ausgerechnet im Jahr der vollendeten staatsbürgerlichen

Entrechtung der deutschen Juden 1935, in dem sicher auch viele jüdische Göttinger glaubten, sich durch Verstecken, durch Verleugnung ihres Judentums besser vor Verfolgung schützen zu können als durch Bekenntnis. Dass Ostfeld erkannte und dass er darauf beharrte, dass nur im offenen Bekenntnis zum Judesein ein Rest Würde zu bewahren sei, darin bestand seine Bedeutung für die Göttinger jüdische Gemeinde, und in dieser Haltung wurde er von Max Raphael Hahn, der die alten überlieferten Traditionen in seiner Familie sein Leben lang gepflegt hatte und maßgeblich an Ostfelds Berufung nach Göttingen mitgewirkt hatte, ganz sicher unterstützt.

Auf dem Atem der Kinder ruht die jüdische Welt – diesem Satz Ostfelds kam im damaligen Kontext noch eine besondere Bedeutung zu, und das war Ostfeld natürlich bewusst. Denn nicht nur, dass die jüdischen Kinder von den nichtjüdischen Kindern ihres Alters durch Gesetz und soziale Ausgrenzung mehr und mehr separiert wurden, die jüdische Gemeinde war in den vergangenen Jahren auch einer immer größeren Anzahl ihrer Kinder dadurch beraubt worden, dass viele Göttinger Juden emigrierten und – wo dies nicht möglich war – sich viele Eltern schweren Herzens entschlossen, ihre Kinder allein ins Ausland zu schicken. Auch verließen Jugendliche ihrerseits ihre Eltern, wenn diese

Der Innenraum der Göttinger Synagoge, in der der junge Rabbiner Hermann Ostfeld seit 1935 predigte –
Städtisches Museum Göttingen.

sich (noch) nicht zur Emigration durchringen konnten. Es ist bis heute nicht bekannt, wie viele Kinder und Jugendliche von dieser traumatischen Erfahrung, allein ohne ihre Eltern emigrieren zu müssen, betroffen waren. Nach ersten Nachkriegsschätzungen waren es reichsweit mindestens 30 000 Kinder unter 16 Jahren, wobei die älteren Jugendlichen, zu denen später auch Rudolf und Hanni Hahn gehören sollten, in diesen Zahlen nicht erfasst sind.

Was die Trennung von ihren Kindern für die zurückbleibenden Eltern, was es für die Kinder und Jugendlichen bedeutete, die auf diese Weise oft zu den einzigen Überlebenden ihrer Familien wurden, lässt sich erahnen, wenn man Ostfelds Erinnerungen an einen seiner Gottesdienste kurz nach Antritt seines Rabbinats in Göttingen liest:

[…] eine Weile nach Beginn des Gottesdienstes und vor der Thoravorlesung [kam] Herr Max Hahn, mit einer ganz besonderen Bitte zu mir: Ein Mitglied der Gemeinde, Herr Isi Nußbaum, hatte ihm gerade erzählt, dass sein Sohn, den er wegen der Anrempelungen in der Schule und der drohenden Gefahren zu Verwandten nach Amerika geschickt hatte, an diesem selben Schabbat dort drüben in Amerika Barmitzva würde. Herr Hahn bat mich, in meiner Ansprache über die Barmitzva des jungen Nußbaum zu sprechen.

Georg Nußbaum war am 29. September 1922 in Göttingen geboren worden, er war also im September 1935 13 Jahre alt, das Alter, in dem jüdische Kinder traditionell religiös mündig werden und erstmals in ihrem Leben zur Tora aufgerufen werden – ein hoher Festtag in jeder jüdischen Familie. Georgs Vater war Isidor Nußbaum, der noch bis 1937 – wenn auch unter ständigen Einschränkungen und nur noch zu einem Bruchteil der ursprünglichen Größe – ein Textilwarengeschäft, das Kaufhaus Nußbaum, im Papendiek 29 betrieb. Beide Eltern überlebten den Holocaust nicht. Georg Nußbaum war übrigens, ehe ihn seine Eltern im Dezember 1934 in die USA geschickt hatten, wie Rudolf Hahn Schüler des Felix-Klein-Gymnasiums gewesen, das damals noch Kaiser-Wilhelm-Oberrealschule hieß.

Die Trennung von Eltern und Kindern, so Ostfeld weiter, *zu der Eltern sich schweren Herzens oft entschlossen, weil sie ihren Kindern eine Zukunft sichern wollten, gehörte zu den ersten Anzeichen, die das Grauen ankündigten, das das jüdische Volk befallen sollte. Unter dem Eindruck der Tragik dieser Stunde, da die Eltern des Knaben Nußbaum, den ich selber nie gesehen hatte, nicht bei ihrem Kind sein konnten, als er in der Synagoge irgendwo in der Ferne in die Gemeinde der Erwachsenen aufgenommen wurde, trat ich auf die Kanzel, um dem Schmerz der Eltern und unser aller Schmerz Ausdruck zu geben. Von irgendwoher kamen mir die Worte, die Sätze in den Sinn, die der tiefen symbolischen Bedeutung dieses Geschehens für die Zeit, in der wir lebten, Ausdruck geben wollten. Eine Zeit, in der die Bücher Gottes mit Füßen getreten wurden; in der die neue Bibel des deutschen Volkes ,Mein Kampf' hieß, in der Judenhaß auf die deutsche Fahne geschrieben war.*

Aus meinem Herzen kamen auch Worte der Liebe, der warmen Anteilnahme an dem Geschick der Familie, die an diesem Tage nicht stolz und glücklich ihren Sohn, ihr Kind, in die Arme schließen konnte. Bald brach ein hartes Schluchzen aus den Eltern, die ganze Gemeinde weinte mit ihnen, und auch meine eigenen abschließenden Worte wurden von Tränen erstickt.

Auch Max Raphael und Gertrud Hahn sollten bald persönlich den Schmerz um ihre Kinder, die sie allein in die rettende Emigration nach England hatten schicken müssen, erleben müssen.

In dieser Stunde, so Ostfeld weiter, *waren wir uns dessen bewußt, daß die grausamen Mächte, die uns umgaben, Eltern und Kinder auseinanderreißen konnten. Wir wußten noch nicht und konnten nicht ahnen, daß diese selben Mächte einige Jahre später Eltern vor den Augen der Kinder und Kinder vor den Augen der Eltern mit tierischer Brutalität ermorden würden.*

In dieser Stunde, bald nachdem ich Rabbiner der Gemeinde geworden war, als wir alle zusammen weinten, weil ein Kind unserer Gemeinde nicht diesen stolzen Tag des jungen Juden mit seinen Eltern und uns allen begehen konnte, spürte ich schon das enge Band, das mich dann mit meiner Gemeinde verbinden sollte, das uns allen das Gefühl gab, daß wir eine innig miteinander verbundene Familie waren.

Ohne die Unterstützung, die Hilfe und den Rat von Max Raphael Hahn, der dem jungen Rabbiner bald ein enger väterlicher Freund wurde, hätte Ostfeld die schwierigen und vielfältigen Aufgaben, die ihm in der Gemeinde abverlangt wurden, niemals bewältigen können. Hahn hatte den Rabbiner, der altersmäßig seinen Kindern näher stand als ihm selbst und den er dennoch immer als gleichberechtigten Partner behandelte, von Anfang an voller *Wärme, Anerkennung und Respekt* in sein Haus aufgenommen. Schon bald nachdem Ostfeld nach Göttingen gekommen war, etablierte Max Raphael Hahn, so Ostfeld, *die Tradition, der zufolge wir beide uns in der Zeit zwischen dem Schabbat-Nachmittagsgebet und dem Schabbat-Abendgebet, das den Ausgang des Ruhetages brachte, regelmäßig für eine gute Stunde in einem diskreten Raum des Hotels zur Krone zu einer Tasse Kaffee trafen. Bei dieser Gelegenheit besprachen wir die Angelegenheiten der Gemeinde und auch persönliche Dinge. Max Hahn sprach nie mit mir über seine geschäftlichen Probleme, obwohl die Frage der Verwaltung seines wahrscheinlich großen Vermögens ihm in jenen Zeiten sicherlich große Sorgen machte. Nur an der Blässe seines Gesichts sah ich gelegentlich, daß es da vieles gab, worüber er nicht sprechen wollte oder nicht sprechen konnte. Ich spürte, daß er in seiner intensiven und liebevollen Beschäftigung mit der Synagoge und in seinen Gesprächen mit mir versuchte, das, was ihn bedrückte, zu vergessen, für eine Weile wegzuschieben. Ich war immer wieder überrascht über die Weisheit und die Umsicht dieses Mannes, über sein Verstehen der menschlichen Natur.*

Max Raphael Hahn, so Ostfeld an anderer Stelle, habe gemeinsam mit seiner Frau Gertrud, *mehr als alles andere die Atmosphäre, den Charakter meiner Erlebniswelt in Göttingen* bestimmt, so dass sein Rabbinat in Göttingen für ihn nicht nur eine Arbeitsstelle gewesen sei, sondern *ein Heim, in dem ich mich wohl aufgehoben fühlte.*

Auch mit Max Raphaels und Gertruds Kindern, Rudolf und Hanni, die, als der junge Rabbiner nach Göttingen kam, 15 und 13 Jahre alt waren, verband Hermann Ostfeld eine freundschaftliche, lebenslang andauernde Beziehung: *Rudi,* so Ostfeld in seinen Erinnerungen, *hatte mit meinem Vorgänger immer auf Kriegsfuß gestanden. Er war ein schöner, blonder intelligenter Junge, der sich offenbar seines Standes als der einzige Sohn von Max Hahn bewußt war. Er war ja auch gerade in dem Alter, in dem heranwachsende Jungen sich gegen die Väter und Autorität überhaupt auflehnen. Mein Vorgänger hatte Rudi einen Räuberhauptmann genannt, was weder er und wohl auch seine Eltern dem Rabbiner nicht verzeihen konnten.*

Ostfeld, der nach eigenen Worten lieber Bruder und Kollege sein wollte als Vater oder Autorität, hatte dagegen keinerlei Schwierigkeiten, zu Rudolf Hahn eine gute Beziehung aufzubauen. *Rudi,* so schrieb er weiter, *wurde dann in seinem späteren Leben wirklich ein Hauptmann, kein Räuberhauptmann, aber ein Captain in der königlichen britischen Armee, der mit seinem Militärdienst im zweiten Weltkrieg dem Land, das ihm und seiner Schwester Hanni Zuflucht gewährt hatte, danken wollte. Sogar während des Krieges riss der Kontakt zwischen Ostfeld und Rudolf Hahn nicht ab. Als Rudolf Hahn in Ägypten stationiert war, besuchte er Ostfeld in Haifa,* wo Ostfeld, der Ende Oktober 1938 nach Palästina emigrierte, während des Krieges als Beamter der englischen Mandatsregierung tätig war.

Ebenso herzliche Worte wie für Rudolf fand Ostfeld in seinen Erinnerungen auch für Hanni: *Zu der kleinen, goldigen Hanni hatte ich immer eine besondere Beziehung. Obwohl ich der Rabbiner der ganzen Gemeinde war, war ich immer ihr ganz persönlicher Freund und Seelsorger. Ich war ihr Rabbi. Da ich grundsätzlich immer am Freitagabend und zu Schabbatmittagen und Festtagen bei der Familie Hahn eingeladen war, teilte ich mit der Familie [...] die Festtagsmahlzeiten in der Merkelstraße 3, hoch oben auf dem Hügel. Da gab es natürlich viel Zeit und viel Gelegenheit über alles zu sprechen.*

Oft, wenn Hanni ihre Freundinnen zu sich zum Kaffeetrinken einlud, mußte ich auch kommen, um mit den Mädels zu tanzen. Am liebsten tanzte sie den damaligen beliebten English Valse: J'attendrai toujours ... Junge unschuldige Träume eines Kindes, die in einer grausamen Zeit, in der wir auseinandergerissen und in alle Welt verstreut wurden, zusammen mit Millionen andern Träumen von einem künftigen Glück zerstört wurden.

Auch zu Hanni, die Ostfeld nach dem Krieg mehrmals in England besuchte, riss der Kontakt bis zu deren Lebensende nicht ab.

Das Foto zeigt einen Ausflug der Göttinger Ortsgruppe des Bundes Deutsch-Jüdischer Jugend im Jahr 1935 zur Burg Hanstein. Hanni Hahn sitzt oben ganz links auf der Mauer, rechts neben ihr ihre Freundinnen und Klassenkameradinnen Ruth Löwenberg und Edith Neuhaus und schräg rechts vor ihr Ilse Stern. Rudolf sitzt oben auf der Mauer rechts neben Edith Neuhaus. Ihr Vater, der Viehhändler Gustav Neuhaus, war einer der fünf jüdischen Geschäftsleute gewesen, die man bei den Ausschreitungen am 28. März 1933 auf einem Viehwagen durch die Straßen Göttingen gekarrt hatte.

Rudolf und Hanni Hahn waren Mitglieder in der Göttinger Ortsgruppe des Bundes Deutsch-Jüdischer Jugend. Rudolf Hahn war, wie er in einem noch kurz vor seinem Tod gegebenen Videointerview erzählte, zeitweise sogar dessen Vorsitzender. Der Bund war 1933 als Zusammenschluss verschiedener jüdischer Jugendorganisationen gegründet worden und stand dem Centralverein deutscher Staatsbürger jüdischen Glaubens nahe. Der 1893 gegründete Centralverein, der für die politische und gesellschaftliche Gleichstellung der Juden eintrat und sich das Ziel gesetzt hatte, Deutschtum und Judentum miteinander zu vereinen, hatte während der Weimarer Republik unter seinem

wehrhaft gegen jede Form von Antisemitismus auftretenden Vorsitzenden Rechtsanwalt Walter Proskauer auch in Göttingen eine wichtige Rolle gespielt. Als die Nationalsozialisten an die Macht gekommen waren, hatte der Centralverein in Göttingen jedoch nur 34 Mitglieder. Entsprechend den Zielsetzungen des Centralvereins war auch der Bund Deutsch-Jüdischer Jugend ursprünglich jüdisch-liberal und deutsch-patriotisch ausgerichtet, änderte aber wie dieser seine Zielsetzungen mit dem Erstarken des Nationalsozialismus und orientierte sich wie alle jüdischen Jugendvereine im Laufe der Jahre mehr und mehr auf Auswanderung und Zionismus.

Rudolf und Hanni Hahn, um 1937.

Rudolf Hahn konnte 1937 noch sein Abitur an der damaligen Kaiser-Wilhelm-Oberrealschule, dem heutigen Felix-Klein-Gymnasium, in Göttingen ablegen. Er war der letzte jüdische Schüler, der an dieser Schule Abitur machte. Von den insgesamt 19 jüdischen Schülern, die während des Nationalsozialismus das Gymnasium besuchten, konnten sich 14 wie Rudolf Hahn und seine beiden Cousins, die Söhne von Nathan und Betty Hahn, Max Meier und Leo, durch Emigration retten. Einer der jüdischen Schüler nahm sich schon 1934 das Leben, vier wurden ermordet.

2011 wurde auf dem Gelände der Schule ein Gedenkstein für alle ehemaligen jüdischen Schüler (und einen für seine politische Überzeugung verfolgten Lehrer) des Gymnasiums aufgestellt. Der Text auf dem Stein lautet: *Zur Erinnerung an unsere Mitschüler und Lehrer, die wegen ihrer politischen Überzeugung, Herkunft oder Religion vom Naziregime und seinen Helfern verfolgt wurden. Ihr Andenken sei Mahnung zur Toleranz, aber auch zum Widerstand gegen Rassismus und Menschenverachtung.*

Hanni Hahn (in der Mitte sitzend) war Schülerin der Städtischen Oberschule für Mädchen (heute Hainberg-Gymnasium) in Göttingen, die auch schon ihre Tanten, die vier Töchter von Raphael Hahn, besucht hatten. Sie und ihre drei Freundinnen Ilse Stern, Ruth Löwenberg und Edith Neuhaus (von links) besuchten seit 1932 (nur Ilse Stern war erst 1933 auf die Schule gekommen) alle gemeinsam eine Klasse. Sie waren die letzten jüdischen Schülerinnen der Städtischen Oberschule für Mädchen und wurden gemeinsam am 1. April 1938, zwei Jahre vor dem regulären Ende ihrer Schulzeit, von der Schule verwiesen. Erst am 15. November 1938 verfügte Reichserziehungsminister Bernhard Rust dann endgültig die *restlose Säuberung des Schulwesens*, was bedeutete, dass *kein Judenkind mehr in deutschen Schulen* unterrichtet werden durfte. Begründet wurde dies damit, dass es nach der *ruchlosen Mordtat von Paris*, gemeint ist das Attentat von Herschel Grynszpan auf den deutschen Diplomaten Ernst vom Rath, keinem deutschen Lehrer und keiner deutschen Lehrerin mehr zugemutet werden könne, *an jüdische Schulkinder Unterricht zu erteilen.* Auch verstehe es sich von selbst, hieß es weiter, dass *es für deutsche Schüler und Schülerinnen unerträglich* sei, *mit Juden in einem Klassenraum zu sitzen.* Zwar sei die Rassentrennung im Schulwesen in den letzten Jahren im Allgemeinen – so auch in Göttingen – bereits durchgeführt worden, *doch ist ein Restbestand jüdischer Schüler auf den deutschen Schulen übriggeblieben, dem der gemeinsame Schulbesuch mit deutschen Jungen und Mädeln nunmehr nicht weiter gestattet werden kann.*

1994 schickte Ruth Löwenberg, der im Jahr 1940 gemeinsam mit ihren Eltern die Flucht in die USA gelungen war, das obenstehende Foto, das die Mädchen zur Erinnerung am erzwungenen Ende ihrer gemeinsame Schulzeit aufgenommen hatten, an das Hainberg-Gymnasium. Der damalige Schulleiter Claus Meyer recherchierte darauf in den Schülerinnenverzeichnissen der Schule und fand zunächst einmal 220, später dann 249 jüdische Schülerinnen, die während der NS-Zeit die Schule besucht hatten. Die ebenfalls von den Nationalsozialisten verfolgten Schülerinnen aus jüdischen Familien, die zum Christentum übergetreten waren, konnte er in den Verzeichnissen nicht ausfindig machen, weil sie darin nicht besonders gekennzeichnet waren. Im April 1999 wurde dann in der Schule eine Gedenkwand mit den Namen der 16 damals bekannten ermordeten ehemaligen Schülerinnen eingeweiht. Später fand man heraus, dass mindestens 22 Schülerinnen ermordet worden waren, unter ihnen auch Hannis Freundinnen Ilse Stern und Edith Neuhaus. Erstmals 1996 und dann wieder 2008, 70 Jahre nach der Reichspogromnacht, gestaltete die Schule die jährlich immer am 9. November stattfindende Gedenkfeier am Göttinger Synagogendenkmal und gedachte dabei ihrer ehemaligen jüdischen Schülerinnen.

„Ein Stück von mir ist mit dem Abschied von Max und Trude Hahn gestorben"

Max Raphael Hahns Hilfe brauchte Ostfeld vor allem für die vielfältigen sozialen Aufgaben, die ihm als Rabbiner oblagen und die von der Fürsorge für Kranke, Behinderte und Schwangere bis zur Betreuung von Häftlingen und der Beratung verzweifelter, zur Auswanderung entschlossener Gemeindemitglieder reichten. Aber natürlich galt es vor allem der ständig zunehmenden Armut in einer Gemeinde zu begegnen, deren Mitglieder systematisch nach und nach aller ihrer Erwerbsquellen beraubt worden waren. Ein wesentlicher Teil der materiellen Mittel für diese sozialen Aufgaben stellte die Moritz-Lazarus-Loge zur Verfügung: *Unter anderem*, schrieb Ostfeld später dazu in seinen Erinnerungen, *übernahmen wir im Rahmen der Sozialfürsorge eines der guten Dinge, die es im damaligen Deutschland gab, die ‚Winterhilfe'.* Da es immer wieder Konflikte über die Frage gegeben hatte, ob getaufte Juden durch das parteioffizielle *Winterhilfswerk des deutschen Volkes* betreut werden durften (was der Reichsbeauftragte des nationalsozialistischen Winterhilfswerks natürlich untersagt hatte), drangen auch Partei und Gestapo verstärkt auf den Aufbau eines eigenständigen Jüdischen Winterhilfswerks und verpflichteten die jüdischen Gemeinden sogar zwecks Kontrolle ab 1935 zur Abgabe von Sammlungslisten. Auf diese Weise hat sich in den Göttinger Akten die Abschlussbilanz für das Winterhalbjahr 1936/37 erhalten, der man entnehmen kann, dass für das Göttinger Jüdische Winterhilfswerk von Oktober 1936 bis einschließlich März 1937 insgesamt 1 775,00 RM an Spenden eingegangen waren. Sachspenden sammelte Ostfeld zu diesem Zeitpunkt noch nicht. Das änderte sich aber mit der zunehmenden Not und Verarmung nicht nur der Empfänger, sondern auch der möglichen Spendengeber, so dass schon im nächsten Jahr Ostfeld seine Gemeindemitglieder nicht nur um brauchbare Kleidung oder entbehrliche Haushaltsgegenstände, sondern auch um Lebensmittel bat und diese – häufig sogar persönlich – den Bedürftigsten direkt nach Hause brachte, um ihnen die mit der Abholung verbundenen Kränkungen zu ersparen.

Als einer der wenigen nach wie vor relativ vermögenden Juden in Göttingen war Max Raphael Hahn an diesem Unterstützungsprogramm natürlich an führender Stelle beteiligt, ebenso wie an dem Kauf des Logenhauses in der Weender Landstraße 26, das nach der zwangsweisen Auflösung der Göttinger nicht-jüdischen Gauß-Weber-Loge freigeworden war und nun zum Gemeindehaus der jüdischen Gemeinde wurde. Für uns heute erstaunlich, aber nach nationalsozialistischer Logik folgerichtig, wurden die jüdischen Logen anders als deren nichtjüdische Pendants zunächst nicht verboten, da man die jüdischen Organisationen brauchte bzw. dazu missbrauchen wollte, die Juden von der übrigen Bevölkerung zu separieren. Doch natürlich stand die Moritz-Lazarus-Loge unter verschärfter Beobachtung der Gestapo und musste ständig mit einem Verbot und der Beschlagnahmung ihres Eigentums rechnen. Obwohl die Gelder für den Hauskauf mit großer Wahrscheinlich von der Loge bzw. deren Mitgliedern stammten, hatte man sich daher entschieden, dass offiziell nicht die Loge, sondern die Gemeinde das Haus in der Weender Landstraße 26 erwerben sollte. Als dann im April 1937 tatsächlich das erwartete Verbot auch der jüdischen Logen erfolgte, blieb das Haus der Gemeinde erhalten und ermöglichte den jüdischen Vereinen, denen seit 1933 öffentliche Räume für ihre Veranstaltungen so gut wie gar nicht mehr zur Verfügung standen, die Weiterführung ihrer Arbeit.

Nach der Zerstörung der Synagoge in der Nacht vom 9. auf den 10. November 1938 bot es dann der Gemeinde eine Zuflucht, wurde aber auch, nachdem man dort vor allem alte und kranke Juden zusammengepfercht hatte, zu einem der Ausgangspunkte für die Deportation der Göttinger Juden.

1938 trat der in den Jahren zuvor kontinuierlich verlaufene Prozess der Entrechtung und Vertreibung der deutschen Juden in ein neues Stadium rasanter Beschleunigung: Am 28. März 1938 wurde den jüdischen Gemeinden der Rechtsstatus als Körperschaften öffentlichen Rechts entzogen, was bedeutete, dass sie steuerliche Abgaben wie private Vereine zu leisten hatten und den Gemeindebesitz nicht mehr ohne behördliche Genehmigung veräußern durften. Am 26. April 1938 wurde die Anmeldung aller Vermögen über 5 000 RM, die Juden in welcher Form auch immer besaßen, angeordnet. Die Göttinger Ortspolizei übersandte daraufhin dem Regierungspräsidenten eine Liste mit 101 Namen, die das Gemeindesteueramt um sechs Namen ergänzte. Damit nicht zufrieden, verlangte der Regierungspräsident im Oktober 1938 noch einmal

Das ehemalige Logenhaus der Gauß-Weber-Loge in der Weender Landstraße 26 (Foto Städtisches Museum Göttingen), das nach dem Krieg abgerissen wurde, war von 1934 bis 1942 das Gemeindehaus der jüdischen Gemeinde Göttingen. Dort befand sich auch die kleine Schule, in der Heinz Junger, der im September 1938 von Max Raphael Hahn als Lehrer nach Göttingen geholt worden war, die verbliebenen neun jüdischen Kinder von Januar 1939 bis Ostern 1941 unterrichtete. Schon im März 1938 hatte Max Raphael Hahn auf Anraten des Preußischen Landesverbandes der jüdischen Gemeinden von sich aus bei den Behörden um die Genehmigung einer jüdischen Schule für damals noch 13 Kinder aus Göttingen und vier bis fünf aus der näheren Umgebung gebeten. Doch hatte das Göttinger Schulamt wegen der nicht erreichten Mindestzahl von 20 damals diesen Antrag noch abgelehnt. Als dann jedoch am 22. November 1938 alle jüdischen Kinder die öffentlichen Schulen verlassen mussten, erhielt die Gemeinde auf ihren Antrag vom 3. Januar 1939 die erbetene Unterrichtserlaubnis. Auch der Bund Deutsch-Jüdischer Jugend, in dem Hanni und Rudolf Hahn Mitglied waren, traf sich im jüdischen Gemeindehaus. Die Werbeveranstaltung am 22. September 1934, zu der der abgebildete Zettel einlud, fand einen Tag vor der Gründung der Göttinger Ortsgruppe statt. Hanni Hahn war gerade alt genug, um Mitglied zu werden. Für den angekündigten Vortrag wird sie aber sicher noch zu jung gewesen sein. Rudolf Hahn, der ja später Vorsitzender der Göttinger Ortsgruppe wurde, wird aber wohl an dieser Veranstaltung teilgenommen haben. Die Aktivitäten des Bundes waren in der Folgezeit dann allerdings weniger theoretischer Natur als vielmehr eher an dem orientiert, was auch Pfadfinder- oder Wandervogelbünde anboten.

eine genaue Aufstellung aller in Göttingen wohnenden jüdischen Personen, wobei allerdings abgesehen von ein paar Familienmitgliedern, deren Angehörige ihr Vermögen bereits deklariert hatten, nur noch 28 erwerbslose oder arbeitsunfähige Göttinger Juden ermittelt werden konnten. Seit Anfang Oktober 1938 wurden dann die jüdischen Reisepässe mit einem J bedruckt, und am 28. Oktober 1938 erfolgte die Abschiebung aller polnischen Juden, was auch in Göttingen zwei Menschen traf, die gemeinsam mit etwa 18 000 polnischstämmigen Juden aus dem ganzen Reich in einer Nacht-und-Nebelaktion über die Grenze gebracht wurden.

Seit Februar 1938 stand fest, dass Hermann Ostfeld Ende Oktober 1938 Göttingen verlassen würde, um als Forschungsstudent an die Universität in Jerusalem zu gehen. *Ich hatte Ausdrücke der Enttäuschung, der Verbitterung über den ungetreuen Rabbiner erwartet*, schrieb Ostfeld in seinen Erinnerungen über die Reaktion auf seinen Weggang, stattdessen *umgab mich eine Atmosphäre des Wohlwollens, der Liebe, der Traurigkeit über den bevorstehenden Abschied. Trude [Gertrud] Hahn*, so Ostfeld weiter, *der ich zufällig auf der Straße begegnete, umarmte mich und weinte lange in meinen Armen. Es interessierte sie nicht, was um sie herum vor sich ging. Wir hatten drei gute Jahre miteinander verbracht. In warmer Freundschaft, mit hunderten guter Gespräche, mit Tennisspielen, in inniger brüderlich-schwesterlicher Verbundenheit.*

Und Ostfeld fand bei den Hahns mehr als nur Verständnis. Denn Max Raphael Hahn unterstützte Ostfelds Plan zu emigrieren auch finanziell: *Es war in den Tagen, in denen ich von meinem Entschluß Mitteilung gemacht hatte, daß Max Hahn mir Geld anbot, damals 5 000 Mark, die es mir ermöglichen würden, ein Zertifikat für die Universität zu bekommen und zwei Jahre bescheiden davon zu leben. Diese materielle Hilfe war sicher sehr wichtig für mich. Aber wichtiger war noch der Ausdruck der echten, menschlichen Verbundenheit, der brüderlich-väterlichen Besorgtheit, der darin lag. […] Max Hahn hat mich verstanden und alles für mich getan, damit ich auswandern konnte.*

Ostfeld zahlte nach dem Krieg die gesamten 5 000 Mark zurück, und zwar nicht nur an die Kinder von Max Raphael Hahn, sondern auch an die beiden Söhne von Nathan Hahn. Obwohl Ostfeld Nathan Hahn in seinen Erinnerungen nicht erwähnte, hatte also offensichtlich auch Max Raphael Hahns älterer Bruder Geld zu Ostfelds Emigration beigesteuert.

Von Max Raphael Hahn erhielt Ostfeld zusätzlich noch ein Abschiedsgeschenk von hohem symbolischem Wert aus dessen reichhaltiger Bibliothek: Max Raphael Hahn schenkte Hermann Ostfeld nämlich das auf Hebräisch verfasste Werk des Philosophen der jüdischen Renaissance Achad Ha'am, das unter dem Titel *Am Scheideweg* veröffentlicht wurde. In dem Buch fand Ostfeld eine Widmung, in der ihm das Ehepaar Hahn für alles dankte, was er als Rabbiner, als Freund der Familie und als Erzieher ihrer Kinder für sie getan hatte.

Wenn ich an den Abschied von Trude und Max Hahn denke, sind meine Gefühle die Gefühle des Abschieds von der ganzen Gemeinde. Trudes Tränen sind die Tränen all der Gemeindemitglieder, die an unserem Abschiedsabend über die Trennung von der Heimat, die unser aller Schicksal war, weinten.

Die Totenbleiche, die ich in den Tagen vor meinem Abschied im Gesicht von Max Hahn sah, bewies, daß er tief drinnen wußte, was geschehen würde. Es gibt keine Worte, um die Zerrissenheit in meiner Seele zu beschreiben. Ich war zu Tode betrübt, weil ich beschlossen hatte, meine erste Gemeinde zu verlassen, und ich war glücklich mit dem Gedanken, daß ich in die alte Heimat des jüdischen Volkes zurückgehen würde. Der Gedanke daran, zwei Jahre an der Hebräischen Universität in Jerusalem ohne materielle Sorgen mich fortbilden zu können, machte mein Glück vollkommen.

Aber, so Ostfeld weiter: *Ich war im Begriff, Menschen zu verlassen, die sich mir anvertraut hatten, die mich brauchten, um leben, um weiterleben zu können. […] Ich sah ihre Tränen und ihre Verzweiflung, ich sah, wie sie dem Tode ins Auge schauten: Wenn's Judenblut vom Messer spritzt! klang es immer wieder und immer bedrohlicher in den Straßen, schrie es in den Schlagzeilen der Zeitungen. Mein zerrissenes Herz war wie ein lähmendes Gewicht, das auf meiner Seele lag. Ich mußte die Gefühle der Liebe, der Verbundenheit mit der Gemeinde wegschieben, verdrängen, um mit mir selber, meinen Tagen und Nächten leben zu können, um fähig zu sein, die einfachen praktischen Dinge zu tun, die man tun muß, wenn man auf eine lange Reise geht.*

Als mich nur wenige Tage nach meiner Ankunft in Palästina die Nachricht er-reichte, daß meine herrliche Synagoge zerstört war, daß die heiligen Bücher, die der Welt vor 4000 Jahren von dem einen und einzigen Gott verkündet hat-ten, durch den Schmutz gezogen und verbrannt waren, war ich unfähig, das Ungeheuerliche zu begreifen. Die Thora war entweiht, die schönen silbernen Geräte, die zur Ehre Gottes die Thora-Rollen geschmückt hatten, waren zer-stört. Die Kanzel, an der ich noch vor Tagen gebetet und vor der ich zur Ge-meinde gesprochen hatte, war verschwunden. Warum war ich nicht bei meiner Gemeinde und in meiner Synagoge geblieben, um mit ihr zusammen unterzu-gehen? Ein Stück von mir ist mit dem Abschied von Max und Trude Hahn, von Rudi und Hanni und von allen andern Juden in Göttingen mit dem Abschied von meiner Synagoge gestorben.

Max Raphael und Gertrud Hahn 1938 in ihrem Heim in der Merkelstraße 3, in dem auch Rabbiner Hermann Ostfeld oft zu Gast war. Links am Rand zu erkennen ist einer der Bü-cherschränke der Hahns, aus dem Ostfeld von Max Raphael Hahn als Abschiedsgeschenk das Buch *Am Scheideweg* von Achad Ha'am erhielt.

Die Inhaftierung von Max Raphael Hahn und die Emigration von Rudolf und Hanni

Von den ursprünglich fast 500 jüdischen Göttinger Einwohnern lebten im Oktober 1938 nur noch etwa 220 in Göttingen. Diese wurden fast ausnahmslos Opfer der brutalen Übergriffe von SS und SA, die in der Nacht vom 9. auf den 10. November, aber auch noch an den beiden folgenden Tagen in Wohnungen oder Geschäftsräume eindrangen, die Einrichtungen verwüsteten, die Lager plünderten, die Bewohner misshandelten und ohne Unterschied Männer, Frauen und auch Kinder verhafteten. Mindestens 50 bis 60 Personen wurden in dieser Nacht und am folgenden Tag festgenommen. Frauen und Kinder entließ man zumeist schon am nächsten Tag, die Männer Weihnachten 1938 oder Anfang Januar 1939. Den Göttinger Juden blieb zudem die Deportation in die KZs Buchenwald, Dachau oder Sachsenhausen erspart, wohin reichsweit insgesamt mindestens 20 000 Juden verschleppt wurden. Der Grund dafür war möglicherweise, dass der damalige Leiter der Göttinger Gestapostelle, Hans Eysel, in der Nacht des 10. November zufällig nicht anwesend war und die Gestapo in Göttingen daher erst relativ spät in das Geschehen eingriff. In den entscheidenden ersten Stunden war daher nur die nicht genau instruierte und überforderte Göttinger Kriminalpolizei für die Verhafteten zuständig. Da das Polizeigefängnis im Göttinger Stadthaus, in dem sich heute die Stadtbibliothek befindet, innerhalb kürzester Zeit völlig überfüllt war, die Überweisung in ein KZ aber nicht in den Kompetenzbereich der Polizei gehörte, veranlasste diese stattdessen den Transport der männlichen Gefangenen in die Gerichtsgefängnisse von Göttingen und Reinhausen.

Max Raphael Hahn und seine Familie waren als wohlhabende Juden besonderen Schikanen ausgesetzt. Mitten in der Nacht zum 10. November, gegen zwei Uhr morgens, brachen SS-Männer in das Haus in der Merkelstraße 3 mit Äxten ein, holten die Hahns aus dem Schlaf und verwüsteten ihr Zuhause. Sie zerschlugen die Türen und Fenster, zerstörten Möbel, Kunstwerke und Antiquitäten und trieben die Familie unbekleidet auf die Straße. Max Raphael und Gertrud Hahn, sein Bruder Nathan und dessen Frau Betty, deren Wohnung in der Baurat-Gerber-Straße 19 ebenfalls verwüstet worden war, und auch deren Sohn Max Meier Hahn wurden verhaftet. Die beiden Frauen wurden am nächsten Tag wieder freigelassen, und Nathan Hahn kam am 19. November, Max Meier

am 21. November nach Hause. Nur Max Raphael Hahn blieb in Haft – bis zum 16. Dezember zunächst im Göttinger Polizeigefängnis, danach wurde er ins Gerichtsgefängnis verlegt, das direkt gegenüber der niedergebrannten Synagoge lag: *Katz und Hahn*, hatte das Göttinger Tageblatt, das die Nationalsozialisten schon in den 1920er Jahren publizistisch unterstützt hatte, in einem Bericht über die Ereignisse der Pogromnacht am 11. November 1938 höhnisch konstatiert, *haben jetzt Gelegenheit, aus der nächsten Nachbarschaft die Trümmer ihrer Synagoge zu betrachten und sich damit abzufinden, dass ihre Rolle auch in Göttingen endgültig ausgespielt ist.*

Erst im Juli 1939 wurde Max Raphael Hahn, der die letzten Wochen im städtischen Krankenhaus verbracht hatte, aus der Haft entlassen und blieb damit als einziger der Göttinger Juden mehr als ein halbes Jahr in Haft. Der Grund für diese lange Inhaftierung war wahrscheinlich, dass Max Raphael Hahn das wohlhabendste, prominenteste und einflussreichste Opfer unter den Göttinger Juden war und man außerdem die geplante systematische Ausplünderung der Hahns einfacher vorantreiben konnte, wenn das Opfer in Gewahrsam und damit – beispielsweise für Unterschriften unter eine erzwungene Eigentumsübertragung – jederzeit zur Verfügung stand.

Noch in der Pogromnacht selbst waren Max Raphael und Nathan Hahn aus dem Gefängnis zur Gestapo in der Franz-Seldte-Straße, wie die Theaterstraße während der NS-Zeit hieß, gebracht worden, wo eine ihnen unbekannte Frau mit einem Notar und vorbereitetem Vertrag auf sie wartete. Und dies wiederholte sich in den folgenden Monaten dann noch mehrfach: Max Raphael Hahn wurde aus dem Gefängnis vorgeführt, Nathan Hahn aus seiner Wohnung geholt, und dann zwang man sie, vorbereitete Kaufverträge zu unterzeichnen. Auch das Haus in der Baurat-Gerber-Straße 19, in dem Nathan Hahn mit seiner Familie lebte, wechselte auf diese Weise seinen Besitzer.

Zwei Tage nach dem Pogrom waren mit der *Verordnung zur Ausschaltung der Juden aus dem deutschen Wirtschaftsleben* vom 12. November 1938 alle noch tätigen jüdischen Unternehmen der *Zwangsarisierung* bzw. Liquidation

Die Göttinger Synagoge hatte seit 1 Uhr nachts in Flammen gestanden, angezündet von der SS unter tatkräftiger Mithilfe des Leiters der Göttinger Berufsfeuerwehr. Da in der Nacht nur das Innere der Synagoge ausgebrannt war, wurden auf Befehl der SS am nächsten Tag zunächst Teile der noch stehenden Fassade gesprengt, die restlichen Mauerreste dann aber wegen an den umstehenden Häusern aufgetretenen Beschädigungen abgetragen, was erst im Oktober 1939 abgeschlossen war – Städtisches Museum Göttingen.

verfallen, und wenige Monate später mussten – wie oben schon gesagt – als letzte der jüdischen Unternehmer in Göttingen auch die Gebrüder Hahn aufgeben und ihre Betriebe zum 1. März 1939 einem staatlichen Treuhänder übergeben.

Die andauernde Unsicherheit und die ständig enttäuschte Hoffnung, dass Max Raphael Hahn wie die anderen Göttinger Juden nach ein paar Tagen oder wenigstens Wochen zu seiner Familie würde zurückkehren können, war eine große Belastung für Gertrud Hahn und auch für die beiden Kinder, auch wenn diese nicht mehr in Göttingen wohnten: Rudolf machte seit Oktober 1937 in Hamburg eine Ausbildung bei der jüdischen Import-Export Firma B. Luria & Co, und Hanni hatte im April 1938 ebenfalls in Hamburg am dortigen Paulinenstift, einem Waisenhaus für jüdische Mädchen, eine Ausbildung zur Kinderschwester begonnen. *Mein geliebter Junge!*, schrieb Gertrud Hahn am 19. November 1938 an Rudolf: *Gut Woch! Heute kann ich Dir wenigstens eine etwas freudigere Nachricht geben. Onkel Nathan ist heute früh wieder nach Hause gekommen. Es ist ein Lichtblick, denn wenn doch irgendetwas gegen die Hahns vorläge, dann hätte man Onkel Nathan doch nicht entlassen. Hier sind heute überhaupt eine ganze Menge wiedergekommen. Teil noch nicht mal bis 60 Jahre, aber es ist ganz verschieden.*

Max Raphael war damals 58 Jahre alt, und Gertrud Hahn versuchte offensichtlich, ein System hinter den Entlassungen zu entdecken und vermutete wohl, dass insbesondere die Älteren, wie der damals schon 70-jährige Nathan, entlassen würden. Das traf, wie wir wissen und wie sie spätestens bei der Entlassung ihres 29-jährigen Neffen Max Meier erfahren hat, nicht zu. Ebenso erfüllte sich ihre Hoffnung nicht, dass derjenige, der sich nichts zu Schulden hatte kommen lassen, wieder nach Hause dürfe. Selbst nach all den demütigenden schlechten Erfahrungen glaubten Max Raphael Hahn und, wie dieser Brief zeigt, auch seine Frau noch immer an Recht und Gesetz und bemühten sich auch in Zukunft so gut es ging, die immer abstruser werdenden Vorschriften der NS-Gesetzgebung zu erfüllen – in der Überzeugung, dass, wie es Max Raphael Hahn 1935 in einem Brief an seinen Schwager Siegfried Lasch, der damals schon in New York lebte, ausgedrückt hatte, *für diejenigen die hier bleiben strengste Korrektheit Vorbedingung ist und er sich niemals in irgendwelche*

Vorgänge verwickeln lassen darf, die auch nur den Anschein einer Gesetzes-verletzung erwecken könnten.

Ich hoffe nun zu Gott, so Gertrud Hahn weiter in ihrem Brief vom 19. November 1938 an ihren Sohn Rudolf in Hamburg, *daß Vati uns baldigst zurückkehrt, und wir wieder zusammen sind. Dann werden wir so Gott will auch mit Euch alles überlegen können, und ich hoffe, daß wir alles richtig gemacht haben. Glaubst Du, daß es möglich ist, daß ihr beide gleich zusammen nach England könnt? Sonst mußt Du doch erst allein gehen und sehen, was Du für Hanni und uns erreichen kannst.*

Dass die Familie – und zwar die gesamte Familie, also nicht nur die Kinder, sondern auch die Eltern – Deutschland verlassen wollte, stand also spätestens zu diesem Zeitpunkt fest. Dafür war, was Max Raphael Hahn anging, sehr viel Überzeugungsarbeit nicht nur von Seiten seiner Kinder und seiner Frau, sondern auch von bereits emigrierten Verwandten nötig gewesen. Doch inzwischen war Max Raphael Hahn, der zuvor Hermann Ostfeld und vielen anderen Gemeindemitgliedern bei ihrer Emigration nicht nur mit Rat und Tat, sondern wahrscheinlich auch finanziell geholfen hatte, von der Notwendigkeit auch seiner eigenen Emigration überzeugt. Doch wollte er so viel wie möglich wenigstens von seinem beweglichen Besitz retten, um eine finanzielle Basis für ein Leben im Ausland zu haben, und er unternahm diesbezüglich noch vom Gefängnis aus die verschiedensten Anstrengungen. Das war möglich, weil Max Raphael Hahn im Göttinger Gerichtsgefängnis vergleichsweise gut behandelt wurde. So durfte er weiterhin seine eigene Kleidung tragen und Post empfan-

gen, und seine Frau, die ihn fast täglich besuchte, durfte ihm sogar koscheres Essen ins Gefängnis bringen. Zwar waren die Besuche nur kurz und wurden überwacht, aber Max Raphael Hahn hatte auf diese Weise doch immerhin Kontakt zur Außenwelt.

Noch während Max Raphael Hahn im Gefängnis saß, gelang Ende Januar 1939 erst seinem Sohn Rudolf und im Mai 1939 dann auch seiner Tochter Hanni die Flucht nach England: Rudolf hatte 1936 bei einem Urlaub in Schottland den Aristokraten Arthur Priestley kennengelernt, der sich bereit erklärt hatte, seine Immigration zu finanzieren. Für Hanni übernahm ihr Cousin Maxwell Fraser, der Sohn von Max Raphaels Schwester Rosa, die Kosten.

Kurz vor seinem Tod 1984 erzählte Rudolf Hahn, der vor seiner Emigration seinen Vater von Hamburg aus noch einmal im Gefängnis hatte besuchen können und ihn dabei beschworen hatte, sich nicht mehr um die Rettung seines Eigentums zu kümmern, sondern gemeinsam mit der Mutter so schnell wie möglich ebenfalls zu emigrieren, von dem schmerzvollen Abschied, den er 45 Jahre zuvor von seinem Vater hatte nehmen müssen: *Wir verabschiedeten uns in der Gegenwart der Gestapo. Wir hatten zehn Minuten. Wir waren in einer Gefängniszelle ... Mein Vater saß auf einer Bank, ich saß auf einem Stuhl, und der Gestapo-Mann saß zwischen uns mit einer Uhr. Vater hatte über Nacht graue Haare bekommen. Ich hatte ihn seit Monaten nicht mehr gesehen. Ich sagte ihm, er solle alles da lassen und er antwortete: ‚Solch einen Rat habe ich von dir nicht gebraucht. Ganz besonders nicht vor einem Gestapo-Mann.‘ Und so haben wir uns verabschiedet* (Original Englisch).

Rudolf Hahn bei seiner Emigration 1939.
Passfoto aus seiner Kennkarte –
Stadtarchiv Göttingen.

Vitrine im Hause der Familie Hahn in der Merkelstraße 3. Der Großteil der Judaica, die in dieser Vitrine zu sehen sind, wurde von den Nationalsozialisten beschlagnahmt und war nach dem Krieg nicht mehr auffindbar.

Kapitel 4: Der Kampf Max Raphael Hahns um die Judaica-Sammlung und um sein Leben

Die Enteignung jüdischer Kunst- und Kulturgüter

Die *Verordnung über die Anmeldung des Vermögens von Juden* vom 26. April 1938, die alle Juden zwang, ihr gesamtes in- und ausländisches Vermögen, so es fünftausend Reichsmark überstieg, bis zum 30. Juni 1938 anzugeben und zu bewerten, zielte vor allem auf Immobilien, Aktien und Wertpapiere, doch mussten die Juden auch Schmuck, Objekte aus Edelmetall und Kunstwerke anmelden. Ausgenommen waren lediglich Gegenstände zum persönlichen Gebrauch und Hausrat, die keine Luxusgegenstände waren. Bei falschen Angaben drohten Geldstrafen, Haftstrafen bis zu zehn Jahren Zuchthaus sowie Vermögenseinzug.

Nur wenige Wochen nach der Reichspogromnacht erschien dann am 3. Dezember 1938 als Ausführungsbestimmung zu der *Verordnung zur Ausschaltung der Juden aus dem deutschen Wirtschaftsleben* vom 12. November 1938 die *Verordnung über den Einsatz des jüdischen Vermögens*, die Juden nicht nur auferlegte, ihren Grundbesitz zu veräußern und ihre Wertpapiere bei einer Devisenbank zu hinterlegen, sondern ihnen auch untersagte, Wertgegenstände zu kaufen, zu verpfänden oder zu verkaufen. Deutsche Juden durften danach Edelsteine, Perlen, Gold, Platin und Silber weder erwerben, noch veräußern, und dies galt auch für Kunstgegenstände im Wert von über eintausend Reichsmark.

Nur kurze Zeit später, am 21. Februar 1939, wurde durch die *Dritte Anordnung auf Grund der Verordnung über die Anmeldung des Vermögens von Juden* bei Strafandrohung angeordnet, Edelmetalle, Schmuck und Kunstgegenstände binnen zweier Wochen (die Frist wurde am 3. März 1939 bis zum 31. März 1939 verlängert) bei einer öffentlichen Ankaufsstelle abzuliefern, die auch die

Dritte Anordnung auf Grund der Verordnung über die Anmeldung des Vermögens von Juden vom 21. Februar 1939, Reichsgesetzblatt, Jahrgang 1939, Teil I, S. 282.

Bewertung und eventuelle Zahlung einer Entschädigung vornahm. Die Ablehnung des Entschädigungsangebots, so war am 24. Februar 1939 zusätzlich verfügt worden, war nicht möglich. Konnte die Ankaufsstelle die abgelieferten Gegenstände nicht innerhalb von zwei Monaten *verwerten*, so wurden diese an die Abteilung III-Zentralstelle der Städtischen Pfandleihanstalt in Berlin gesandt.

Diese Abteilung war, wie auf Anfrage nach dem Krieg ein Schreiben der Pfandleihanstalt vom 16. Mai 1947 Max Raphael Hahns Sohn Roger Hayden (Rudolf Hahn) belehrte, *eine selbständige Dienststelle mit eigener Rechnungslegung und eigenem Kassenwesen. Sie unterstand dem Reichswirtschaftsministerium und hatte mit dieser Reichsstelle die Abrechnung über die verwerteten Gegenstände vorzunehmen.* Unter dem Namen *Städtische Pfandleihanstalt* firmierte sie nur deshalb, weil sie in deren Räumen untergebracht

war und *das einzustellende Personal von der Stadt Berlin gestellt werden musste.*

Ausgenommen von der Abgabepflicht nach der Verordnung vom 21. Februar 1939 waren laut einer nicht veröffentlichten Zusatzverordnung vom 1. März 1939 lediglich die eigenen Trauringe, silberne Armband- und Taschenuhren, gebrauchtes Tafelsilber für je 2 vierteilige Essbestecke pro Person, Silbersachen bis zu einem Gewicht von je 40 Gramm pro Person und Zahnersatz aus Edelmetall, *soweit er sich in persönlichem Gebrauch befindet.*

Aus Max Raphael Hahns Judaica-Sammlung waren das Porzellan und die Textilien, die für religiöse Zwecke verwendet wurden, aber auch die jahrhundertealten Haggadot, Megillot und Gebetbücher nicht von der Abgabepflicht betroffen.

Max Raphael Hahns Strategie zur Rettung seiner Sammlung

Als die oben genannten Verordnungen erlassen wurden, befand sich Max Raphael Hahn im Gefängnis, und so musste er aus seiner Gefängniszelle heraus versuchen, sowohl seine Judaica-Sammlung zu retten als auch seine Freilassung zu erwirken und die notwendigen Dokumente für die Ausreise aus Deutschland zu beschaffen. Wie er es sein ganzes Leben lang als redlicher und erfolgreicher Geschäftsmann getan hatte, machte er sich auch im Gefängnis genauestens mit den Gesetzen bekannt und nahm sich sogar einen Anwalt, in der Hoffnung, die Ausnahmeregelungen von der Ablieferungspflicht, die laut Verordnung vom 21. Februar 1939 vom Wirtschaftsminister zugelassen werden konnten, für sich nutzen zu können. Den Briefwechsel führte zumeist seine Frau für ihn, weil er selbst von der Gnade der jeweiligen Gefängniswärter abhängig war, die ihm nur selten erlaubten, selbst zu schreiben. Post durfte er jedoch, wie oben schon gesagt, bekommen, und er konnte seiner Frau Briefe diktieren.

Wie vom Gesetz verlangt, übergab Max Raphael Hahn seinen Besitz pünktlich vor Ablauf der Frist am 31. März 1939, und zwar an die örtlichen Filialen der Deutschen Bank in Göttingen und der Neuen Sparkasse in Hamburg, wo seine

Tochter Hanni zu diesem Zeitpunkt noch immer auf ihr Ausreisevisum für England wartete (Rudolf hatte – wie bereits gesagt – schon Ende Januar 1939 ausreisen können). In Hamburg hinterlegte Max Raphael Hahn allerdings nur einen Kidduschbecher und eine Bessamimbüchse, der größte Teil seiner Judaica-Sammlung landete im Depot der Deutschen Bank in Göttingen.

Am 20. März 1939 war nun verfügt worden, dass jüdische Auswanderer *Kostbarkeiten*, die in der Verordnung vom 21. Februar 1939 genannt waren, dann mit ins Ausland nehmen dürften, wenn sie als Auslöse ihren Gegenwert in Devisen an die Reichsbank zahlten. Daraufhin stellte Max Raphael Hahn nun einen Antrag bei der Devisenstelle in Hamburg, dass er zehn Teile Gebrauchssilber, ausschließlich verschiedene Bestecke, eine Perlen- und eine Bernsteinkette und den Kidduschbecher und die Bessamimbüchse, die sich in Hamburg befanden, auslösen wolle. Diese Gegenstände sollte Hanni mit nach England mitnehmen. Als Hanni dann Anfang April 1939 für ein paar Tage nach Göttingen kam, brachte sie die Nachricht mit, dass das Lösegeld auf 5 000 Reichsmark angesetzt worden sei.

Nach Rücksprache mit ihrem Mann schrieb Gertrud Hahn darauf am 4. April 1939 an die Hamburger Devisenstelle, dass es ganz unmöglich sei, *dass auch nur annähernd ein solcher Betrag in Frage kommen kann*. Sie zog den Antrag auf Freigabe dieser Gegenstände daher zunächst zurück bzw. verschob diesen auf einen späteren Zeitpunkt, um Verwandte im Ausland fragen zu können, ob diese die geforderte Auslösesumme in Devisen zur Verfügung stellen könnten.

In ihrem Brief bat Gertrud Hahn daher nur noch um die Freigabe einer Schreibmaschine, von Kleidung und anderen Dingen täglichen Bedarfs, die ihre Tochter in England dringend benötigte. Ihre Wohnung sei in der Nacht vom 9. zum 10. November 1939 derartig demoliert worden, dass sie ihrer Tochter keine weitere Ausstattung wie Möbel, Geschirr oder sonstige Einrichtungsgegenstände mehr mitgeben könne. Soweit sie unterrichtet sei, habe sie sogar Anspruch auf abgabefreie Ersatzbeschaffung für die zerstörten Gegenstände, sie habe davon aber keinen Gebrauch gemacht, so dass sie deshalb um weitmöglichstes Entgegenkommen bitte. Flüssige Mittel seien nach Aussage ihres Mannes kaum mehr vorhanden, die Firma befinde sich in Liquidation, das gesamte Vermögen bestehe nur noch aus Grundbesitz, *und es kommt ganz darauf an, ob und wie solcher in absehbarer Zeit verwertet werden kann*. Gertrud Hahn bot an, einen Betrag von 1 200 bis 1 500 RM für die aufgeführten Gegenstände aufzubringen, und bat um eine baldige Entscheidung, da *die Auswanderung meiner Tochter nunmehr beschleunigt durchgeführt werden soll.*

Doch die Hahns konnten auch dieses *Lösegeld* nicht aufbringen, und Hanni musste ohne all die ihr von ihrer Mutter zugedachten Dinge, die ihr den Alltag in England sicher erleichtert hätten, emigrieren.

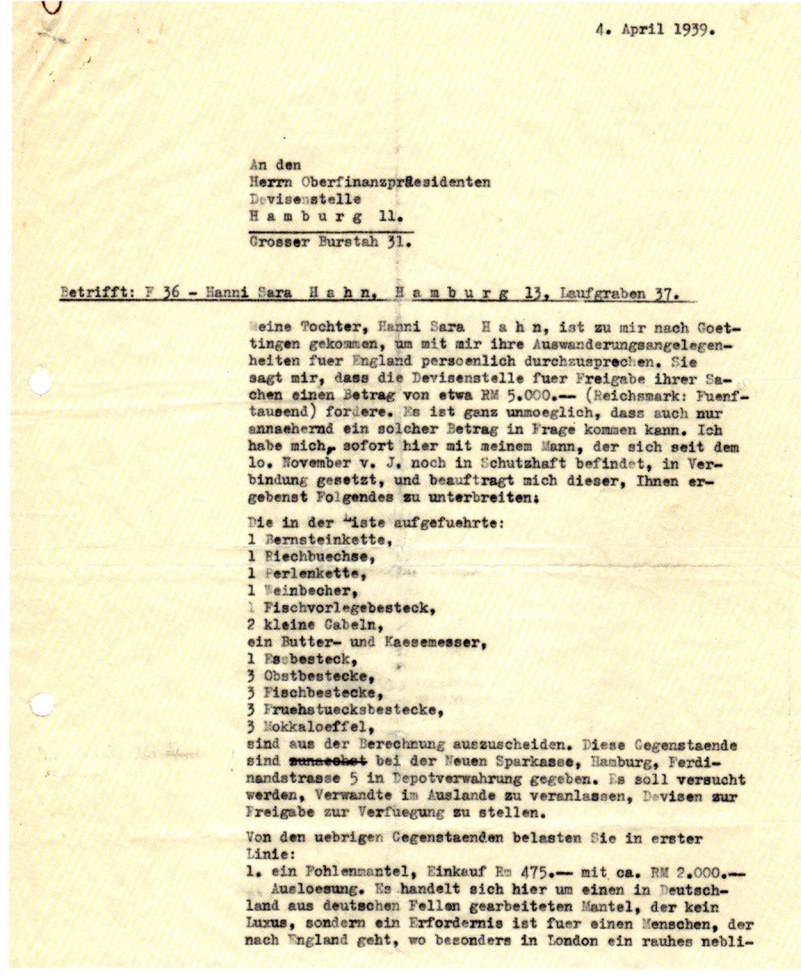

Die erste Seite des Briefes von Gertrud Hahn an den Oberfinanzpräsidenten, dem die Devisenstelle in Hamburg unterstand, vom 4. April 1939. Sie zog darin den Antrag auf Freigabe des Tafelsilbers, der beiden Halsketten und auch der beiden Teile aus der Judaica-Sammlung (hier als Riechbüchse und Weinbecher bezeichnet) zumindest vorläufig zurück. Die in der Liste aufgeführte Perlenkette stammte von Gertrud Hahns Mutter Fanny Lasch, die am 5. Januar 1936 gestorben war. Ein paar Monate vor ihrem Tod, im Herbst 1935, war die inzwischen 67-Jährige zu den Hahns nach Göttingen gezogen.

Da Juden, so sie nicht schon einen als typisch jüdisch geltenden Vornamen trugen, seit Januar 1939 gezwungen waren, zusätzlich den Vornamen *Israel* oder *Sara* anzunehmen, musste Gertrud Hahn ihre Tochter in diesem Brief *Hanni Sara Hahn* nennen.

Die Kennkarte von Hanni Hahn, unterschrieben von ihr mit dem zusätzlichen Vornamen *Sara*, ausgestellt kurz vor ihrer Emigration und mit dem Vermerk am *13. 5. 39 nach London ausgew[andert]* versehen – Stadtarchiv Göttingen.

Kennkarten waren seit dem 23. Juli 1938 im Deutschen Reich verpflichtend für alle männlichen Deutschen (mit Eintritt der Wehrpflicht, also ab 18 Jahren) und auch für alle Juden eingeführt worden, deren Karten mit einem großen J versehen wurden.

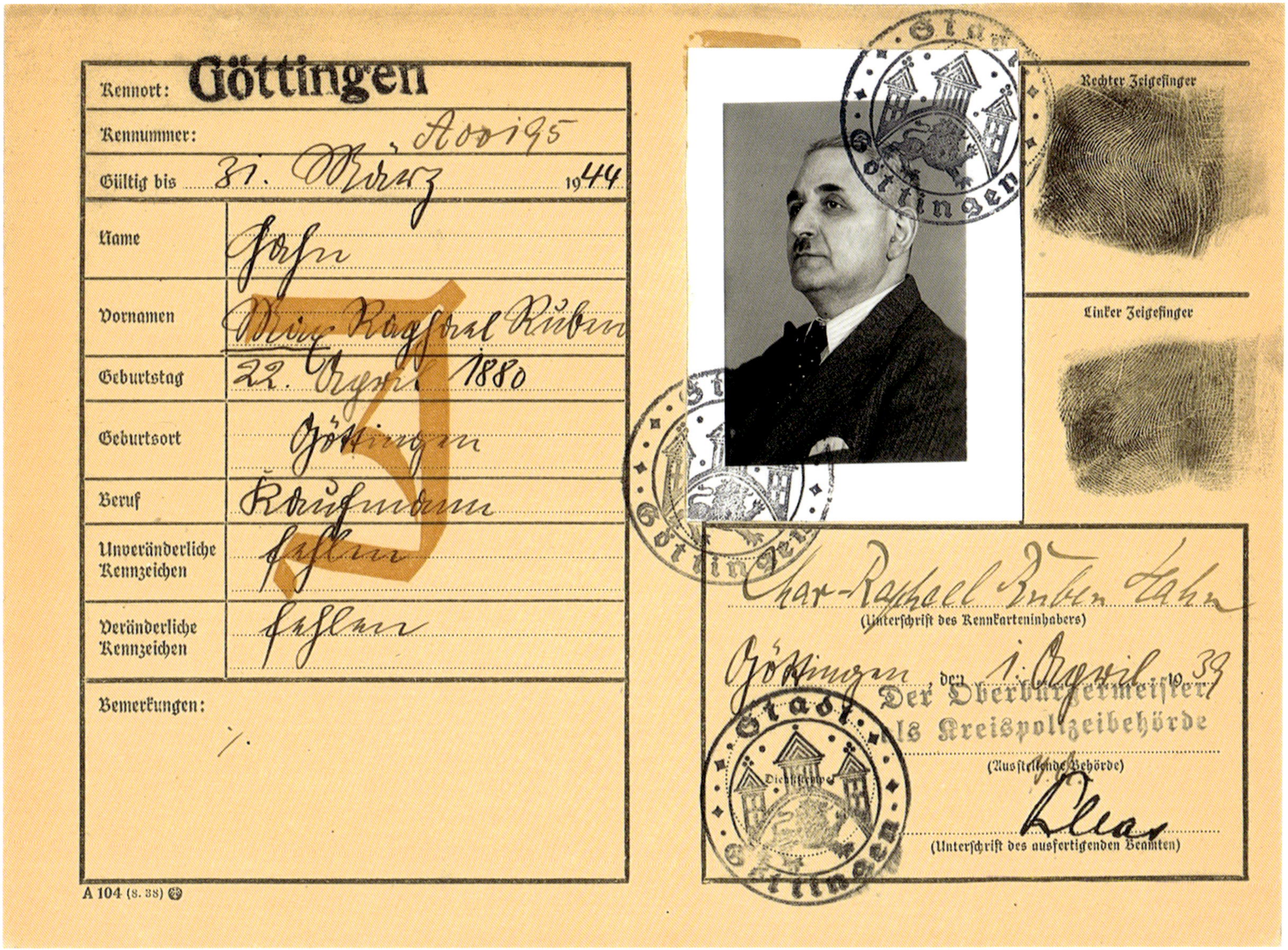

Rennort:	**Göttingen**
Kennnummer:	A 00195
Gültig bis	31. März 19**44**
Name	Hahn
Vornamen	Max Raphael Ruben
Geburtstag	22. April 1880
Geburtsort	Göttingen
Beruf	Kaufmann
Unveränderliche Kennzeichen	fehlen
Veränderliche Kennzeichen	fehlen
Bemerkungen:	.

Rechter Zeigefinger

Linker Zeigefinger

Max-Raphael Ruben Hahn
(Unterschrift des Kennkarteninhabers)

Göttingen den 1. April 19 39
Der Oberbürgermeister
als Kreispolizeibehörde
(Ausstellende Behörde)

(Unterschrift des ausfertigenden Beamten)

A 104 (8. 38)

Die für Max Raphael Hahn noch während seiner Gefängniszeit ausgestellte Kennkarte. Da sein dritter Vorname Ruben als typisch jüdisch galt, blieb es ihm erspart, noch den zusätzlichen Vornamen *Israel* anzunehmen – Stadtarchiv Göttingen.

Verzeichnis der bei derDeutschen Bank, Zweigstelle Göttingen, in
Göttingen im Depot untergebrachten Gegenstände aus Edelmetall usw.
des Juden Max Rafael Ruben H a h n und seiner Ehefrau, Göttingen,
Merkelstr. 3

A. Gebrauchssilber

1.	4 Paar silberne Eßbestecke, gez. H m. Hahn				
	bestehend aus Messer, Gabel, Löffel	617 g	RM	30.--	
2.	12 Paar Kuchenbestecke, gez. H.m.Hahn				
	best. aus Messer u. Gabel	642 g		37.50	
3.	4 silberne Teelöffel, gez.H.m.Hahn	98 g		6.--	
4.	12 " Moccalöffel "	158 g		10.--	
5.	1 " Suppenlöffel "	240 g		14.50	
6.	1 " Gemüselöffel "	95 g		5.75	
7.	2 " Saucenlöffel "	133 g		8.--	
8.	2 " Kompottlöffel "	85 g		5.50	
9.	6 " Beilegegabeln " Kitt			3.--	
10.	3 " Flaschenuntersätze	300 g		18.--	
11.	2 " Konfektteller	225 g		15.--	
12.	1 " Teekanne	1150 g		90.--	
13.	1 " Milchgießer }				
14.	1 " Tablett				
15.	1 " Obstschale	830 g		60.--	
16.	11 " Teelöffel	225 g		15.--	
17.	5 Likörgläser m. Untersätzen	166 g		10.--	
18.	1 Toilettegarnitur, sechsteilig	450 g		25.--	

B. Schmuck

1.	1 Perlkette		260.--
2.	1 A nhänger mit Brillanten		250.--
3.	1 kleine Weintraube aus Perlen		100.--
4.	1 Damenbrillantring		600.--
5.	1 Damenperlring		100.--
6.	1 A rmbanduhr mit Rosetten		150.--
7.	1 antike Brosche mit buten Steinen		40.--
8.	1 Trauring der Mutter		12.--
9.	1 Brosche oval, Perlen u d Rosetten		40.--
10.	1 Gold.Herrenuhr (Glashütte) m. dünner alter Kette		125.--
11.	1 Schlipsnadel mit Perel		2.50
12.	1 " kleinem Golddollar		6.--
13.	1 dünner Platinring mit Brillant		300.--
14.	1 Siegelring		35.--

C. Judaica

1.	6 silb. Thorazeiger	530 g	31.--
2.	2 hölzerne " zurück		
3.	1 Estherrolle in vers. Gehäuse (Silb.)	150 g	9.--
4.	5 Amualettekettchen	500 g	25.--
5.	7 Silbermünzen und Amulette	100 g	5.--
6.	8 antike jüdische Kupfermünzen		
7.	1 hebräische Bronzemedaille im Etui		
8.	1 kupferne Gedenkmünze (Heine) zu 4-8 i. Karton		
9.	2 grosse Gebetriemen-hüllen	295 g	15.--
10.	2 kleine	80 g	5.--
11.	4 Messusses	165 g	8.--
12.	1 Psombüchse (Lokomotivform)	38 g	2.--
13.	1 " (Pagode)	25 g	1.50
14.	1 "	425 g	25.--

15.	1 Psombüchse (Dosenform)	15 g	RM	1.--
16.	1 " (Kugelform)	55 g		2.75
17.	1 Gürtelschnalle m. Gravierungen	35 g		1.50
18.	1 Psombüchse (Eiform)	18 g		1.--
19.	1 " (Kästchenform)	15 g		3.--
20.	1 Hängepsombüchse Nr. 9-20 im Karton	50 g		2.50
21.	1 Amulette (Barock m. Emblemen)	115 g		6.90
22.	1 Gebetbuch (" Amsterdam)			10.--
23.	1 " (Biedermeier, Livorno)			5.--
24.	1 Osterplatte	600 g		36.--
25.	1 Avdoletteteller	265 g		15.--
26.	1 getriebene Platte m. Darstellungen der			
	Opferung Isaaks	277 g		35.--
27.	2 Chanukkaleuchter Filigran	2072 g		125.--
28.	1 " Rokoko	495 g		30.--
29.	2 kleine Thoraschilder	172 g		10.--
30.	1 Psombüchse im Lederetui	250 g		15.--
31.	4 Kidduschbecher m. Schaft	610 g		36.50
32.	2 " Deckel	365 g		20.--
33.	9 diverse "	965 g		58.--
34.	2 Esrogschalen	380 g		23.--
35.	1 Osterschälchen	107 g		6.50
36.	51 Psombüchsen	6632 g		397.--
37.	2 Thoraaufsätze m. Unterteil	1050 g		63.--
38.	2 "	780 g		47.--
39.	1 Avdolegerät	760 g		45.--
40.	2 doppelarmige Festtagsleuchter	1700 g		92.--
	RM 10.-- für Reparatur ab.			
41.	2 Sabbatleuchter	750 g		44.--
42.	3 Messingpsombüchsen			
43.	1 grosser Cahnukkaleuchter mit Löwe	3525 g		211.50
44.	1 grosses Thoraschild	1040 g		62.40
45.	1 grosse Osterplatte (modern)	1130 g		90.--

Hildesheim, den 30. Juli 1939

(Unterschrift)

Goldschmiedemeister,
Hildesheim, Hoherweg 26

Das Gesetz schrieb vor, dass alle konfiszierten Güter zunächst von einem vom Staat bestimmten Sachverständigen geprüft werden müssten. Goldschmiedemeister Martens aus Hildesheim unterschrieb diese Listen am 30. Juli 1939. Die Notizen mit blauem Stift wurden nach dem Krieg von Roger Hayden (Rudolf Hahn) angebracht.

Als Ende Juli 1939 dann endlich das offizielle Begutachtungsergebnis der zwangsweise deponierten Hahnschen Wertgegenstände vorlag, stellte sich heraus, dass die NS-Behörden den Wert des Schmucks und des Gebrauchssilbers höher veranschlagt hatten als den der Judaica. Sehr wahrscheinlich aus diesem Grund konzentrierte sich Max Rapahael Hahn nunmehr ganz darauf, seine Sammlung zu retten. Klar war, dass, sobald die in Göttingen hinterlegten Silberobjekte an die oben genannte Abteilung III-Zentralstelle in der Städtischen Pfandleihanstalt in Berlin weitergeleitet worden wären, es viel schwieriger werden würde, die Sammlungsstücke zurückzubekommen. Deswegen bat Max Raphael Hahn zunächst um Verlängerung der Frist, bis zu der er das Lösegeld für seine Sammlung bezahlen musste. Diese wurde ihm gewährt und die Sammlung blieb zunächst im Göttinger Depot. Danach setzte Max Raphael Hahn

dann alle Hebel in Bewegung, um die für die Auslösung seiner Judaica verlangten Devisen aufzubringen.

Es gab vier Menschen, die Max Raphael Hahn um Hilfe bitten konnte. Alle vier waren Familienangehörige, die bereits außerhalb von Deutschland lebten und vergleichsweise gut situiert waren: Zum einen der Bruder seiner Frau, Siegfried (Friedel) Lasch, der als Arzt in New York eine gutgehende Praxis betrieb, dann die Söhne seines Cousins Jacob Hahn, Isfried und Arthur Hahn, die in England und den USA lebten, und schließlich Paul Frankenberg, ein Cousin von Gertrud Hahn, der schon Ende der 1920er oder Anfang der 1930er Jahre in die Niederlande ausgewandert war und mit seiner Familie in Den Haag wohnte.

„Ich glaube, dass meine Judaica für USA richtig sind, sogar die Basis einer neuen Existenz geben können."

Als erstes wandte sich Max Raphael Hahn an seinen Schwager, Siegfried Lasch, in der Hoffnung, dass dieser entweder das nötige Geld selbst hätte oder es würde beschaffen können. *Du wirst wissen*, schrieb Max Raphael Hahn ihm im April 1939, *dass Silber & Schmuck hier abgeliefert werden mussten. Ich habe meine Judaika-Silbersachen, unseren Schmuck und einen Teil des Silbers ins Depot gegeben. Es wird taxiert & gegen ein Loesegeld in Devisen zur Mitnahme frei gegeben. Wenn die Forderung ertraeglich ist, werde ich Dir darueber schreiben. Die Sachen gehen dann solange in Dein Pfand, bis ich es Dir zurueckzahlen kann. Geht das evtl. zu machen?* (zitiert in einem Brief von Siegfried Lasch an Rudolf Hahn vom 20. 4. 1939).

Siegfried Lasch war als jüdischer Arzt schon 1933 in Berlin verhaftet worden und kurzzeitig im Gefängnis Plötzensee inhaftiert gewesen. Er zog sofort die Konsequenzen und emigrierte 1934 in die USA, wo er in New York erfolgreich wieder eine Praxis als Gynäkologe eröffnete. Zwei Jahre später half er seinem Bruder Alfred Lasch und dessen Familie ebenfalls nach New York zu kommen. Und unmittelbar nach der Reichspogromnacht hatte Siegfried Lasch beim amerikanischen Konsulat in Hamburg auch Ausreisevisa für seine Schwester Gertrud und seinen Schwager Max Raphael Hahn beantragt und ihnen im Februar

1939 Geld auf ein Bankkonto in London überwiesen. Dort wollten die Hahns zunächst Zwischenstation machen, um dann mit diesem Geld ihre Weiterreise in die USA zu organisieren. Wenn alles so verlaufen wäre, wie Siegfried Lasch das geplant hatte, dann hätten Max Raphael und Gertrud Hahn noch vor dem April 1939 in England eintreffen sollen. Doch stattdessen saß Max Raphael Hahn zu diesem Zeitpunkt noch immer in *Schutzhaft* im Göttinger Gerichtsgefängnis.

Von Max Raphael Hahns Plan, seine Judaica-Sammlung zu retten, hielt Siegfried Lasch allerdings gar nichts und schrieb in diesem Sinne am 20. April 1939 seinem Neffen Rudolf Hahn nach England:

Es ist schwer fuer alle, Deinen lieben Vati zu verstehen. Du weißt, dass ich mir seit Jahren Muehe gegeben habe, ihn von der bestehenden Sachlage zu ueberzeugen. Und ich kann mir vorstellen, einen wie schweren Stand Ihr alle hattet und noch habt. Ich lese das aus jedem Brief, den ich von Mutti bekomme. Heute hatte ich einen langen Brief aus Goettingen, in dem zum erstenmal auch Vati mir wieder geschrieben hat. Ich kann Dir garnicht sagen, wie sehr ich mich darueber gefreut habe. Es ist erstaunlich, wie bewundernswert er sein Schick-

sal ertraegt und voller Mut in die Zukunft sieht. Ich hoffe nur, dass er nicht enttaeuscht wird. Denn ich habe zu viel in der Emigration gesehen, um nicht Bedenken zu haben.

Ich weiss nicht, was ich darauf antworten soll und moechte gern mal Deine Meinung darueber hoeren. Da Du lange genug nun in England bist, kannst Du Dir vorstellen, dass ich nicht gewillt bin, gute Dollars nach Deutschland zu schicken, die ich nachher hier sehr gut fuer die ganze Familie gebrauchen kann. Ausserdem wird die Summe so exorbitant sein, dass sie schon praktisch nicht in Frage kommt. Und drittens wer garantiert, dass die Sachen dann auch wirklich freigelassen werden. Im uebrigen weiss ich nicht, ob man an diesen Dingen so haengen soll, aber ich kann natuerlich auch das verstehen. Schreib mir mal ganz offen, was Du darueber denkst. Ich bin der Ueberzeugung, dass die Nazis keinen auch nur mit einem Pfennig herauslassen und nur Devisen haben wollen, ohne auch nur den leisesten Versuch zu machen, ehrlich zu sein.

In mehreren Briefen an seine Mutter stellte auch Rudolf Hahn das Vorhaben seines Vaters zum Teil radikal in Frage. Diese Briefe sind leider nicht erhalten, und wir wissen von diesen daher nur aus einem Brief Max Raphael Hahns an Rudolf, in dem dieser die Briefe seines Sohnes in Auszügen zitierte. Die Briefe Rudolfs, die zwischen Februar und Mai 1939 geschrieben worden sein müssen, hatte dieser durchnummeriert, damit seine Eltern gleich erkennen konnten, ob sie wirklich alle Briefe von ihm erhalten hatten. Mit diesen Nummern, aber leider ohne das Briefdatum, zitierte sein Vater Rudolfs Briefe in seinem Antwortbrief vom 29. Mai 1939, wobei Max Raphael Hahn einzelne, wohl die ihn besonders verletzenden Wörter unterstrich:

21 …Wie gesagt, es ist zwecklos jemanden zu überreden Auslösegeld für [die Judaica] zu geben. Ich habe Dir oft genug die Gründe gesagt & kann nicht verstehen, warum Du immer wieder damit anfängst. Wer sagt Dir, dass man die Sachen auch bekommt? Ihr müsst Euch damit abfinden, dass Euch die Sachen wie vieles Andere verloren gehen.

Im folgenden Brief 22 hatte Rudolf auch seine Mutter angegriffen, allerdings ist deutlich zu spüren, dass er sie damit nicht kränken wollte, sondern dass aus seinen Worten vor allem Verzweiflung sprach. Aus diesem Brief wieder ein Zitat nach der Wiedergabe im Brief seines Vaters und mit dessen Unterstreichungen:

Alles Verständnis nützt nichts, ich will die Verwirklichung sehen! Wann kommt endlich der Tag, wo Du auf eigenen Füssen stehst? Du solltest aus den Zeiten etwas profitieren für Dein Leben, aber Du bist längst wieder auf dem alten Gleis und lässt Vati bestimmen, die unhaltbaren Standpunkte vertritt er: ‚Warte bis ich so weit bin …‘ Ich kann das nicht verstehen, wo Vati gesehen hat, was seine abwartende Haltung für Folgen hatte. Ich wollte schon zu meiner Schulzeit ins Ausland, aber ich musste warten. Ich habe es getan & spüre die Folgen heute gar zu sehr. Ich werde nie wieder gegen das handeln, was mein Verstand mir sagt. Ich werde das Vati in Kürze ausführlich auseinandersetzen. – Wenn ihm etwas an dem Wiederaufbau eines Heimes liegt, so soll er Deutschl[and] verlassen sobald er kann & nicht versuchen seine Wartezeit auf ein Minimum zu beschränken. Gerade das Gegenteil könnte von Nutzen sein u. s. w.

Sechs Seiten umfasst der Brief, den Max Raphael Hahn seinem Sohn daraufhin am 29. Mai 1939 schrieb und in dem er ihm unter anderem masslose Überheblichkeit vorwarf, mit der er über Dinge rede, die er nicht verstehe und nicht übersehen könne oder wolle, und die zitierten Briefstellen als Blütenlese bezeichnet. Aber man merkt dem Brief auch an, dass Max Raphael Hahn sich in seiner stillen Klause, wie er seine Gefängniszelle nannte, in der er inzwischen mehr als sechs Monate einsaß (er sprach in seinem Brief in erstaunlicher Offenheit sogar von Freiheitsberaubung), auch Sorgen um Rudolf machte. So hatte er ihm offenbar schon früher einmal vorgeschlagen, Rudolf solle sich doch notfalls als Zeitungsverkäufer zu verdingen, wenn es keine andere Möglichkeit gebe. Das hatte nun Rudolf so erbost, dass er in Brief 20 wütend zurückschrieb: Pläne vollkommen sinnlos, undurchführbar, will Zeit sinnvoll ausfüllen, nicht irgendwas, um die Zeit auszufüllen (wieder zitiert nach dem Brief von Max Raphael Hahn vom 29. Mai 1939 und mit dessen Unterstreichungen).

Auf diesen Ausbruch antwortete ihm sein Vater noch relativ verständnisvoll: Brief 20. Hier nimmst Du den ‚Zeitungsverkäufer‘ zum Anlass Deines Zornes, weil er Dich vielleicht besonders geärgert hat. Ich hatte noch verschiedenes

Die ersten beiden Seiten aus dem Brief von Max Raphael Hahn an seinen Sohn Rudolf, den er ihm am 29. Mai 1939 noch im Gefängnis schrieb.
Auf der ersten Seite zitierte Max Raphael Hahn darin aus Briefen von Rudolf an seine Mutter.

Andere vorgeschlagen, worauf Du aber nicht eingehst. Ich hatte auch um Aufklärung gebeten ob die Möglichkeit besteht, einen Gewerbeschein oder dgl. dorten zu erhalten. Ich dachte an eine kleine *Selbstständigkeit, nachdem Du einem E[ngländer] keine Arbeitsstelle fortnehmen darfst. Das ist bei Dir ‚sinnlos'?*

Deutlich weniger Verständnis zeigte Max Raphael Hahn jedoch für Rudolfs kompromisslose Ablehnung seiner Pläne, die Judaica zu retten, und er machte ihm sogar Vorwürfe, dass dieser bisher in England diesbezüglich noch nichts unternommen habe: *Brief 21. Ebenso ist es ‚zwecklos' jem[anden] zur Auslösung der Sachen zu ‚überreden' & es ist ‚unverständlich' immer wieder davon anzufangen u. s. w.*, so gibt Max Raphael Hahn erst noch einmal Rudolfs Brief wieder und fährt dann fort: *Wegen diesen Sachen habe ich Dir, glaube ich, erst einmal geschrieben, & ich muss nochmals sehr dringlich davon anfangen, selbst auf die Gefahr hin, damit einen Wutanfall bei Dir heraufzubeschwören. Ich glaube auch, dass Du in der Sache bisher auch garnichts unternommen hast, weil Du von vornherein von der Aussichtslosigkeit überzeugt bist und Dich deshalb nicht einsetzen kannst. Ich verspreche mir gerade von diesen Sachen einen Transfer. Ich glaube, dass meine Judaica für USA richtig sind, sogar die Basis einer neuen Existenz geben können. Die Taxe für meine Sachen ist noch nicht heraus, wird sie zu hoch, so werde ich an niemanden wegen Auslösung herantreten. Hannis Taxe ist Dir bekannt, wegen der Höhe der Auslösung verhandele ich noch. Es ist eine Kette dabei, die mich über 3 000 S[ilber]M[ark] gekostet hat. Der Jakobsbecher ist mit M[ark] 10.– angesetzt. Sobald ich mit dem Dev[isen]A[mt] einig bin, was zu zahlen ist, & gezahlt ist, können die Sachen* Zug um Zug *abgeschickt werden gegen Vorlegung der Einzahlungsquittung. Meine Sachen* hier *liegen noch ungeschätzt im Bankdepot. Es würde die grösste Dummheit sein, diese Chance verfallen zu lassen. Tue jetzt nichts in der Sache bis ich genaue Zahlen weiss. Wenn Du aber keine Traute hast, Dich später um die Sache zu bemühen, so schreib' mir das, damit ich dann von hieraus Verschiedenes in die Wege zu leiten suche.*

Max Raphael Hahn ging dann kurz auf Pläne ein, ursprünglich für Hanni und Rudolf angelegte Geldanlagen aufzulösen und diese an diese auszuzahlen bzw., wenn dies nicht möglich sei, davon das *Lösegeld* für die Judaicasammlung an

die erhofften Geldgeber aus dem Ausland zurückzubezahlen, und beschloss diese Fragen zunächst einmal mit dem Satz: *Jedenfalls werde ich noch öfter von den Sachen anfangen & mich noch lange nicht damit abfinden, dass die Sachen verloren sind. Ich werde immer dafür kämpfen meiner Familie, ev. selbst gegen Deinen Willen, aus diesem Schlamassel zu retten, was möglich ist. Erreiche ich nichts, so habe ich wenigstens nichts unversucht gelassen.*

Danach wechselte er das Thema und bezog sich jetzt auf Rudolfs Brief 22, in dem dieser seiner Mutter vorgeworfen hatte, nicht selbständig genug und notfalls auch gegen ihren Mann zu agieren:

Brief 22. Dieser Brief geht nur darauf hinaus, Mutti gegen mich aufzuhetzen! Alles, weil ich unhaltbare Standpunkte vertrete & sozusagen alles verkehrt mache bzw. verkehrt gemacht habe. Du bist der reine Jüngling, du allein ha[s]ts kommen sehen & und ich wohl dow [doof] oder senil (die Entscheidung liegt ganz bei Dir). Ja es wird sogar der ernstliche Wille zum Wiederaufbau eines Heimes in Frage gezogen!! Was Du Dir mit diesen Zeilen geleistet hast bedeutet den Boden des Sachlichen verlassen & in einer Weise ungerecht und beleidigend gegen den Vater vorzugehen, die ebenso kränkend wie unerhört ist. Eine derartige Frechheit und Respektlosigkeit lasse ich mir nicht weiter gefallen!! Auch wirst Du es nicht fertig bringen die Mutter gegen den Vater auszuspielen. Ich glaube noch an Deine Bonafide [Redlichkeit], du gehst aber zu weit, glaubte ich nicht daran, würde ich meine Konsequenzen ziehen!

Doch war Max Raphael Hahn natürlich daran gelegen, den Kontakt und Austausch mit seinem Sohn nicht abbrechen zu lassen:

Also, schrieb er weiter, ich verlange *für die Folge eine Umstellung im brieflichen Verkehr, sofern Du Wert darauf legst, dass ich daran teilnehme! Ich lege Wert darauf Deine Ansicht sachlich zu hören und mit entsprechender Begründung, selbstredend auch dann, wenn sie mit der Meinigen nicht übereinstimmt, Du brauchst sachlich nichts anderes zu schreiben, als das was Du für richtig hältst. Du darfst aber nicht vergessen, wen Du vor Dir hast & und Dass Du noch nichts aufzuweisen hast, das Dich berechtigte gegen einen 40 Jahre älte-*

ren noch nicht senilen & trotz allem noch ungebrochenen Vater und auch vielleicht erfahrenen Kaufmann & Menschen einen derartigen Ton anzuschlagen. *Dieses persönlich, nun sachlich*, so schloss er diesen Abschnitt und ging dann auf die Probleme seiner eigenen Emigration ein.

Rudolf Hahn war es offenbar gelungen, mit Hilfe von Freunden eine Beschäftigungserlaubnis, ein sogenanntes Permit, für seine Eltern für England zu bekommen, womit eigentlich nur ein *Domestic Permit* für seine Mutter gemeint gewesen sein kann, also eine Beschäftigungsbewilligung als Hausmädchen, ein Weg, der vor dem Krieg insgesamt 20 000 jüdischen Frauen aus Deutschland und Österreich die Flucht nach Großbritannien ermöglichte. *Mutti kann etwas Anderes zunächst kaum machen*, schrieb Max Raphael Hahn leicht resigniert, dankte seinem Sohn aber dennoch für dieses Permit, über das er sich gefreut habe, und drückte seine Hoffnung aus, dass er nun mit diesem Permit im Rücken auf seine Entlassung hinarbeiten könne.

Und dann beschrieb Max Raphael Hahn die Schwierigkeiten, die seiner Emigration entgegenstanden, im Einzelnen:

Wir brauchten für das Brit[ische] Konsulat zunächst Pässe & dazu eine Unbedenklichkeitserkl[ärung] des hiesigen Finanzamts. Diese giebt uns das Finanzamt zunächst nicht, da an der Zahlung der Judenabgabe für N[athan] & M[ax] (120 Mille [Tausend]) noch 35 Mille fehlen. Wir haben Verhandlungen deswegen aufgenommen.

Die *Judenabgabe*, oder genauer *Judenvermögensabgabe*, von der Max Raphael Hahn hier sprach, war die den deutschen Juden in ihrer Gesamtheit am 12. November 1938 für die am 9./10. November von den Nationalsozialisten angerichteten Schäden auferlegte *Sühneleistung*, die sich insgesamt auf eine Milliarde Reichsmark belaufen sollte und auf der Grundlage der Vermögensverzeichnisse, die die deutschen Juden auf Grund der Verordnung vom 26. April 1938 hatten einreichen müssen, durch eine Steuer von zunächst 20 Prozent, die später auf 25 Prozent erhöht wurde, eingetrieben wurde. Außerdem mussten Juden bei einer Emigration auch die sogenannte Reichsfluchtsteuer zahlen, die

Max Raphael Hahn hier nicht gesonderte erwähnt, vielleicht aber unter *Judenabgabe* subsumiert hat. Diese *Reichsfluchtsteuer* war schon 1931 von der Regierung Brüning als Reaktion auf die durch die Weltwirtschaftskrise ausgelöste Kapitalflucht eingeführt worden und sollte durch den hohen Steuersatz von 25 Prozent, der auf das gesamte Vermögen zu zahlen war, vor allem wohlhabende Steuerzahler abschrecken, aus Deutschland wegzuziehen. Die Nationalsozialisten erhoben diese Steuer nun auch von denjenigen, die aus Sorge um ihr Leben Deutschland verlassen mussten, und benutzten sie zur weiteren wirtschaftlichen Existenzvernichtung der Emigranten. Die Steuer wurde auch dann verlangt, wenn die Betroffenen aus von ihnen nicht zu vertretenden Gründen nicht zahlen konnten, etwa weil kein Geld mehr angewiesen werden konnte (üblicherweise sperrte die Gestapo bei einer illegalen Ausreise das Konto), oder weil, wie bei den Hahns, eine Veräußerung von Grundbesitz oder von Unternehmen kurzfristig nicht möglich war.

Dieses Problem sprach denn auch Max Raphael Hahn in seinem Brief an: *Ehe ich nicht hinaus bin, kann ich nicht fertig liquidieren. Außerdem verlangt das Finanzamt Aufstellung der Bilanzen für R[aphael] Hahn, Gallus, N[athan] & M[ax] Hahn, dazu die erforderlichen Steuererklärungen, eine Arbeit, die m[eines] E[rachtens] ca. 6 Wochen in Anspruch nimmt. Wenn ich so fortgehen wollte wie Onkel Freddy* [Alfred Lasch, der ältere Bruder seiner Frau, der offenbar in Deutschland seinen gesamten Besitz zurückgelassen hatte] *& Andere wäre alles leichter. Aber das tut Dein Vater nicht, weil er für uns alle versuchen will zu retten, was zur retten ist. Wenn es nicht gelingt, ist es traurig aber nicht zu ändern.*

Anschließend verteidigte sich Max Raphael Hahn ausführlich und mit immer wieder neuen Argumenten gegen Rudolfs Vorwurf, zu lange abgewartet und nicht rechtzeitig etwas unternommen zu haben: *Alle Leute, die flüssig waren oder nicht viel hatten oder vor Jahren vorgesorgt hatten, konnten sich auf den Weg machen. Ich wollte & konnte auch erst 1939 fertig sein, ‚hättest‘ Du mir schon vor dem 10. Nov[em]b[er] Deine gegenteilige Ansicht gesagt, so hätte das auch nicht viel an der eingetretenen Sachlage ändern können. Ich will auch jetzt nicht ‚abwarten‘, sondern werde durch die Macht aller möglichen Verhältnisse <u>zurückgehalten</u>. Andererseits aber bin ich froh über jeden Tag,* den ich nicht Verwandten oder Freunden zur Last fallen muss. Wir haben in Amerika auch noch eine Anlaufszeit vor uns. Dass ich mich hier durch längeres Verbleiben vielleicht in Gefahr begebe, ist mir durchaus bewusst. Ich fürchte nichts & nehme das an, was das Schicksal mir auferlegt, ohne damit zu sagen, dass ich meinem Unglück nachlaufen will. Aber auch London wird keine ‚sinecure' [Ruheposten] sein, wenn es mal losgehen sollte. Ich bin durchaus nicht so ‚weltfremd' wie Du vielleicht glaubst & denke ganz real. Was ich heute persönlich durchmache, darauf habe ich Mutti schon seit Jahren vorbereitet. Ich habe das kommen sehen, ohne auch nur das Geringste dagegen unternehmen zu können.*

Dass Rudolf, wie von ihm behauptet, schon in seiner Schulzeit ins Ausland wollte, bezweifelte sein Vater: Er glaube zwar, dass er bei seinen Reisen nach England ganz gern dort geblieben wäre, aber nur deshalb, weil er auf diese Weise die von ihm nicht besonders geliebte *Penne* hätte verlassen können, aber er, Max Raphael Hahn, glaube nicht, dass es ihm damals damit wirklich ernst gewesen sei. Nach der Schule habe sich Rudolf dann nicht recht entscheiden können, was er beruflich machen wolle. Er als sein Vater hätte es gern gesehen, wenn er Techniker, Chemiker oder Physiker geworden wäre, doch dann seien sie sich einig geworden, dass Rudolf ins Exportgeschäft gehe, und er habe ja dann auch eine entsprechende Ausbildung in Hamburg begonnen. Er habe, so Max Raphael Hahn weiter, damals im Stillen gehofft, einmal mit ihm, Rudolf, gemeinsam ein Kommissions-Export-Geschäft aufmachen zu können oder ihm jedenfalls dabei helfen zu können.

Auch viele andere Juden, so Max Raphael Hahn weiter, hätten, so sie durch Vermögen in Deutschland gebunden waren, vor dem 9./10. November noch nicht an Auswanderung gedacht: *Der 10. Nov[em]b[er] hat noch über 70 % der Juden in Deutschland gesehen und die 25/30 % welche schon draußen waren, waren meist solche, die hier nichts zu verlieren oder aufzugeben hatten, solche die gehen mussten und solche, die das Glück hatten schnell liquide sein zu können. Wir haben von 1929 bis 1934 schwere geschäftliche Jahre durchgemacht, die nur ein Mensch mit eiserner Energie meistern konnte. Ich hatte wenig Stütze & musste alles allein durchbeissen. Mutti weiss allein, wieviel Nächte ich ruhelos durchgesorgt habe. Erst 1937, nach Abwicklung der*

Gallus *haben wir wieder Luft bekommen & konnten mit dem systematischen Abbau beginnen. Mit dem Abstoss des Grundbesitzes hatten wir schon 1934 begonnen. Es ist deshalb vollkommen müssig über Versäumtes zu reden. Auch unter Berücksichtigung der seit 7 Monaten eingetretenen Veränderungen hätte ich nicht viel anders gemacht weder können noch dürfen. – Ich überschlage die Zeit die ich nach meiner Freilassung brauche um mit dem Nötigsten fertig zu werden auf 4–6 Monate. Was hat es da – frage ich Dich – für einen Zweck Mutti jetzt zu hetzen, ihr den Kopf warm zu machen oder gar Unfrieden zu stiften??*

Hanni hat ihre Auswanderung in Ruhe betreiben können (Sie hat sich trotzdem genug gehetzt). Der Erfolg war aber jedenfalls der, dass sie jedenfalls viel besser dabei weggekommen ist, als Du. Wir haben nach dem Prinzip gearbeitet, unserer Schuldigkeit zu tun. Du stehst ja seit Nov[em]b[er] auf dem Standpunkt, dass alles verloren ist & man nichts rettet. Es mag sein, dass Du eines Tages recht hast, rede Dir aber nicht ein, dass Deine Abschiedsrede, die Du mir in dieser Beziehung am Waageplatz hieltest [gemeint ist Rudolfs letzter Besuch bei Max Raphael Hahn im Gefängnis, das am Waageplatz lag] *eine ‚Chochme' war* [Chochme ist jiddisch für Klugheit, kluger Ausspruch, kluge Tat]. *Am liebsten hätte ich Dir damals gesagt, Du mögest jemandem eine Ansichtskarte schreiben, dass das noch vergessen wäre* [gemeint ist wohl, dass Rudolf, wenn er glaube, dass sich nichts retten lasse, doch gleich Hitler darauf aufmerksam machen könne, dass die Juden auf alles freiwillig verzichteten]. *Bis heute ist noch kein solcher freiwilliger Verzicht bekannt, lediglich einige kriminelle oder K. Z. Sachen sind mit Gold & dann auch möglichst mit Devisen bereinigt worden. Alle Bekannte, die in letzter Zeit gegangen sind haben nie etwas verlauten lassen, dass sie auf etwas zu verzichten brauchten & waren allerdings relativ nicht soo unzufrieden. Zufrieden war aber auch keiner!*

Das immerhin musste trotz aller Illusionen, die er sich noch über die Rettung zumindest seines beweglichen Vermögens machte, bzw. dessen, was nach Abzug der horrenden Steuern und Abgaben davon übrigbleiben würde, auch Max Raphael Hahn einräumen, dass auch diejenigen, die noch etwas hatten mitnehmen können, nicht wirklich zufrieden waren. Und dann kommen im nächsten Abschnitt ein paar Sätze, die das Wesen des Kaufmanns Max Raphael Hahn in

Die letzten beiden Seiten des Briefes von Max Raphael Hahn, geschrieben im Göttinger Gerichtsgefängnis an seinen Sohn Rudolf vom 29. Mai 1939.

wenigen Worten zusammenfassen – das Wesen eines aufrichtigen und gradlinigen Kaufmanns, der sein Geld immer auf redliche Weise verdient hatte (und der dafür in der Zeit vor dem Nationalsozialismus in Göttingen hoch geschätzt war) und der dennoch trotz dieser Redlichkeit so erfolgreich gewesen war, dass er zu den vermögendsten Göttinger Bürgern gehört hatte und der nun mit dieser Redlichkeit trotz aller Beschwörungen nicht mehr weiter kam:

Ich hätte Dir noch vieles zu sagen & und auch vielleicht zu erklären, schrieb Max Raphael Hahn seinem Sohn abschließend, *aber es ist für heute reichlich genug. Für solche Zeiten, wie wir sie erlebt haben, war meine Auffassung zu gerade & die Ungeraden haben das Rennen gemacht. Auch hatte ich immer zuviel Menschen an und um mich, auf die ich in verschiedener Hinsicht Rücksicht nehmen musste. Aber ich brauche mir über nichts, was ich getan oder unterlassen habe Vorwürfe zu machen oder machen zu lassen, denn alle meine Hand-*

lungen wurden aus Zeit und Umständen geboren & bedacht. Jedenfalls waren sie immer so, dass mir selbst die gefährlichsten Instanzen gerade jetzt trotz aller Mühe nichts am Zeuge flicken konnten, & das ist auch nicht ganz unwichtig. Dass einiges heute aus der rückschauenden *Perspektive besser anders gemacht worden wäre, lege ich mir nicht zur Last. Leichenreden sind billig!*

Deine Einstellung, gegen oder für mich, ist mir durchaus nicht gleichgültig. Ich muss sie aber ertragen, wie sie auch sein mag. Willst Du die Fahrt in eine neue Zukunft mit mir gemeinsam machen, so war die Ouvertüre schlecht. Und wenn ich auch alles verliere, so will ich wenigstens die Zusammengehörigkeit und den Frieden der Familie in eine neue Zeit herüberretten.

Es bleibt Dir überlassen, wie weit Du dabei mithelfen willst. —
Grüsse die l[iebe] Hanni & alle Lieben   *Dein Vati*

„Wenn das nicht geht, ist alles verloren, was mich tief schmerzt."

Am 15. Juli 1939 wurde Max Raphael Hahn aus dem Gefängnis entlassen. Zwei Wochen später erhielt er die offizielle Mitteilung über den Schätzwert der von ihm abgegebenen Wertsachen, wobei die Judaica deutlich zu niedrig angesetzt worden waren: *Jedenfalls sind die Sachen aus der grossen Vitrine das* 8–10-fache der Schätzung *wert,* schrieb Max Raphael Hahn am 28. August 1939 an Rudolf, *& es wäre ein Jammer, wenn eine solche Chance ungenützt bliebe.* (Die Vitrine ist auf S. 90 abgebildet, das Schätzergebnis auf S. 96).

Direkt nach der Mitteilung des Schätzergebnisses hatte sich Max Raphael Hahn deshalb wieder an seinen Schwager Siegfried (Friedel) Lasch gewandt und diesen gebeten, ihm die in Devisen geforderte Auslösesumme zu schicken. Doch Friedel Lasch blieb diesmal nicht nur skeptisch, sondern lehnte diese Bitte unumwunden ab, wenn auch zunächst nur in einem Brief an Rudolf Hahn, der ihm einen Brief seines Vaters zugeschickt hatte:

[Der Brief von Vati] war recht interessant, schrieb Friedel Lasch Rudolf am 3. August 1939 nach England, *und hat mich in meiner Ansicht bestaetigt, dass Vati die Sachlage, trotz gegenteiliger Beteuerungen, doch nicht ganz richtig einschaetzt. Er schrieb mir in seinem letzten Brief, dass nun die Sachen – Silber, Juwelen, Judaica – geschaetzt waeren und gab mir auch die Summen an. Angeblich sind die Sachen viel mehr wert. Aber selbst die geschaetzte Summe wuerde sich oberflaechlich auf etwa $2 000.00 belaufen. Abgesehen davon, dass ich diese Summe nicht habe, halte ich die ganze Transaktion fuer falsch. Denn erstens Geld nach Deutschland zu schicken, verbietet mir mein Anstandsgefuehl. Denn die Sachen sind doch richtig gestohlen worden und dann soll man sie noch auslösen!!!*

[…] Wenn es ueberhaupt in Frage kommt, muessen die Sachen in London sein und ich muss von dort bestaetigt bekommen und zwar durch eigenhaendige Unterschrift von Vati und Mutti, dass alles da ist, dann wuerde ich mir die Sache überlegen. Aber abgesehen davon, koennte man fuer das Geld hier viel schoe-

*nere Sachen kaufen, von denen man wenigstens die Aussicht haette einige wie-
der verkaufen zu koennen. Denn Vati will hier mit Antiquitaeten handeln,
bes[onders] juedische Sachen. Er stellt sich das so einfach vor. Da hier 2¼
Millionen Juden wohnen, die doch <u>selbstverstaendlich</u> alle sehr reich sind,
muesste ein ungeheurer Markt sein. Die Voraussetzungen und die Folgerungen
sind beide falsch, besonders dadurch dass Vati vorschlaegt, dass ich eine Mit-
telsperson veranlassen soll, die Transaktion vorzunehmen. Weder eine Bank,
noch eine Privatperson noch eine Gemeinde wuerde sich bereit finden, Geld
nach Germany zu schicken. Ich glaube, Du stimmst mit mir ueberein. Daher
schreibe ich Dir das, damit Du evtl. auch in dieser Richtung auf Goettingen
einwirken kannst, und Vati es dann vielleicht verstehen wird.*

Doch trotz aller Einwände setzte Max Raphael Hahn alles daran, seine Pläne
doch noch zu verwirklichen: *Persönlicher Schmuck & Silber & dgl. ist bisher
immer zollfrei hereingekommen*, schrieb er am 21. August 1939 an Rudolf,
*& wenn jemand in Not etwas dann verkauft, kümmert sich niemand darum. Es
darf deshalb auch kein Zoll in Frage kommen. Das[s] Onkel Friedel & Du einer
Meinung in der Sache seid, beweist noch lange nicht, dass Ihr Recht habt. Ich
will mir eine Existenz aufbauen & wenn Ihr mir dabei nicht helft sondern mies-
macht so ist das unerfreulich für meine Zukunft. Ob es Schwindel ist kann ich
hier besser übersehen als Ihr, ich zahle nur Zug um Zug & jeder der Devisen
beschafft hat, hat auch seine Sachen ausführen können. [...] ich möchte am
liebsten das Geld [für die Auslösung der Judaica] <u>geliehen</u> bekommen & die
Sachen später selbst verwerten. Geht das nicht, so versuche wenigstens Hanni's Sachen, die in Hamburg liegen, einzulösen. Dann müsste man die Kette
verkaufen, dann das Geliehene zurückzahlen und die Judaica einlösen falls
Friedel nicht helfen kann oder will. Ich erwarte bald Bescheid ob Aussichten
bestehen oder nicht.*

Eine Woche später war dann die Kriegsgefahr schon so konkret, dass Max Raphael Hahn in dem in diesem Abschnitt eingangs schon zitierten Brief vom
28. August 1939 an Rudolf schrieb, dass er, wenn es zu Differenzen komme,
womit ein möglicher Krieg gemeint war, sein Glück eben über neutrale Länder versuchen müsse. Wenn es in der nächsten Zeit zu einer Unterbrechung in
ihrer Korrespondenz komme, solle sich Rudolf keine Sorgen machen: *Ich bin
auf alles gefasst, wie es auch kommen mag.*

Drei Tage später begann dann tatsächlich der Zweite Weltkrieg und, wie von
Max Raphael Hahn vorausgesehen, brauchten die Briefe, wenn sie denn überhaupt ankamen und nicht vom Zensor abgefangen wurden, nun häufig mehrere
Wochen, und mit England war eine direkte Korrespondenz gar nicht mehr möglich. Aber Max Raphael Hahn gab auch da noch nicht auf. Bis zum Mai 1940
schickten die Hahns ihre Briefe nach England über Gertrud Hahns Freundin
Trude Heynemann, die in Amsterdam lebte, und später über Walter Israel, einen
Neffen (zweiten Grades) von Gertrud Hahn (ihr Großvater und sein Urgroßvater waren Brüder gewesen), der aus Hannover nach Holland geflohen war und
dort in Enschede lebte. Nachdem dann die Niederlande am 10. Mai 1940 von
Deutschland besetzt worden waren, lief der Briefwechsel noch eine Zeitlang
über Siegfried Lasch und den Neffen Max Meier Hahn, dem im Juni 1941 ebenfalls die Flucht nach New York gelungen war, bis auch die USA im Dezember
1941 in den Krieg eintraten und der Kontakt ganz abbrach.

Weil Max Raphael Hahn nach Kriegsbeginn einige Wochen nichts mehr von
seinem Schwager Friedel Lasch gehört hatte, versuchte er nun andere Familienangehörige davon zu überzeugen, ihm zu helfen. Isfried Hahn, der älteste
Sohn seines Cousins Jacob Hahn und früher ein erfolgreicher Bankier in Bad
Hersfeld, der 1938 nach England emigriert war, bot seine Unterstützung an.
Am 9. Oktober 1939 bat Max Raphael Hahn daher Rudolf, von Isfried Hahn
eine schriftliche Bestätigung zu besorgen, dass er oder dessen Bruder Arthur
in Amerika die geforderten Devisen zu Verfügung stellen würde. Er brauche
diese Bescheinigung zur Vorlage bei den Devisenstellen.

Anfang November reiste Max Raphael Hahn für zwei Tage nach Hamburg, um
für die dort eingelagerten Judaica eine Fristverlängerung zu erreichen, die ihm
aber nur bis zum 1. Dezember gewährt wurde. Isfried Hahn versprach, die geforderte Bescheinigung bald zu schicken, wofür sich Gertrud Hahn in einem
Nachsatz zu einem Brief ihres Mannes vom 9. November 1939 an Rudolf ausdrücklich bedankte: *Für die Zeilen von Isfried dankt m[ein] l[ieber] Mann*

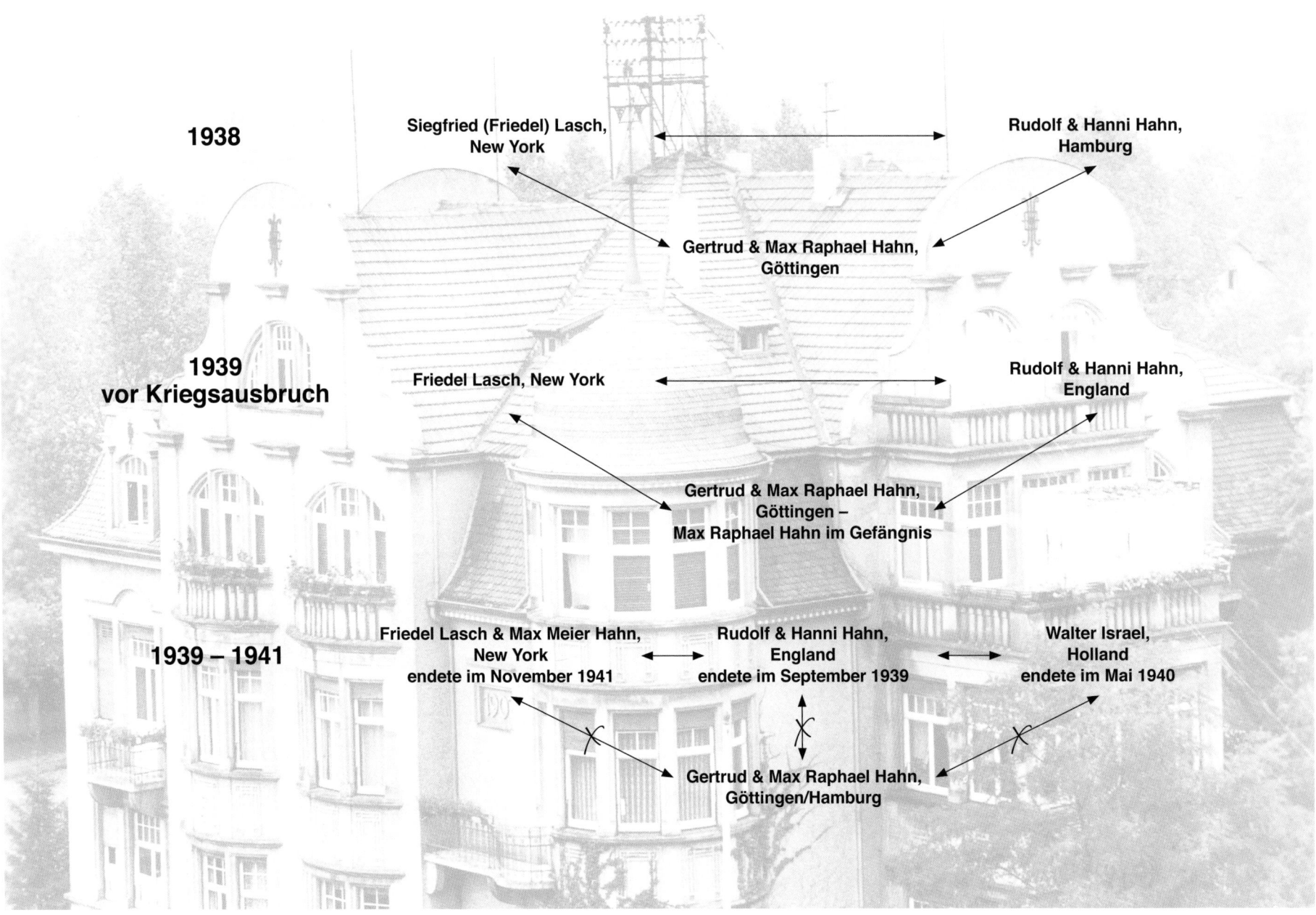

1938

Siegfried (Friedel) Lasch, New York ⟷ Rudolf & Hanni Hahn, Hamburg

Gertrud & Max Raphael Hahn, Göttingen

1939 vor Kriegsausbruch

Friedel Lasch, New York ⟷ Rudolf & Hanni Hahn, England

Gertrud & Max Raphael Hahn, Göttingen – Max Raphael Hahn im Gefängnis

1939 – 1941

Friedel Lasch & Max Meier Hahn, New York endete im November 1941 ⟷ Rudolf & Hanni Hahn, England endete im September 1939 ⟷ Walter Israel, Holland endete im Mai 1940

Gertrud & Max Raphael Hahn, Göttingen/Hamburg

Briefwechsel zwischen der Familie Hahn von der Reichspogromnacht 1938 bis zum Kriegseintritt der USA 1941.

106

Rudolf Hahn (links) und Walter Israel 1936
(Rudolf war damals 17 und Walter 19 Jahre alt).

Siegfried Lasch, wahrscheinlich 1937, in New York.

Postkarte von Gertrud Hahn an Walter Israel vom 19. Februar 1939. Die deutsche Besetzung der Niederlande im Mai 1940 beendete die Korrespondenz zwischen den Hahns in Göttingen (meistens schickte Gertrud Hahn die Briefe über Walter Israel) und den Kindern in England. Auch Walter Israel selbst geriet in Gefahr. Nachdem er 1942 seinen Deportationsbefehl erhalten hatte, floh er zunächst nach Frankreich, dann nach Spanien und erreichte von dort die damals unter britischer Verwaltung stehenden westindischen Inseln in der Karibik.

Ein paar Wochen, nachdem Rudolf Hahn in England angekommen war, ließ er sich Briefpapier mit seinem Namen drucken. Diesen Brief schickte er am 30. März 1939 an seinen Cousin Walter Israel in Holland.

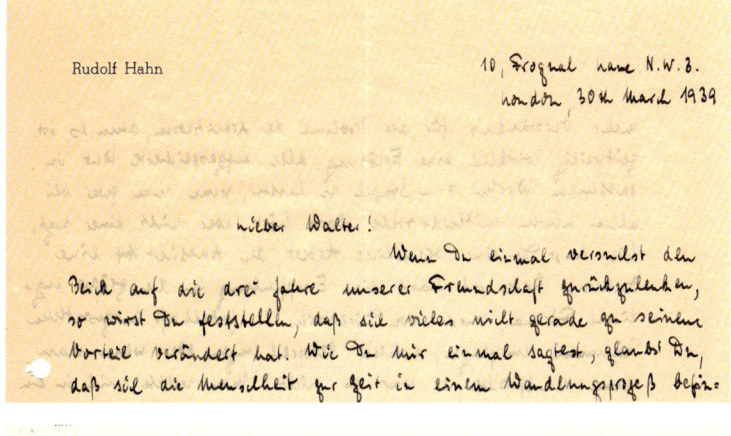

Briefkopf von Siegfried Lasch. Dieser Brief ging am 10. März 1939 an Rudolf Hahn nach England.

herzlichst. Hoffentlich klappt nun doch noch alles mit seinen Sachen, denn er hängt doch so daran.

Doch letztendlich kam auch von Isfried Hahn kein Geld. Er und seine Frau Ilse verließen im Dezember 1939 Southampton und zogen in die USA. Eine erneute Kontaktaufnahme, um die sich Max Raphael Hahn, dem es inzwischen gelungen war, die Zahlungsfrist doch noch einmal bis zum April 1940 zu verlängern, über Rudolf bemühte, kam nicht zustande. Und auch seine parallel zu seinen Verhandlungen mit Isfried Hahn betriebenen Bemühungen, mit Hilfe von Gertruds Cousin Paul Frankenberg, der in Rotterdam eine Sportgeschäft betrieb, seine Sammlung zu retten, blieben erfolglos:

Wegen der Depots habe er sich noch einmal an Paul Frankenberg gewandt *als letzten Rettungsanker*, hatte Max Raphael Hahn am 2. November 1939 an Rudolf geschrieben *Wenn das nicht geht, ist alles verloren, was mich tief schmerzt.*

„Ihr Antrag auf nochmalige Verlängerung wird abgelehnt"

Im Dezember 1939 wurde Max Raphael Hahn aus unbekannten Gründen erneut verhaftet, dieses Mal in Frankfurt am Main, wo er 25 Tage im dortigen Gefängnis festgehalten wurde. *Mein Vater ist glücklich wieder daheim*, schrieb Rudolf Hahn am 5. Januar 1940 an Walter Israel. *Ich habe mich sofort erkundigt, was für ihn getan werden kann. Der Bescheid war ziemlich entmutigend, weil ich ihm die Einreise nach England unter keinen Umständen beschaffen kann. Außerdem habe ich mir sagen lassen, dass die Einwanderung nach Holland auch ausgeschlossen ist. So bleibt nur noch Übersee, dessen Gedanke wegen der hohen entstehenden Unkosten ihm nicht zusagt. Wenn sich mein Onkel in New York aber bereit erklärt hat (schon unzählige Male) für meine Eltern zu sorgen, finde ich es so geradezu Torheit sich eine solche Chance entgehen zu lassen, wenn man bedenkt, was ihm in Germany noch bevorstehen mag. Aus falscher Bescheidenheit oder Stolz darf man sein und sein Familienleben [gemeint ist vielleicht: sein Leben und sein Familienleben] doch nicht ruinieren? Es klingt ziemlich paradox aber ich finde es egoistisch und nicht zeitgemäß. Wenn man die Wahl zwischen Freiheit und Sklaverei hat, sollte ein rechtsliebender Mensch wie mein Vater wissen, was er zu wählen hat.*

Irgendwann im Sommer 1940 verließen Max Raphael und Gertrud Hahn Göttingen und zogen, wie ihre Kinder ein paar Jahre zuvor, nach Hamburg. Genau lässt sich das Datum ihres Umzugs nicht bestimmen, weil die Hahns, die erstmals im April 1940 in Hamburg gewesen waren, immer wieder vorrübergehend nach Göttingen zurückkehrten und hier auch ihren Hauptwohnsitz behielten.

Nathan und Betty Hahn waren bereits in Hamburg. Sie alle hofften, in der Großstadt einerseits anonymer leben zu können als in dem kleinen Göttingen, wo sie jeder kannte und jeder sie als Juden erkannte, und andererseits unter den vielen dort lebenden Juden, die alle auf eine letzte Möglichkeit zur Emigration warteten, eine neue Art von Gemeinschaft zu finden. In der Nähe des großen Hamburger Überseehafens fühlten sie sich zudem sicherer, falls sich überraschend eine Möglichkeit für eine Emigration ergeben sollte. Obwohl mitten im Krieg war es prinzipiell immer noch möglich, Deutschland zu verlassen, wenn man die *Reichsfluchtsteuer* und die *Judenvermögensabgabe* bezahlt hatte und die entsprechenden Unbedenklichkeitsbescheinigungen vorweisen konnte.

Auch in Hamburg bemühte sich Max Raphael Hahn noch um die Rettung seiner Judaica-Sammlung und erwirkte zunächst eine weitere Fristverlängerung für die Zahlung des Lösegelds bis Ende Juli 1940. Auf seine erneute Bitte um Fristverlängerung vom 23. Juli 1940 wurde ihm dann aber mit Schreiben vom 10. September 1940 von der zuständigen Devisenstelle in Braunschweig mitgeteilt, dass sein Antrag auf eine nochmalige Verlängerung abgelehnt worden sei und dass die Zweigstelle der Deutschen Bank in Göttingen angewiesen worden sei, sein Depot an die Städtische Pfandleihanstalt in Berlin zu übersenden. Nun hatte Max Raphael Hahn nur noch eine einzige Chance, seine Judaica zu retten. In dem Brief der Devisenstelle in Braunschweig vom 10. September 1940 hatte gestanden: *Es bleibt Ihnen überlassen, sich mit dieser Stelle [der Zentralstelle bei der Städtischen Pfandleihanstalt in Berlin] ins Benehmen zu*

Auszug aus dem zitierten Brief von Rudolf Hahn
an Walter Israel in den Niederlanden,
5. Januar 1940.

Schreiben der Devisenstelle Braunschweig beim Oberfinanzpräsidenten
Hannover an Max Raphael Hahn vom 10. September 1940.

*setzen, damit Ihnen die nicht ablieferungspflichtigen Gegenstände und die Ge-
genstände aus Silber, die nach R[und]E[rlass] 49/39 I 3 zur Mitnahme ins
Ausland freigegeben werden können, ausgeliefert werden.* (Der Runderlass Nr.
49/39 war ein Erlass des Reichswirtschaftsministers vom 17. April 1939, in
dem die bis auf wenige Ausnahmen verbotene Mitnahme von Kunstwerken
und Objekten von geschichtlicher, künstlerischer oder kultureller Bedeutung
ins Ausland geregelt wurde.)

Max Raphael Hahn hätte also direkt zur Pfandleihanstalt nach Berlin reisen
müssen, um seine Judaica auszulösen. Und nach Auskunft der Deutschen
Bank in Göttingen hatte Max Raphael Hahn dieser auch am 16. September
1940 geschrieben, dass er sich um seinen Depotkoffer kümmern werde, sobald dieser bei der Städtischen Pfandleihanstalt in Berlin angekommen sei.
Die Bank teilte ihm daraufhin am 2. Oktober mit, dass sie den Koffer inzwischen nach Berlin geschickt habe, und belastete sein Konto für den Versand
mit 29,80 RM.

Ob Max Raphael Hahn daraufhin tatsächlich nach Berlin gereist ist, wissen wir
nicht sicher. Seine Familie hält dies für möglich und auch, dass es Max Raphael Hahn in Berlin sogar gelang, einige Silberobjekte aus seiner Sammlung
auszulösen. Dafür spricht, dass die Enkel von Max Raphael Hahn, Michael
Hayden und sein Bruder Jonathan, sieben Silbergegenstände, die auf der Liste
der konfiszierten Objekte von 1939 standen, später von ihrem Vater Roger Hayden (Rudolf Hahn) erbten. Wie diese Stücke zu Roger Hayden gekommen sind,
lässt sich allerdings nicht mehr nachvollziehen. Es ist daher auch nicht auszu-
schließen, dass diese Stücke erst nach dem Krieg wieder in Roger Haydens Besitz gekommen sind.

Unzweifelhaft ist dagegen, dass Max Raphael Hahn im Januar 1941 die Zentralstelle bei der Städtischen Pfandleihanstalt in Berlin noch einmal anschrieb
und darum bat, seinen Fall erneut zu überprüfen. Die Antwort, die er am 30. Januar erhielt, war endgültig: *Ausdrücklich weisen wir noch darauf hin, dass es
sich hier um kein Kauf- oder Handelsgeschäft im üblichen Sinne handelt,
sondern um eine gesetzlich geregelte Abgabepflicht.* Das bedeutete: An eine
Befreiung von dieser Abgabepflicht war nicht zu denken.

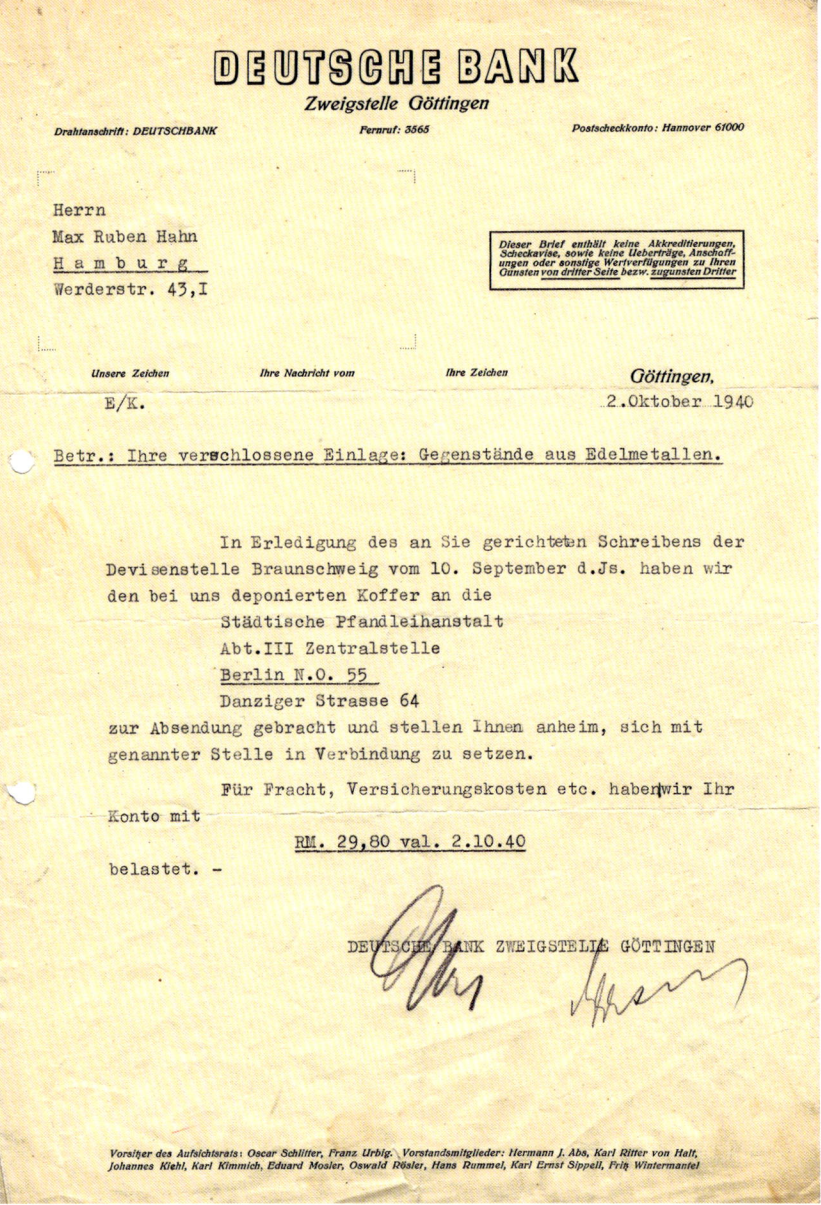

Schreiben der Deutschen Bank in Göttingen an Max Raphael Hahn vom
2. Oktober 1940.

Die Benachrichtigung, dass dem Konto von Max Raphael Hahn bei der Deutschen Bank in Göttingen als *Gegenwert für abgelieferte Juwelen und Edelmetalle* 613,70 RM gutgeschrieben worden waren. Die Berliner Bank hatte dabei zu *Max Ruben* auch noch *Israel* als dritten Vornamen hinzugefügt, vermutlich weil sie dies bei allen Juden automatisch tat.

Abschließend erhielt Max Raphael Hahn dann nur noch eine Benachrichtigung der Deutschen Bank in Göttingen, dass man seinem Konto als *Gegenwert für abgelieferte Juwelen und Edelmetalle* am 10. März 1941 613,70 RM gutgeschrieben habe. Die Bank hatte dabei von dem aus Berlin überwiesenen Betrag noch 3,70 RM an Bankspesen einbehalten. Hinzu kam, dass, wie auf der auf der vorigen Seite abgebildeten Benachrichtigungskarte durch den Stempel *Sicherheitskonto* deutlich wird, jüdische Konten zu diesem Zeitpunkt längst alle eingefroren waren.

Wenn man sich die Hartnäckigkeit und Entschlossenheit vergegenwärtigt, die Max Raphael Hahn seit seiner Zeit im Gefängnis an den Tag gelegt hatte, scheint es nicht ausgeschlossen, dass Max Raphael Hahn auch in seinem hier abgebildeten, vermutlich allerletzten Brief noch einmal seinen Neffen Max Meier Hahn um Hilfe für die Auslösung seiner Judaica gebeten hat. Doch im November 1941 war es dafür bereits unwiderruflich zu spät. Drei Monate zuvor, am 1. September 1941, war die *Polizeiverordnung über die Kennzeichnung der Juden* erlassen worden, die alle Juden ab dem Alter von sechs Jahren zum Tragen eines *Judensterns* verpflichtete – sichtbarster Ausdruck des seit dem Novemberpogrom systematisch vorangetriebenen Prozesses der endgültigen sozialen und gesellschaftlichen Isolierung der jüdischen Deutschen, der letztendlich in die Vernichtungslager führte. Konsequenterweise erfolgte am 23. Oktober 1941 dann das *Verbot der Auswanderung von Juden*, das ihnen die seit Beginn des Krieges ohnehin sehr erschwerten Fluchtmöglichkeiten ins Ausland endgültig versperrte.

Der vermutlich allerletzte Brief, den Max Raphael Ruben Hahn (er selbst benutzte, wie man an dem Umschlag sieht, den Zwangsvornamen *Israel* nicht) geschrieben hatte, war an seinen Neffen Max Meier Hahn in New York adressiert. Der Stempel auf dem Briefumschlag ist vom 21. November 1941.

Deportation und Ermordung

Die älteste Tochter von Raphael und Hannchen Hahn, Mathilde, war im August 1936 in Regensburg gestorben, und ihre drei ihr folgenden Schwestern waren 1941 alle im sicheren Ausland: Rosa lebte mit ihrem Mann, Dr. Moritz Friedeberger, der ein Pionier der Sprechtherapie für Taubstumme war, schon seit 1893 in England (abgesehen von einer mehrjährigen Zwischenstation in Wien vor und während des Ersten Weltkriegs). Rosa hatte ihrer Schwester Minna und deren Mann Dr. Felix Lazarus, die im Juli 1938 Kassel verlassen und nach Frankfurt am Main verzogen waren, noch vor dem Krieg die Emigration nach England ermöglicht. Marianne, deren Mann Leopold Haas 1926 gestorben war, war im November 1939 mit ihren beiden Söhnen und ihrer Tochter in die USA emigriert und folgte später ihrer Tochter nach Argentinien.

Die drei Hahnsöhne aber saßen in Deutschland fest: Nathan und Max Raphael in Hamburg und Hermann, der mittlere der drei Hahnbrüder, in Köln.

Hermann Hahn war der erste, der deportiert wurde. Für ihn hatten seine Schwester Rosa und deren Mann Dr. Moritz Friedeberger, die Hermann Hahn zuvor regelmäßig, einmal auch noch während der NS-Zeit, besucht hatte, bereits alles für seine Emigration in die Wege geleitet. Doch zu spät: Am 22. Oktober 1941 wurde Hermann Hahn von seinem Wohnort Köln aus zunächst ins Ghetto Litzmannstadt (Łódź) im besetzten Polen deportiert, wo er ausweislich des Łódźer Adressbuchs in der Sulzfelderstr. 63, Nr. 66 wohnte. Von dort kam er am 12. Mai 1942 in das Vernichtungslager Kulmhof (Chełmno) im besetzten Polen und wurde dort am 5. Juni 1942 ermordet.

Im Dezember 1941 erhielten dann der damals 62-jährige Max Raphael Hahn und seine Frau Gertrud, die erst 48 Jahre alt war, die Benachrichtigung, dass sie in den *Osten umgesiedelt* würden. Sie verließen ihre Hamburger Wohnung in der Werderstraße 43 am 4. Dezember 1941 und gingen zum Sammelpunkt in der Nähe der Universität, wo sie dazu gezwungen wurden, alle ihnen verbliebenen Wertsachen abzugeben. Die darauffolgenden zwei Nächte verbrachten sie mit über 750 anderen Juden aus Hamburg in dem ehemaligen Haus der (nichtjüdischen) Provinzialloge in der Moorweidenstraße. Am 6. Dezember

1941 wurden sie zum Hannoverschen Bahnhof, südlich der Stadtmitte, gebracht und ins Ghetto Riga deportiert. Möglicherweise starb Gertrud Hahn, die an Diabetes litt, schon während des Transports oder aber kurz nach der Ankunft in Riga am 9. Dezember 1941. Wenn Max Raphael Hahn den Transport überlebte, dann wurde er anschließend zum Jungfernhof gebracht, einem behelfsmäßigen Konzentrationslager in der Nähe von Riga, das vom 3. Dezember 1941 bis zum März 1942 bestand und zur vorübergehenden Unterbringung der deportierten deutschen und österreichischen Juden diente. Wenn Max Raphael Hahn im

Das letzte bekannte Bild der drei Hahnbrüder, wahrscheinlich Dezember 1939, von links nach rechts: Nathan, Max Raphael und Hermann Hahn.

März 1942 noch gelebt hat, dann wurde er wahrscheinlich bei der sogenannten Dünamünde-Aktion im Biķernieki Wald ermordet. Denn dort erschoss und verscharrte man im März 1942 fast 2000 arbeitsunfähige Juden, die man unter dem Vorwand, in Dünamünde bei leichter Arbeit bei der Fischverarbeitung eingesetzt zu werden, aus dem Ghetto Riga geholt hatte. Schon im Sommer 1941 hatten an gleicher Stelle die ersten Massenerschießungen von Juden stattgefunden, und diese wurden bis zum Herbst 1944 fortgesetzt, so dass sich dort heute das größte NS-Massengrab Lettlands befindet.

Auch für den 74-jährigen Nathan Hahn und seine 59 Jahre alte Frau Betty, die seit Dezember 1939 in Hamburg lebten, gelang es nicht mehr rechtzeitig, ein Visum für die USA zu beschaffen. Sie kamen am 15. Juli 1942 ins Konzentrationslager Theresienstadt (wofür sie noch einen sogenannten Heimeinkaufsvertrag über rund 4400 RM hatten abschließen müssen) und wurden von dort im September 1942 ins Vernichtungslager Treblinka deportiert (nicht, wie man früher irrtümlich glaubte, nach Auschwitz). Beide wurden in Treblinka ermordet.

Von diesen Bessamimbüchsen, die Max Raphael Hahn gehört hatten, überlebte nur die zweite von rechts den Krieg – Sammlung Hahn (V).

Kapitel 5: Nachforschungen nach dem Krieg

Die Suche nach den Eltern

Für Rudolf und Hanni Hahn hatte sich mit dem Ausbruch des Krieges im September 1939 alles geändert. Der Kontakt zu ihren Eltern in Deutschland war zunächst unregelmäßig geworden, bis er schließlich ganz aufhörte. Die Hoffnung, dass ihre Eltern Ausreisevisa für die USA bekommen könnten, war mit der Schließung des Amerikanischen Konsulats am 15. Juli 1941 erloschen, und im April 1942 erhielten Rudolf und Hanni Hahn dann eine Benachrichtigung vom Internationalen Roten Kreuz, dass Max Raphael und Gertrud Hahn nach Riga deportiert worden seien. Im Februar 1940 war Rudolf Hahn der britischen Armee beigetreten und kämpfte im Krieg gegen Nazideutschland. Und 1943 stellte er beim Kriegsministerium einen Antrag auf Namensänderung. Der Krieg hatte seine Familie zerstört, und er wollte nun nicht mehr Rudolf Raphael Abel Hahn heißen. Sein neuer Name wurde Roger Randolph Hayden.

Noch während des Krieges suchten Hanni Hahn und Roger Hayden, ebenso wie ihre Cousins Leo und Max Meier, die Söhne von Nathan und Betty Hahn, verzweifelt nach ihren Eltern. Am 29. Januar 1945 berichtete Leo Hahn, der seit 1939 in Palästina lebte, Hanni über das, was er bis dahin herausgefunden hatte: *Eure Eltern müssen in Riga sein. Ich habe mir alle Listen mit den Aufhaltsorten angeschaut, aber ich habe weder die Namen Eurer, noch meiner Eltern gefunden. Das heißt allerdings überhaupt nichts, weil die Listen unvollständig sind* (Original Englisch).

Bei Kriegsende war Roger Hayden als Soldat in Indien, doch ließ er sich im April 1946 nach Deutschland versetzen, wo er in Braunschweig stationiert wurde. Dort nahm er sofort Sonderurlaub, um herauszufinden, was mit seinen Eltern passiert war. Seiner Schwester Hanni berichtete er regelmäßig von seinen Nachforschungen. Er fuhr nach Göttingen und Hamburg, um nach Freunden und anderen Menschen zu suchen, die ihre Eltern gekannt hatten: *Was für ein merkwürdiges Gefühl es war*, schrieb er Hanni am 12. Mai 1946, *auf der Straße nach Northeim zu fahren, die wir so oft entlang geradelt sind, wirst Du sicher verstehen können.* In Göttingen besuchte Roger seine alte Schule, *an der noch immer einige der alten Lehrer unterrichten* und *wo ich ziemliche viele Menschen traf, die gern wollten, dass ich mich an sie erinnere*, und er sprach mit dem ehemaligen Hausmädchen der Hahns, Ida Fischer, das ihnen bis zum Schluss die Treue gehalten hatte. Von ihr erfuhr er, dass sein Vater Ende November 1941 noch einmal in Göttingen gewesen war und – so Ida Fischer – damals schon genau gewusst habe, was ihnen bevorstand. Roger Hayden besuchte auch Richard Gräfenberg und seine Frau, *die anfingen zu weinen, als sie mich erkannten* (Zitate im Original Englisch).

Richard Gräfenberg, der ehemalige Inhaber des Kurz- und Modewarengeschäftes Louis Gräfenberg in der Weender Straße, gehörte zu den insgesamt nur vier Juden (alle mit einem nichtjüdischen Partner verheiratet), die während des Nationalsozialismus in Göttingen geblieben waren und dort überlebt hatten. Kraft seiner natürlichen Autorität und der privilegierten materiellen Lage, in der sich Gräfenberg gegenüber seinen Glaubensgenossen befand (er hatte sein Haus in der Planckstraße 12 behalten können), wurde er zur Anlaufstelle für alle Juden aus Osteuropa, die es nach Kriegsende nach Göttingen verschlagen hatte, das für sie allerdings häufig nicht mehr als eine Durchlaufstation war. Gemeinsam mit dem von Roger Hayden in seinem Brief an Hanni an späterer Stelle ebenfalls erwähnten, aus Bovenden stammenden Max Lilienthal bemühte sich Gräfenberg in den ersten Nachkriegsjahren so gut es ging, die kümmerlichen Reste der jüdischen Gemeinde in Göttingen zusammenzuhalten. Max Lilienthal war einer der beiden Überlebenden des Göttinger Judentransports vom 21. Juli 1942

- 3 -

come with us. Ida wishes to hear from you and she told me about our parents. Apparently they knew what they were heading for because Vati came down to G. from Hamburg at the end of November 1941. From the records it appears they were deported to Minsk and may have gone to Riga from there. Nobody ever returned and Rabbiner Dr. Carlebach lost his life at the same time appr. March 1942. A Max Lilienthal from Bovenden who returned from Theresienstadt saw Betty + Nathan before they were sent to Auschwitz in March 1943. He tried his best to save them but couldn't.

I also went to the Oberrealschule where some of my old teachers

Auszug aus einem Brief von Roger Hayden an seine Schwester Hanni, fälschlich datiert auf den 12.5.1945, richtig ist 1946.

Übersetzung des Briefes: Ida [Fischer, das ehemalige Hausmädchen der Hahns, über die sich Genaueres leider nicht herausfinden ließ] *würde sich freuen, von dir zu hören*, schrieb Roger Hayden am 12. Mai 1946 seiner Schwester. *Sie erzählte mir ein bisschen über unsere Eltern. Offenbar wussten sie, was ihnen bevorstand, weil Vati Ende November 1941 noch einmal aus Hamburg nach Göttingen zurückkkam. Ich habe Dokumente gefunden, aus denen hervorgeht, dass sie zunächst nach Minsk und dann möglicherweise weiter nach Riga deportiert wurden. Niemand kam von dort aus wieder zurück. Rabbiner Dr. Carlebach wurde im März 1942, also etwa zur selben Zeit, ermordet. Ein Max Lilental aus Bovenden, der aus Theresienstadt zurückkehrte, hatte Betty und Nathan gesehen, bevor sie im März 1943 nach Auschwitz deportiert wurden. Er versuchte sie zu retten, aber es ist ihm nicht gelungen.*

Akten des Bundesarchivs kann man entnehmen, dass Nathan und Betty Hahn von Theresienstadt nicht nach Auschwitz, wie Max Lilienthal irrtümlich annahm, sondern nach Treblinka deportiert und dort ermordet wurden. Joseph Carlebach war Rabbiner in Hamburg gewesen und wurde von dort im Dezember 1941 mit dem gleichen Transport wie die Eltern von Rudolf (Roger) und Hanni Hahn deportiert und am 26. März 1942 im Wald von Biķernieki erschossen.

nach Theresienstadt, und er hatte dort Nathan und Betty Hahn noch einmal kurz gesehen. Gräfenberg starb 1951, danach kümmerte sich Max Lilienthal weiter um die wenigen in Göttingen lebenden Juden. Nach dessen Tod 1971 erlosch die Gemeinde in Göttingen vorrübergehend, bis sie 1994 von Eva Tichauer Moritz, der Tochter von in den 1930er Jahren nach Chile emigrierten deutschen Juden und ihrerseits Pinochetflüchtling, wiederbelebt wurde.

Trotz aller seiner Bemühungen fand Roger Hayden nichts, was ihm und seiner Schwester Hanni ein wenig Hoffnung gelassen hätte, dass ihre Eltern doch überlebt hatten: *Ich habe wirklich alle Möglichkeiten ausgeschöpft. Alle haben mir zu verstehen gegeben, dass es keine Hoffnung auf ihre Rückkehr gibt. Sie haben wahrscheinlich nicht überlebt*, so sein bitteres Fazit in seinem Brief vom 12. Mai 1946 (Original Englisch).

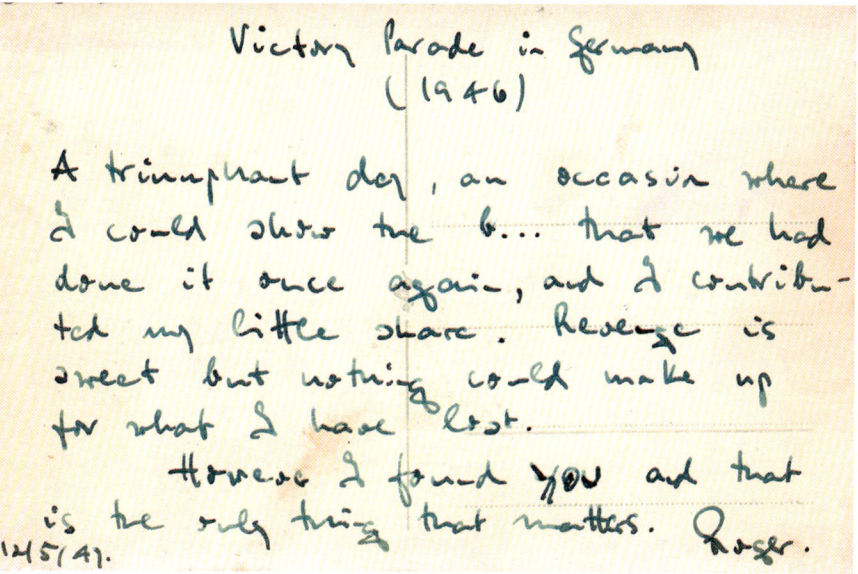

Mein großes Finale in der Army notierte Roger Hayden auf der Rückseite des linken Fotos. Es zeigt ihn am 9. Juni 1946 an der Spitze einer britischen Heereseinheit, die zum Jahrestag der britischen Besatzung durch Göttingen marschierte. Am 1. Juni 1945 war das ursprünglich von Amerikanern besetzte Göttingen in britische Verwaltung übergegangen.

Am 12.5.1947 schickte Roger Hayden dieses Foto auch an seine künftige Frau Ann Platt in England und schrieb dazu: *Siegesparade in Göttingen (1946) Ein Tag des Triumphs, ein Tag, an dem ich den G[öttingern] zeigen konnte, dass wir es wieder einmal geschafft haben, und ich habe meinen kleinen Teil dazu beigetragen. Rache ist süß, auch wenn mir nichts das ersetzen kann, was ich verloren habe. Aber ich habe dich gefunden, und das ist das Einzige, was zählt. Roger* (Original Englisch).

Certificate of Incarceration — Inhaftierungsbescheinigung — Certificat d'Incarcération (left)

COMITÉ INTERNATIONAL DE LA CROIX-ROUGE
SERVICE INTERNATIONAL DE RECHERCHES
Arolsen (Waldeck) Allemagne
INTERNATIONAL TRACING SERVICE · INTERNATIONALER SUCHDIENST
Arolsen (Waldeck) Germany · Arolsen (Waldeck) Deutschland
No.

Ihr Akt.-Z.: / Your Ref.: Reg.Präs.Hannover EB-IV/1-1 29623a-H-
Unser Akt.-Z. / Notre Réf. / Our Ref.: T/D 38 517

Name / Nom: HAHN, geb. LASCH
Vornamen / First names: Gertrud
Staatsangehörigkeit / Nationalité / Nationality: deutsch
Geburtsdatum / Date of birth: 14.7.1893
Geburtsort / Place of birth: Halberstadt -
Häftlingsnummer / Prisoner's No.: nicht angegeben
Namen der Eltern / Parents' names: Phillip und Fanny LACH, geb. ISRAEL

It is hereby certified that the following information is available in documentary evidence held by the International Tracing Service.

Name / Nom: HAHN, geb.LASCH
Vornamen / First names: Gertrud
Staatsangehörigkeit / Nationality: deutsch
Geburtsdatum / Date of birth: 14.7.1893
Geburtsort / Place of birth: Halberstadt
Beruf / Profession: Schneiderin
Namen der Eltern / Parents' names: nicht angeführt
Zuletzt bekannter ständiger Wohnsitz / Last permanent residence: Hamburg, Werderstrasse 43
wurde eingeliefert in das Konz.-Lager / has entered concentration camp: evakuiert nach Riga
Häftlingsnummer / Prisoner's No.: nicht angeführt
am / on: 4. Dezember 1941
von / coming from: Gestapo Hamburg
Kategorie, oder Grund für die Inhaftierung / Category, or reason given for incarceration: "Jüdin"
Überstellt / Transferred: nicht angeführt

Befreit/Entlassen am / Liberated/Released on: nicht angeführt
in: nicht angeführt
Bemerkungen / Remarks: Ein Todesnachweis liegt hier nicht vor.
Geprüfte Unterlagen / Records consulted: Transportliste der Gestapo Hamburg.

Arolsen, den 1. Juni 1960

Der ITS übernimmt für die Richtigkeit und Vollständigkeit des Inhalts der Dokumente, die zur Ausstellung dieser Bescheinigung verwendet wurden, keine Gewähr.

Kopie an   Az.:
Das Original wurde mit gleicher Post an
Schu..

(Stempel: NUR ZUR INFORMATION / À TITRE D'INFORMATION / FOR INFORMATION ONLY)

Certificate of Incarceration — Inhaftierungsbescheinigung — Certificat d'Incarcération (right)

COMITÉ INTERNATIONAL DE LA CROIX-ROUGE
SERVICE INTERNATIONAL DE RECHERCHES
Arolsen (Waldeck) Allemagne
INTERNATIONAL TRACING SERVICE · INTERNATIONALER SUCHDIENST
Arolsen (Waldeck) Germany · Arolsen (Waldeck) Deutschland
No.

Ihr Akt.-Z.: / Your Ref.: Reg.Präs.Hannover EB-IV/1-1 29523a -H-
Unser Akt.-Z. / Notre Réf. / Our Ref.: T/D 38 516

Name / Nom: HAHN
Vornamen / First names: Max Raphael
Staatsangehörigkeit / Nationalité / Nationality: deutsch
Geburtsdatum / Date of birth: 22.4.1880
Geburtsort / Place of birth: Göttingen -
Häftlingsnummer / Prisoner's No.: nicht angegeben
Namen der Eltern / Parents' names: Raphael und Hannchen HAHN, geb. BLAUT

It is hereby certified that the following information is available in documentary evidence held by the International Tracing Service.

Name / Nom: HAHN
Vornamen / First names: Max
Staatsangehörigkeit / Nationality: deutsch
Geburtsdatum / Date of birth: 22.4.1880
Geburtsort / Place of birth: Göttingen -
Beruf / Profession: Kaufmann
Namen der Eltern / Parents' names: nicht angeführt
Zuletzt bekannter ständiger Wohnsitz / Last permanent residence: Hamburg, Werderstrasse 43
wurde eingeliefert in das Konz.-Lager / has entered concentration camp: evakuiert nach Riga
Häftlingsnummer / Prisoner's No.: nicht angeführt
am / on: 4. Dezember 1941
von / coming from: Gestapo Hamburg
Kategorie, oder Grund für die Inhaftierung / Category, or reason given for incarceration: "Jude"
Überstellt / Transferred: nicht angeführt

Befreit/Entlassen am / Liberated/Released on: nicht angeführt
in: nicht angeführt
Bemerkungen / Remarks: Ein Todesnachweis liegt hier nicht vor.
Geprüfte Unterlagen / Records consulted: Transportliste der Gestapo Hamburg.

Arolsen, den 1. Juni 1960

Der ITS übernimmt für die Richtigkeit und Vollständigkeit des Inhalts der Dokumente, die zur Ausstellung dieser Bescheinigung verwendet wurden, keine Gewähr.

Kopie an   Az.:
Das Original wurde mit gleicher Post an
Schu..

(Stempel: NUR ZUR INFORMATION / À TITRE D'INFORMATION / FOR INFORMATION ONLY)

Die Dokumente, die am 1. Juni 1960 vom Internationalen Roten Kreuz ausgestellt wurden, bescheinigen, dass Gertrud Hahn, geb. Lasch, und Max Raphael Hahn am 4. Dezember 1941 ins Ghetto Riga deportiert wurden. Sie verbrachten allerdings zuvor noch zwei Tage in einem Hamburger Sammellager. Der Transport verließ Hamburg dann am 6. Dezember 1941.

Im Dschungel der Gesetze und Zuständigkeiten – die Suche nach den Judaica

Schon kurz nach dem Krieg begann Roger Hayden auch mit der Suche nach dem von den Nationalsozialisten beschlagnahmten Silber und Schmuck und vor allem nach den Judaica seines Vaters. Grundlage für seine Suche war das Verzeichnis, das sein Vater im März 1939 bei der Deutschen Bank hinterlegt hatte und das ihm Hanni im November 1945 geschickt hatte (siehe Abbildung S. 96): *Die Listen sind angekommen*, schrieb er ihr am 4. November 1945, *und werden sich wahrscheinlich als sehr nützlich erweisen, wenn die Zeit gekommen ist. […] Wenn ich mir so die Liste mit den Judaica anschaue, dann kommen bei mir immer die Erinnerungen aus der Kindheit hoch, wie Papa so liebevoll die Antiquitäten abstaubte und sie poliert hat. Ich frage mich, wie viele von den Dingen, wenn überhaupt, wir jemals wiedersehen werden* (Original Englisch).

Die Suche war aus mehreren Gründen außerordentlich schwierig: Zum einen waren während der NS-Zeit in einem bisher nicht gekannten Ausmaß jüdische Kunst- und Kulturgüter gestohlen und anschließend oft als Devisenbringer weiterverkauft oder aber zerstört oder zur Unterstützung der Kriegswirtschaft eingeschmolzen worden. Zum anderen war Deutschland von den Alliierten nach dem Krieg bekanntlich in vier Besatzungszonen aufgeteilt worden, was chaotische Folgen bezüglich der Frage der jeweils verschieden organisierten Zuständigkeiten und der ebenfalls unterschiedlichen gesetzlichen Grundlagen hatte. Die Besatzungsmächte hatten zudem verschiedene Auffassungen darüber, wie wichtig es sei, gestohlene Güter möglichst schnell an deren rechtmäßige Besitzer zurückzugeben.

Vorreiter in Sachen Restitution waren die USA. Sie richteten in ihrer Zone umgehend vier Sammelstellen für Raubkunst ein, so dass schon 1946 das gesamte gestohlene Gut, das im amerikanischen Sektor gefunden worden war, in vier Depots nach Marburg, München, Offenbach und Wiesbaden gebracht werden konnte. Mit dem Gesetz Nr. 59 über die Rückerstattung geraubten Vermögens erließen die Amerikaner dann im November 1947 das erste Restitutionsgesetz auf deutschem Boden. In der britischen Besatzungszone, zu der Göttingen und auch Hamburg gehörten, tat man sich vor allem deshalb schwer, weil man die Restitutionsansprüche nicht wie die Amerikaner nur auf ehemalige jüdische Besitzer bzw. deren Erben beschränken, sondern auch die nichtjüdischen Opfer berücksichtigen wollte. Die Hoffnung auf ein gemeinsames alliiertes Restitutionsgesetz erfüllte sich daher nicht, und so wurde in der britischen Zone am 20. Oktober 1947 zunächst nur eine Verfügung erlassen, nach der alle durch die Nationalsozialisten an ihrem Eigentum Geschädigten wenigstens ihre Ansprüche auf Rückerstattung anmelden konnten, die dann zentral gesammelt und durch einen per Verordnung vom 1. August 1948 eingesetzten Ausschuss geprüft werden sollten.

Während des Krieges wurde Raubkunst an mehreren Orten in Deutschland konzentriert. Die Gallus-Schuhfabrik, die ursprünglich Max Raphael und Nathan Hahn gehört hatte und einen direkten Eisenbahnzugang besaß, wurde beispielsweise als Depot für Bücher genutzt, die die Nationalsozialisten in Deutschland, Frankreich und Holland konfisziert hatten. Gut zu erkennen ist auf dem Foto noch die Aufschrift *Gallus Schuhfabrik* mit dem vorangestellten stilisierten Hahn, den sich die Hahns als Marke hatten registrieren lassen. Das Foto stammt aus dem Jahr 1973 – Privatfoto Bernhard Rust, Gallus Park Göttingen.

Nachdem verschiedene Initiativen für ein konkretes Restitutionsgesetz immer wieder erfolglos geblieben waren, wurde dann erst am 12. Mai 1949 – etwas mehr als eine Woche vor Gründung der Bundesrepublik – das Militärregierungsgesetz Nr. 59 als *Gesetz zur Rückerstattung feststellbarer Vermögensgegenstände an die Opfer nationalsozialistischer Unterdrückungsmaßnahmen* auch in der britischen Zone in Kraft gesetzt. Dennoch bemühten sich die britischen Behörden vor Ort, wie wir im Folgenden sehen werden, auch schon direkt nach Ende des Krieges soweit wie möglich den überlebenden Geschädigten zu helfen, auch wenn die Gesetzes- und Vorschriftenlage auch für sie selbst sehr unübersichtlich war.

Für seine Suche nach dem Familienvermögen musste sich Roger Hayden also in einem Dschungel komplizierter Gesetze zurechtfinden, die gerade erst ausgearbeitet wurden, und er sah sich mit Vorschriften und Regeln konfrontiert, die von Organisationen gemacht wurden, die es kurz zuvor noch gar nicht gegeben hatte und die selbst nicht genau wussten, was zu tun sei. Für seine Suche reiste er von Braunschweig, wo er stationiert war, nach Göttingen, Hildesheim und Northeim, wieder nach Hildesheim und wieder nach Northeim und auch nach Hamburg. In seinem schon mehrfach zitierten Brief vom 12. Mai 1946 schilderte er Hanni dieses Durcheinander:

Ich war bei den unterschiedlichsten britischen Behörden und beim Finanzamt. Dann bin ich für die Nacht nach Northeim zurückgefahren, wo ich bis Samstagmorgen geblieben bin. Ich bin viel herumgerannt, aber ich muss zugeben, dass die Zusammenarbeit zwischen dem Militär und den Behörden hier wunderbar funktioniert. Leider ist das Gesetz, welches in den Fällen, wie dem unseren gilt, noch in der Entwicklung. Ich habe aber viel herausfinden können, was uns in der Zukunft hoffentlich weiterbringen wird (Original Englisch).

Ein paar Wochen später, am 5. Juni 1946, schrieb Roger Hayden seiner Schwester, was er inzwischen noch alles unternommen hatte:

Ich habe mich mit der Militärstelle in Hildesheim in Verbindung gesetzt und ihnen unseren Fall geschildert. Sie haben gesagt, dass die Vereinten Nationen für uns zuständig seien und dass das geraubte Eigentum von der Militärregierung verwaltet werden wird. Es sind eine Menge rechtlicher Aspekte zu berücksichtigen. Ich war bereits zweimal in Hildesheim und ich fahre morgen noch einmal hin. Obwohl ich nicht alle Details habe, werde ich so viele Angaben zu unserem Eigentum machen, wie ich kann. […] Den Schmuck, das Silber, die Antiquitäten, etc. werden wir wohl nicht mehr wiedersehen. Die Sachen wurden entweder weggeworfen oder eingeschmolzen. Ich hoffe aber, dass ich mehr herausfinden kann, wenn ich nach Hamburg fahre (Original Englisch).

Verkompliziert wurde die Angelegenheit zusätzlich noch dadurch, dass die Zentralstelle des NS-Wirtschaftsministeriums, die bei der Städtischen Pfandleihanstalt eingerichtet worden war und an die die Judaica von Max Raphael Hahn gegangen waren, nicht mehr existierte und sich die inzwischen im sowjetischen Sektor gelegene Städtische Pfandleihanstalt in Berlin, wie diese Roger Hayden in einem Schreiben vom 16. Mai 1947 mitteilte, nicht als deren Rechtsnachfolgerin ansah.

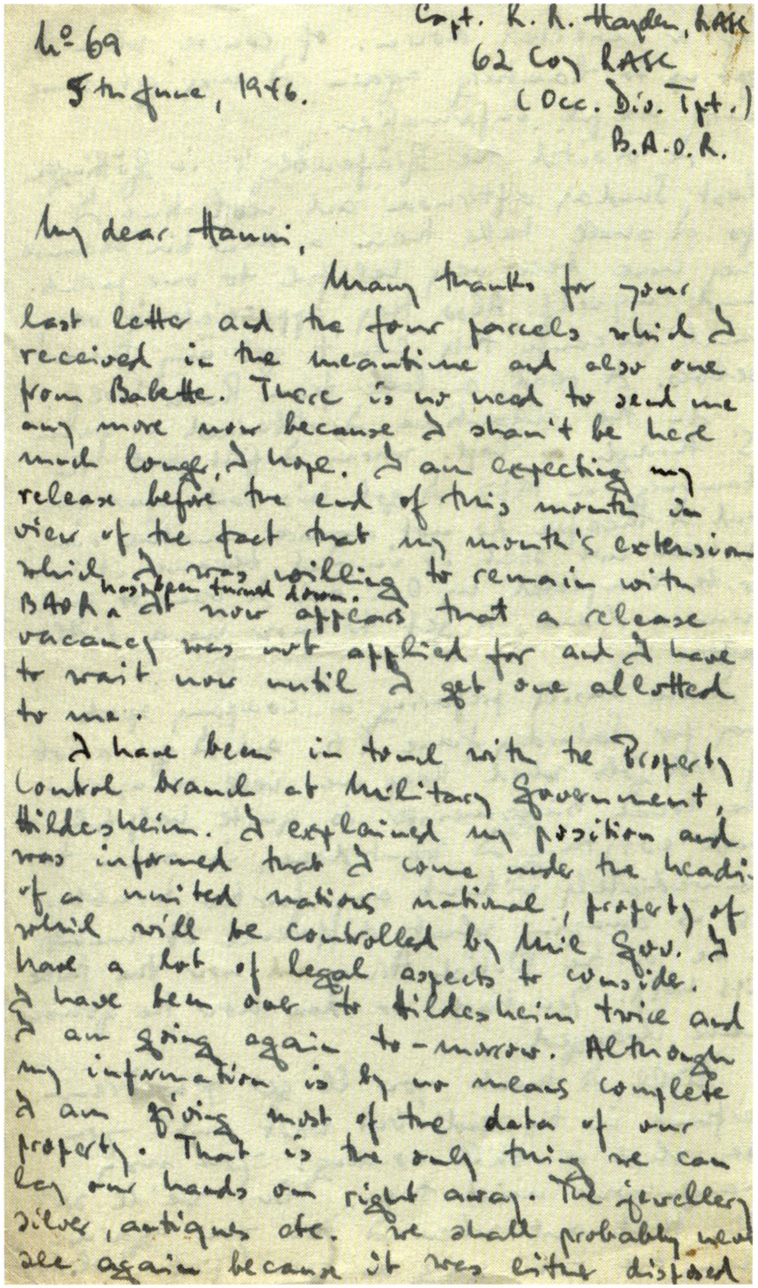

No 69
5th June, 1946.

Capt. R. R. Hayden, RASC
62 Coy RASC
(Occ. Div. Tpt.)
B.A.O.R.

My dear Hanni,

Many thanks for your last letter and the four parcels which I received in the meantime and also one from Babette. There is no need to send me any more now because I shan't be here much longer, I hope. I am expecting my release before the end of this month in view of the fact that my month's extension which I was willing to remain with BAOR it now appears that a release vacancy was not applied for and I have to wait now until I get one allotted to me.

I have been in touch with the Property Control Branch at Military Government, Hildesheim. I explained my position and was informed that I come under the heading of a united nations national, property of which will be controlled by Mil. Gov. I have a lot of legal aspects to consider. I have been out to Hildesheim twice and I am going again to-morrow. Although my information is by no means complete I am giving most of the data of our property. That is the only thing we can lay our hands on right away. The jewellery, silver, antiques etc. we shall probably never see again because it was either disposed

Die erste Seite des Briefes von Roger Hayden an seine Schwester vom 5. Juni 1946. Noch immer nummerierten die Geschwister ihre Briefe durch, um sicherzugehen, dass der jeweils andere auch alle Briefe erhalten hatte.

In den folgenden Jahren schrieben die Geschwister Hahn unzählige Briefe, die von einer Behörde zur anderen geschickt wurden, und ergänzten ihre Listen durch die erhaltenen Fotografien. Am 9. September 1947 erhielten sie von der britischen Militäreinrichtung, die sich mit Denkmälern, Kunstwerken und Archiven beschäftigte, zunächst die Nachricht, dass *solche Objekte aus Göttingen höchstwahrscheinlich nicht überlebt haben.* Am 6. Oktober 1947 kam dann jedoch überraschend eine Mitteilung aus dem amerikanischen Archivdepot in Offenbach, in dem in erster Linie geraubte Bücher gesammelt wurden, dass sich dort einige Objekte gefunden hätten, von denen zumindest einige Eigentum der Familie Hahn sein könnten: *Allerdings trugen nur zwei Bücher den Namen Max Hahn und keines dieser Bücher hatte ein Exlibris. Da der Name allerdings handgeschrieben ist, reicht das als Eigentumsnachweis.* Im Dezember 1947 kam dann eine weitere Benachrichtigung aus diesem Depot. Diesmal hieß es sogar: *Wir haben eine beträchtliche Anzahl an Kidduschbechern im Depot gefunden […] In den meisten Fällen sind die Meistermarken nicht mehr identifizierbar. Es ist aber sehr wohl möglich, dass einige dieser Kidduschbecher Herrn Hahn gehört haben.* Und am 4. Februar 1948 erhielten die Hahngeschwister dann die wunderbare Nachricht, dass es durch Vergleich des von ihnen eingereichten Fotomaterials mit den Bildern aus den Akten in Offenbach gelungen sei, zwei Gegenstände der Familie Hahn zuzuordnen, und zwar einen silbernen Teller und einen Chanukkaleuchter. Da die kleineren Silberobjekte noch verpackt seien, sei ein Vergleich dieser mit

Kidduschbecher – Sammlung Hahn (V): Der reich verzierte barocke Becher ganz links trägt die Meistermarke des Nürnbergers Reinhold Riel und wurde 1686 gefertigt. Ungefähr 75 Becher sind bekannt, die Riel zugeschrieben werden.

den eingeschickten Fotos noch nicht möglich gewesen, man habe aber auch schon einige dieser Gegenstände, vor allem ein paar Kidduschbecher, vorläufig identifizieren können (alle Zitate in diesem Abschnitt im Original Englisch).

Hanni, die im Dezember 1945 geheiratet hatte und nun Hanni Barton hieß, konnte erst im August 1949 nach Deutschland reisen, um im Offenbacher Archivdepot die Gegenstände zu identifizieren, die man vorläufig Max Hahn zugeschrieben hatte. Doch als sie dort ankam, musste sie feststellen, dass man das Depot inzwischen aufgelöst hatte und dass die Gegenstände, für die man bisher keine rechtmäßigen Besitzer bzw. deren Erben gefunden hatte, in die USA geschickt worden waren, von wo aus sie auf jüdische Organisationen und Museen in den USA, Israel, Europa, Afrika und Südamerika verteilt worden waren.

Obwohl damit endgültig alles verloren schien, gab Roger Hayden, der 1947 ebenfalls geheiratet hatte und nun mit seiner Frau Ann in Südafrika lebte, nicht auf und erwies sich damit als der wahre Sohn seines Vaters. Er schrieb weiter an alle ihm bekannten Restitutionsorganisationen: an die Jewish Cultural Reconstruction in New York und an die Jewish Restitution Successor Organization in Nürnberg und Frankfurt sowie an die Restitutionsabteilung der South African Jewish Board of Deputies. Überall fragte er, wo die Gegenstände aus dem Offenbacher Depot, die man der Judaica-Sammlung seines Vaters zugeschrieben hatte, sein könnten. Doch die Antworten, die er erhielt, waren alle negativ.

So erhielt er am 5. Juni 1950 ein Schreiben von Hannah Arendt, die damals Geschäftsführerin der Jewish Cultural Reconstruction in New York war: *Dies ist eine Antwort auf ihr Schreiben vom 10. April*, schrieb ihm Hannah Ahrendt. *Die von Ihnen mitgeschickten Fotografien wurden sorgfältig geprüft und mit den Judaica verglichen, die sich in diesem Land befinden. Wir haben Ihre Fotografien auch mit den Objekten im Fotokatalog verglichen, in dem alle Kunstobjekte aufgeführt sind, die uns von den Militärbehörden überreicht wurden. Es tut mir Leid, Ihnen mitteilen zu müssen, dass keines dieser Objekte aus der Sammlung des verstorbenen Max Hahn stammt* (Original Englisch).

Brief von Hannah Arendt, damals Geschäftsführerin der Jewish Cultural Reconstruction in New York, an Roger Hayden vom 5. Juni 1950.

Und im Juli 1952 telegrafierte ihm Samuel Dallob vom Jewish Restitution Successor Organization in Nürnberg: *KONNTE LEIDER DIE HAYDEN HAHN OBJEKTE NICHT AUSFINDIG MACHEN STOP WERDE WEITERSUCHEN UND MICH MELDEN WENN ERFOLGREICH* (Original Englisch).

Drei Jahre später, am 16. Mai 1955, meldete sich Samuel Dallob erneut bei Roger Hayden, aber nur, um richtigzustellen, dass sich – anders als im September 1947 berichtet – unter den Büchern im Offenbacher Depot zwar solche aus dem Eigentum Dr. E. Hahn, Karl Hahn und Dr. Paul Hahn befänden, nicht jedoch von Max Raphael Hahn.

Damit waren alle, ursprünglich so vielversprechenden Spuren im Sande verlaufen.

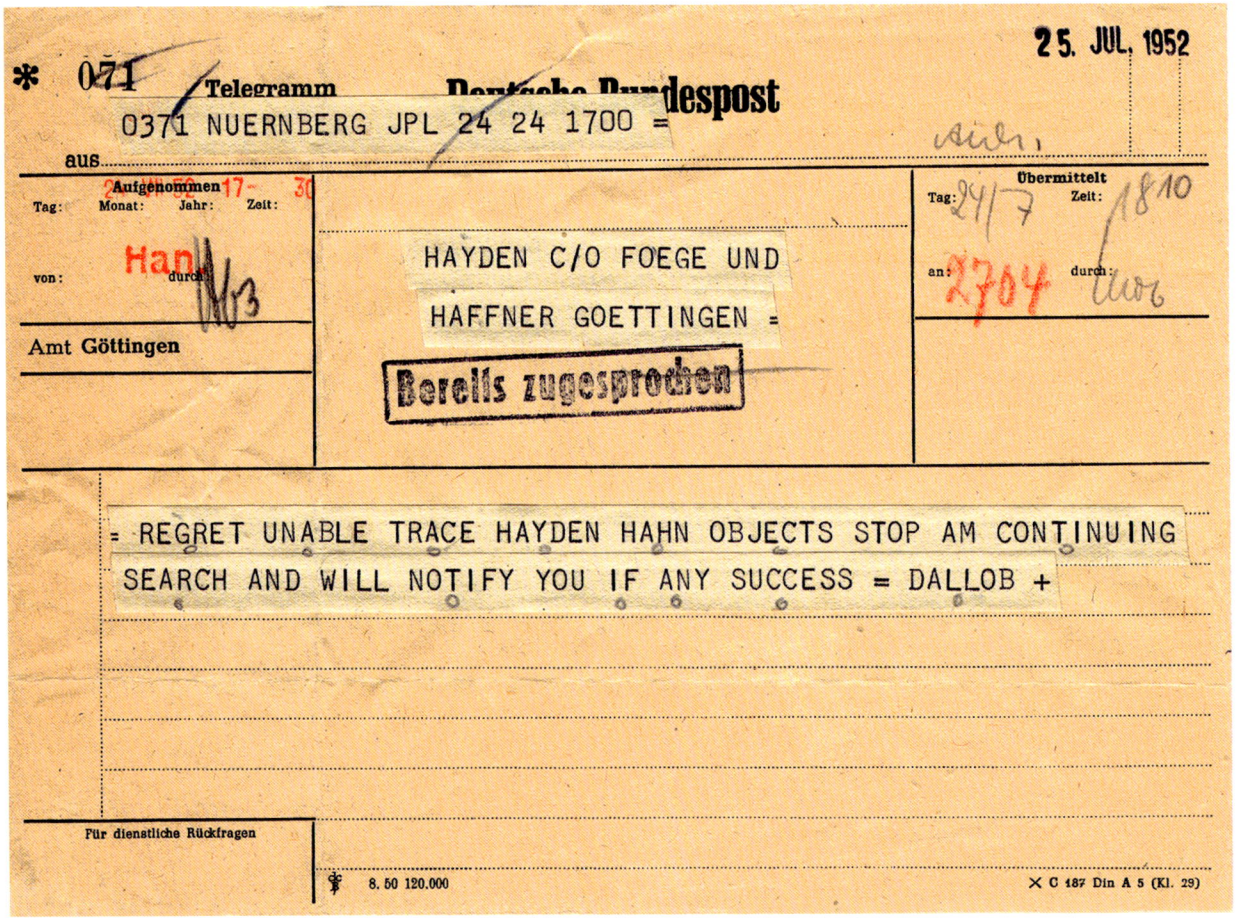

Telegramm von Samuel Dallob von der Jewish Restitution Successor Organization in Nürnberg an Roger Hayden vom 25. Juli 1952.

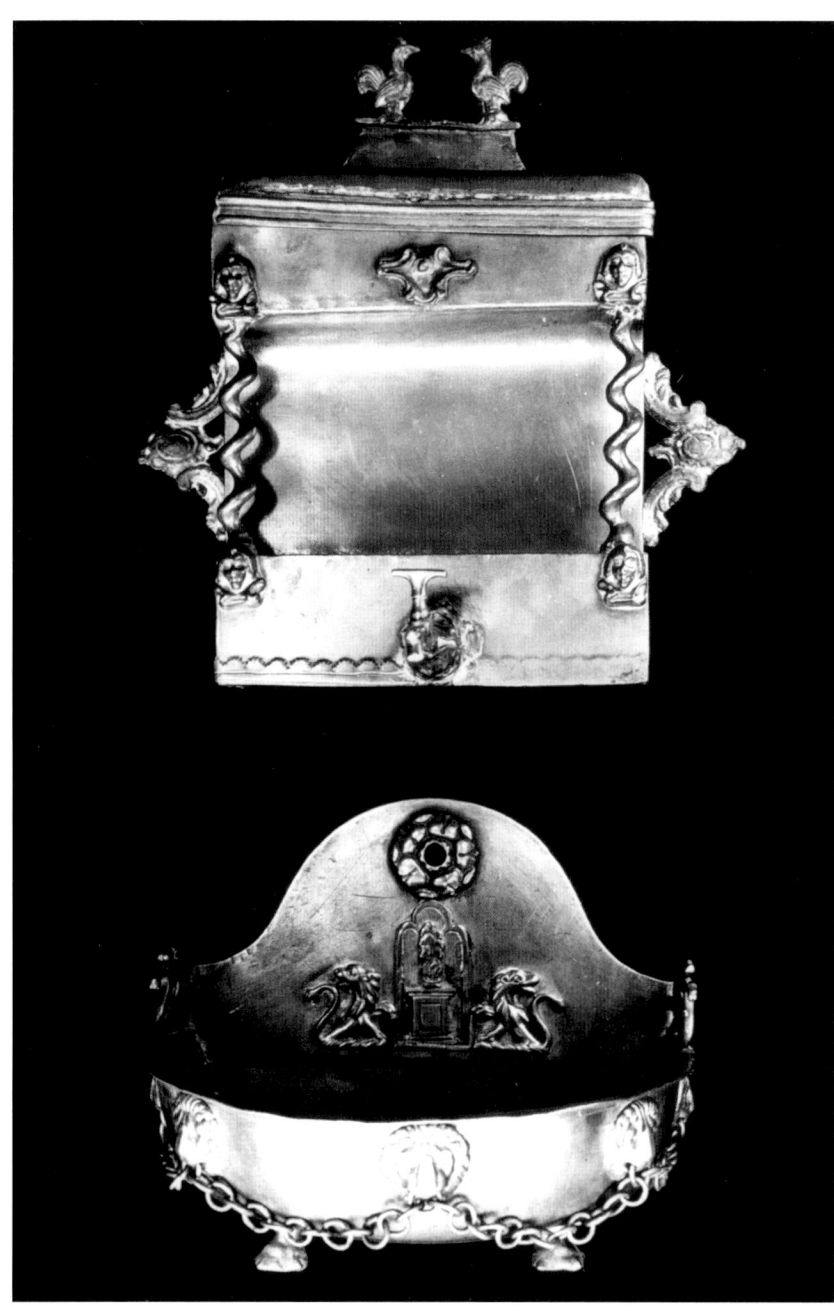

Gebrauchssilber hatten die Nationalsozialisten in der Regel in Raffinerieanlagen, wie zum Beispiel bei der Degussa, als *Treibstoff* für die Kriegsmaschinerie einschmelzen lassen, und genau dies geschah vermutlich auch mit den Essbestecken der Familie Hahn. Schmuck dagegen wurde je nachdem, wie wertvoll er war, entweder von den Beschlagnahmern selbst gestohlen oder in Deutschland bzw. ins Ausland verkauft. Bücher kamen, wenn sie wertvoll waren, zumeist in das 1939 neu gegründete Rosenbergsche *Institut zur Erforschung der Judenfrage*, das sich der *wissenschaftlich* fundierten, rasseideologisch motivierten *Gegnerforschung* verschrieben hatte und in diesem Zusammenhang eine Judaica- und Hebraica-Bibliothek vor allem aus Beständen in den besetzten Gebieten zusammengetragen hatte, die schon 1941 die größte Sammlung jüdischer Schriften weltweit war. Die weltlichen Kunstwerke aus jüdischem Besitz wurden ebenfalls verkauft oder – so sie nichtjüdische Urheber hatten – deutschen Museen übergeben. Offen bleibt daher vor allem, was mit den Silberarbeiten aus der Hahnschen Judaica-Sammlung geschehen ist. Waren sie, obwohl jüdische Ritualobjekte, wie andere Silberobjekte von Privatpersonen oder öffentlichen Institutionen in Deutschland zum Materialwert von der Zentralstelle bei der Städtischen Pfandleihanstalt in Berlin gekauft worden oder blieben sie dort bis zu den Angriffen auf Berlin, bei der auch die Pfandleihanstalt zerstört wurde? Wurden sie nach dem Krieg doch noch gefunden, von einem alliierten Besatzungssoldaten oder einer Privatperson, die als Finder grundsätzlich auch in Frage kam, und dann erst verkauft oder aus Deutschland herausgebracht? Wurden sie von den Alliierten an jüdische Institutionen in den USA oder Israel übergeben? Oder gehörten sie zu den Kunstgegenständen, die von Angehörigen der Roten Armee gestohlen worden waren und später auf irgendeinem Dachboden landeten. Die Suche ist noch nicht vorbei.

Netilat Jadaim Wasserbehälter – Sammlung Hahn (V). Auch diese silbernen Gefäße zum rituellen Händewaschen in der Synagoge wurden von den Nationalozialisten gestohlen.

Silbernes Tora-Schild mit Kette, graviert – Sammlung Hahn (V). In den Rahmen wird auf Papier die jeweilige Parascha (der Tora-Wochenabschnitt, den man am Schabbat vorliest) eingetragen.

Silberne Chanukkaleuchter: Der Löwe Judas sitzt unter einem Palmenbaum auf einem Podest. Auf dem über einen halben Meter breiten, mit Palmzweigen bedeckten Querbalken befinden sich acht Öllämpchen und eine Halterung für die Schammasch-Kerze; an der Spitze der Palme die Krone der Makkabäer, die mit blauen und roten Steinen dekoriert ist; darüber eine Kugel mit einem Davidstern – Sammlung Hahn (V).

Gerichtsverfahren gegen das Deutsche Reich

1951 reichten Roger Hayden und Hanni Barton eine Restitutionsklage gegen das Deutsche Reich in Berlin ein. Sie beriefen sich dabei auf die alliierte Rückerstattungsanordnung vom 26. Juli 1949 (REAO), die die Rückerstattung ihres Eigentums für alle diejenigen regelte, die, wie es darin hieß, während des Nationalsozialismus wegen ihrer Rasse, Religionszugehörigkeit, ihrer politischen Ansichten oder aus anderen politischen oder philosophischen Gründen verfolgt wurden und deswegen ihr Eigentum verloren hatten. Sie galt allerdings nur für die Westzonen Berlins, und die Klage der Geschwister Hahn wurde daher unter anderem wegen Nichtzuständigkeit abgewiesen:

Die beanspruchten Wertgegenstände, so wurden sie am 4. Juli 1951 beschieden, *befanden sich annehmbar in dem Koffer, der am 2.10.1940 von der damaligen Deutschen Bank, Zweigstelle Göttingen, gemäss einem Erlass des damaligen Reichswirtschaftsministeriums an die Zentralstelle der Abt. III der Pfandleihanstalt übersandt worden ist, die sich in Berlin No. 55, Danziger Str. 64, und damit im heutigen Sowjet-Sektor Berlins befand. Es handelt sich sonach um einen Entziehungsvorgang, der bereits in Göttingen, jedenfalls aber ausserhalb der 3 Westsektoren Berlins und damit des Geltungsbereichs der Berliner Rückerstattungsanordnung vor sich gegangen ist und auf den daher schon aus räumlichen Gründen die REAO keine Anwendung findet.*

Für einen Anspruch nach der REAO fehlt es aber auch an der Feststellbarkeit der abgelieferten Wertgegenstände. Die in Frage stehenden Wertsachen sind bei der Ablieferung an die Zentralstelle mit den anderen dort ebenfalls abgelieferten Wertsachen gleicher oder ähnlicher Art vermischt worden und haben somit ihre Identifizierbarkeit und damit Feststellbarkeit im Sinne der REAO verloren. Auf alle Fälle aber ist der Verlust der Feststellbarkeit als dadurch eingetreten anzusehen, dass spätestens durch Einschmelzung bzw. anderweitige Verwertung die Identität verloren ging oder dass die Wertsachen bei der Eroberung Berlins bzw. im Zusammenhang damit durch Kriegseinwirkungen abhanden gekommen sind. Dieser Sachverhalt lässt ebenfalls eine Anwendung der REAO nicht zu, auch nicht auf dem Umweg über Schadensersatzansprüche.

Im Januar 1953 erfuhren Roger Hayden und Hanni Barton dann von ihren Anwälten, dass die Wiedergutmachungskammer des Landgerichts Hannover für ihre Ansprüche zuständig sei, und so reichten sie dort Rückerstattungsklage für alle 1939 von den Nationalsozialisten beschlagnahmten Silbergegenstände, also insbesondere für die Judaica-Sammlung, aber auch für das Gebrauchssilber ihres Vaters ein.

Zwei Göttinger Anwälte vertraten die Hahngeschwister, einer von ihnen war Hermann Föge. Föge war vor 1933 einer der wenigen aufrechten Liberalen in der Göttinger politischen Landschaft gewesen, und er war der einzige, der, als die neuen Machthaber bei der Eröffnung des nationalsozialistischen Göttinger Stadtrats am 31. März 1933 zu einem hasserfüllten Rundumschlag gegen die Weimarer Republik und deren Vertreter ausholten, demonstrativ den Saal verlassen hatte. 1935 hatte er zudem die Geschwister Karl und Anneliese Gräfenberg verteidigt, die im Zuge von Aktionen gegen ihren Onkel Richard Gräfenberg wegen angeblicher Devisenschieberei verhaftet worden waren, und er hatte auch die Tochter des Begründers der Göttinger Moritz-Lazarus-Loge Dr. Alice Rosenberg vertreten, die Juristin war und nach dem Verlust ihres Richteramtes seit 1933 als Sekretärin für die jüdische Gemeinde in Göttingen arbeitete. 1936 war sie wegen *Rassenschande* erpresst worden, und Föge hatte die Verurteilung des Erpressers erreicht. Nach dem Krieg amtierte Föge von Januar bis November 1946 in Göttingen als von der britischen Militärverwaltung ernannter Oberbürgermeister und wurde dann 1948 noch einmal in dieses Amt gewählt, in dem er sich durch seine unbestechliche Persönlichkeit hohes Ansehen erwarb. Dass er die Vertretung der Geschwister Hahn in dieser wegen der fehlenden Beweise für den Wert der Sammlung anfänglich fast aussichtslos erscheinenden Sache übernahm, war daher kein zufälliges, lediglich berufsbedingtes Engagement, sondern entsprach Föges innerer Überzeugung.

Das Gericht verlangte als Erstes genaue Informationen über die Sammlung und vor allem eine Schätzung von deren Wert in DM. Über drei Jahre brauchten Roger Hayden und Hanni Barton, bis sie endlich die geforderten Informationen beibringen konnten. Denn erst 1956 entdeckte Roger Hayden, dass Franz Landsberger, der, wie er sich erinnerte, im Dezember 1935 Teile der Sammlung seines Vaters im Berliner Jüdischen Museum ausgestellt hatte, inzwischen Leiter des Jüdischen Museums in Cicinnati war. Er schrieb diesem am 16. April 1956, stellte sich als der überlebende Sohn von Max Raphael Hahn vor und bat Landsberger aufgrund seiner Kenntnis der Sammlung seines Vaters, von der er ihm auch noch einige Fotos schicken könne, den Wert der Sammlung zu schätzen. Da Landsberger die Hahnsche Sammlung nicht nur in Teilen, sondern durch einen der Ausstellung in Berlin vorausgegangenen Besuch in Göttingen im November 1935, wo er im Auftrag der Göttinger Loge einen Vortrag über *Rembrand und die Bibel* gehalten hatte, als Ganzes sehr gut kannte, erfüllte er Roger Haydens Bitte gern und schickte ein entsprechendes Gutachten am 28. November 1956 an das Gericht in Hannover.

Die Vertreter des Deutschen Reichs ließen nichts unversucht, um den Entschädigungsanspruch der Hahnerben zurückzuweisen: Abgesehen davon, dass sie erst einmal die Zuständigkeit der Kammer anzweifelten, führten sie u. a. an, dass es nicht erwiesen sei, dass die Listen mit dem beschlagnahmten Silbergut aus dem Jahre 1939 wirklich von Max Raphael Hahn selbst geschrieben worden seien, dann behaupteten sie, dass nur ein deutscher Experte (nicht also Franz Landsberger) den Wert der Judaica in DM bestimmen könne, weil nur ein solcher sich mit der deutschen Währung auskenne und nur ein deutscher Experte entscheiden könne, ob die 617,40 RM, die 1941 von der Zentralstelle bei der Pfandleihanstalt in Berlin auf das Konto der Deutschen Bank von Max Raphael Hahn überwiesen worden waren (siehe S. 110f.), angemessen gewesen seien. Außerdem beantragten sie, dass die damals überwiesene Summe von der festzusetzenden Entschädigungssumme abgezogen werden müsse, obwohl das Hahnsche Konto zum Zeitpunkt der Überweisung bereits eingefroren war. Allen diesen gegnerischen Anträgen folgte die Kammer nicht, sondern gab am 7. März 1957 die folgende Entscheidung zugunsten von Roger Hayden und Hanni Barton bekannt: *Der Antraggegner [d. i. das Deutsche Reich] wird verurteilt, an die Antragsteller in ungeteilter Erbengemeinschaft 51.385,20 DM nebst 4% Zinsen ab dem 6. 3. 1957 zu zahlen.*

Am 17. November 1957 schrieb Roger Hayden an Franz Landsberger, um ihm *die erfreuliche Mitteilung [zu] machen, dass unser Antrag bei der Wiedergut-* *machungskammer in Hannover für Entschädigung für die Judaica-Sammlung meines Vaters erfolgreich war und in dieser Beziehung sind meine Schwester und ich Ihnen zum grössten Dank verpflichtet.*

Roger Hayden teilte Landsberger auch wörtlich mit, was das Gericht zu der von der Gegenseite vorgebrachten Bedenken bezüglich dessen Expertenstatus festgestellt hatte:

Müssen normalerweise Privatgutachten gewissen Bedenken begegnen, so ist hier aber ein Sachverständiger gefunden worden, der als früherer Direktor des Jüdischen Museums Berlin und jetziger Direktor des Jüdischen Museums am Hebrew Union College in Cincinnati für diese Bewertung also besonders fachkundig und zuständig erscheinen muss, zumal bisher grosse Schwierigkeiten bestanden, überhaupt für dieses ausgefallene Gebiet einen Sachverständigen zu finden. Als besonders glücklicher Umstand muss noch gelten, dass Prof. Dr. Landsberger die Sammlung von früher her selbst sehr genau kannte, weil er diese in dem früher von ihm geleiteten Jüdischen Museum in Berlin ausgestellt hatte.

Der Forderung des Antragsgegners [das Deutsche Reich], wegen der Höhe des Schadensersatzes insoweit noch einen deutschen Sachverständigen zu bestellen, weil Prof. Dr. Landsberger von amerikanischen Verhältnissen ausgegangen sein könnte, konnte die Kammer nicht folgen, da das darauf hinausliefe die Bewertung doch wieder einem Gutachter zu überlassen, der für dieses seltene Sachgebiet nicht die Kenntnisse besitzt, die Prof. Dr. Landsberger zur Verfügung stehen.

Aus diesen Gründen hat die Kammer dessen Gutachten ihrer Entscheidung zu Grunde gelegt ...

Inzwischen, so schloss Roger Hayden seinen Brief, *ist auch das Rückerstattungsgesetz veröffentlicht worden* [gemeint ist das Bundesentschädigungsgesetz, das am 29. Juni 1956 rückwirkend zum 1. Oktober 1953 verabschiedet worden war] *und es besteht daher die Aussicht, dass wir zumindest eine teilweise Entschädigung gezahlt bekommen. Recht herzlichen Dank, once again for your assistance, Yours very truly Roger Hayden*

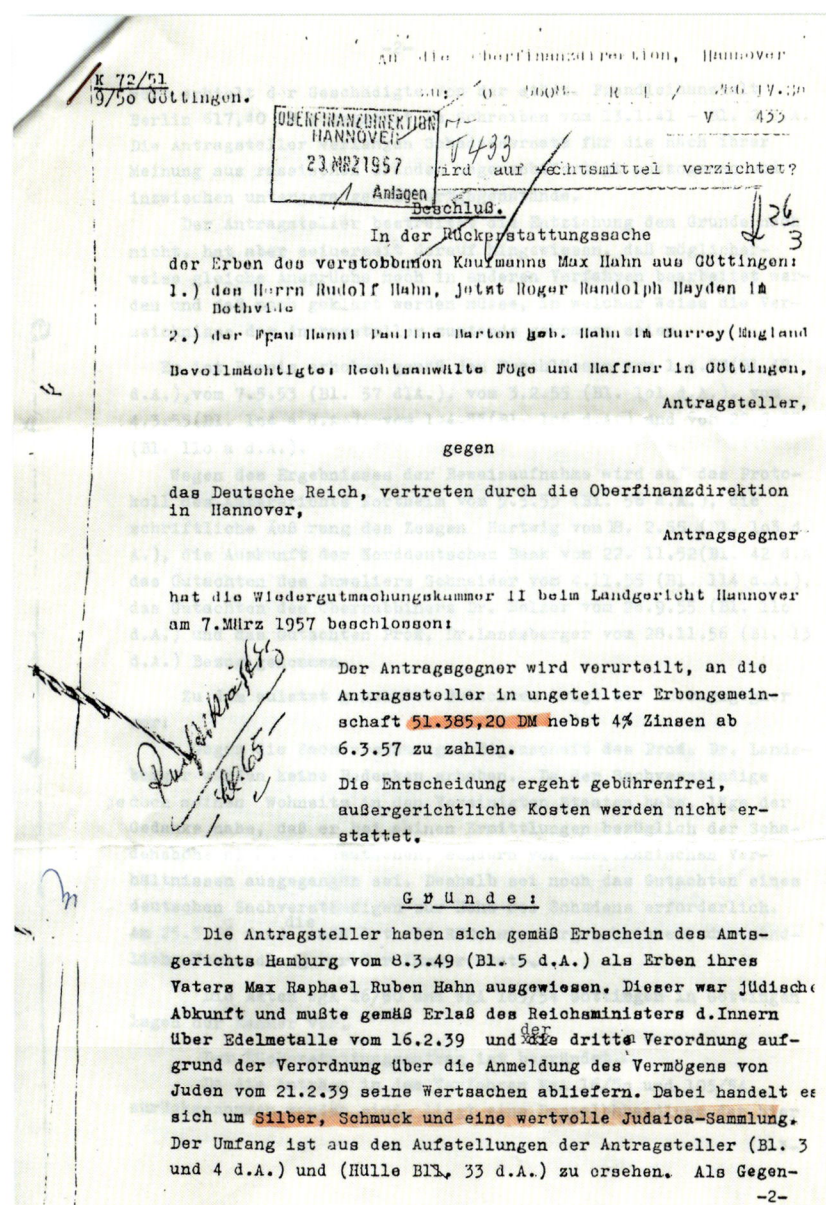

Es brauchte viele Jahre und sehr viel Geduld, Engagement und Recherche, bis die Kinder von Max Raphael Hahn offiziell die Anerkennung erhielten, dass es ein zu sühnendes Unrecht gewesen war, dass sich ein Lastwagen am 2. Oktober 1940 mit der Sammlung Hahn auf den Weg von Göttingen zur Städtischen Pfandleihanstalt in Berlin machte.

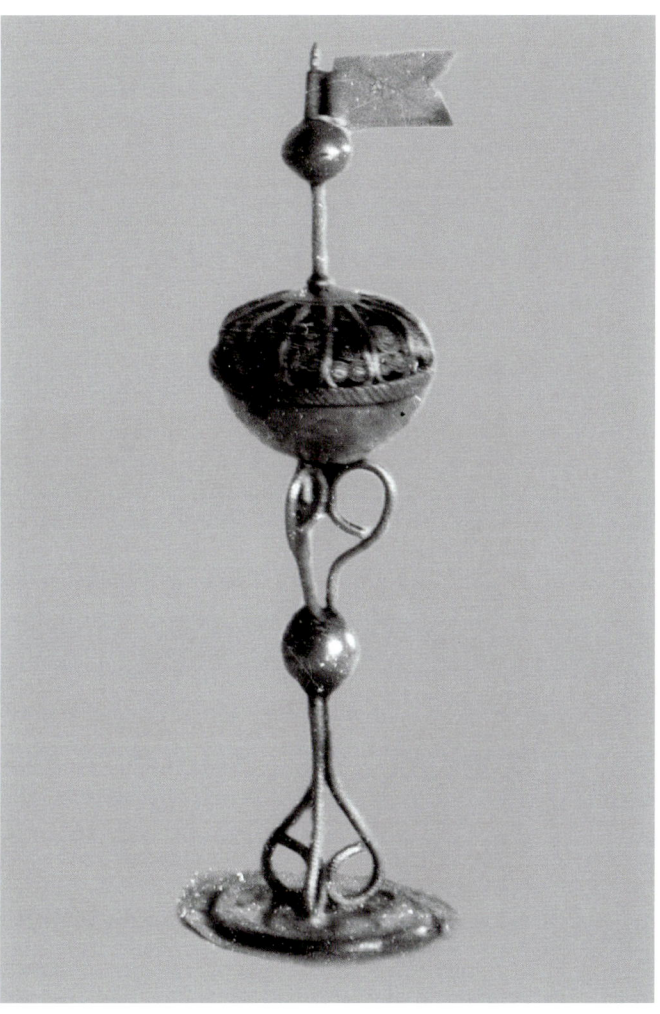

Dr. Franz Landsberger half den Geschwistern Hahn bei der Bewertung beispielsweise der hier abgebildeten Bessamimbüchse aus der Sammlung ihres Vater – Sammlung Hahn (V).

Die Frachtcontainer in Schweden

Schon ein paar Monate vor Kriegsende hatten Hanni Hahn und Roger Hayden auch begonnen, nach den Dingen zu suchen, die ihre Eltern 1940 oder auch in den ersten Monaten des Jahres 1941 als Vorbereitung für ihre geplante Emigration in die USA ins neutrale Ausland geschickt hatten. Es ging dabei insbesondere um zwei Frachtcontainer, die nach Schweden gegangen waren. Von ihrem Cousin Max Meier Hahn, der bis Mai 1941 noch in Hamburg gewesen war, hatten sie erfahren, dass in den Schwedencontainern Möbel (darunter auch der Flügel von Gertrud Hahn), Antiquitäten, Teppiche und viele andere Wertsachen gewesen waren. Diesmal übernahm unterstützt von einem Anwalt Hanni Hahn die Aufgabe, die beiden Container, die ihr Vater nach Schweden geschickt hatte und die etwa sechs Tonnen schwer waren, nach England zu transferieren. *Vati scheint eine irrsinnige Summe bezahlt zu haben, um die Sachen zu verschicken*, schrieb sie an Roger Hayden am 18. April 1945, *und er bezahlte auch die Lagerung für ein Jahr im Voraus* (Original Englisch).

Doch wieder gab es Komplikationen. Max Raphael Hahn hatte die Lagerkosten nur für ein Jahr gezahlt, und inzwischen waren vier oder sogar fünf Jahre vergangen. Und da es weder Quittungen noch sonstige Belege gab, hatte die schwedische Firma das Recht, den Inhalt der Container zu versteigern. Sie erklärte sich aber freundlicherweise bereit, mit der Auktion zu warten, damit die Hahngeschwister Zeit hätten, das Geld aufzubringen, um die Container nach London zu verfrachten.

Am 17. Juli 1945 schrieb Hanni ihrem Bruder Roger, der zu dem Zeitpunkt in Kairo stationiert war, dass sich der Transfer und die ausstehenden Lagerkosten auf hundertfünfzig Pfund belaufen würden. Nun war es nicht so einfach, in Großbritannien so kurz nach dem Krieg eine solche Summe aufzutreiben. *Das heißt entweder wir leihen uns das Geld und zahlen*, schrieb Hanni ihrem Bruder *oder die Sache ist gegessen* (Original Englisch).

Hutschenreuther Porzellan: Servierschüssel mit Deckel und Früchteteller mit Goldrand. Beide Objekte gezeichnet mit *Hutschenreuther Selb*, Löwenstempel *LHS, Bavaria* – Sammlung Hahn.

Alle Objekte, die in diesem Abschnitt abgebildet sind, und auch das Fotoportrait Max Raphael Hahns im Vorwort zur deutschen Ausgabe dieses Buches befanden sich in den Schwedencontainern.

Gleichzeitig mit dem Transport der Container musste Hanni, die am 19. Dezember 1945 Robert Barczinski (der sich später in Barton umbenannte) heiraten wollte, auch noch ihre Hochzeit organisieren, was – da in der Nachkriegszeit auch in Großbritannien Nahrungsmittel, aber auch Kleidung und Möbel nur schwer zu bekommen waren – nicht ganz einfach war. *Aber das sollte dir keine Sorgen bereiten*, versicherte Roger Hanni in einem Brief am 14. August 1945, *weil ich mir sicher bin, dass du alles, was du brauchst, in den Containern finden wirst. Und ich bin dafür, dass du dein neues Zuhause mit den Möbeln ausstattest, die wir retten konnten* (Original Englisch).

Schließlich gelang es doch, das Geld aufzutreiben (100 englische Pfund lieh ihnen ihr Cousin Maxwell Fraser und 50 Pfund steuerte Roger selbst bei), so

Meißner Zuckerdose und Milchkännchen und Meißner Fruchtteller mit Vergoldung (links) und Meißner Figurine mit der Inschrift auf dem Sockel *Je les ramène (Ich bringe sie zurück)* – Sammlung Hahn.

dass dann im Juni 1946 die Container aus Schweden tatsächlich in London eintrafen. Anschaulich und ein bisschen ironisch beschrieb Hanni ihrem Bruder in einem Brief vom 5. Juni 1946, wie sich das bei ihr zu Hause in England abspielte:

Ich bin mir vorgekommen wie in einem Laden. Von morgens bis abends waren Menschen da und ich bin fast verrückt geworden. Aber jetzt ist das schlimmste überstanden [...]. Die Zinngeräte, das Porzellan, ein paar von den Kristallsachen, den großen Teppich, die Lampen, einige Bücher, die Figurine, den großen Schrank, die Messingsachen und sonstigen Krimskrams haben wir verkauft. Mit dem Erlös haben wir die Kosten gedeckt und da sind deine 50 und die 100 Pfund von Max [Maxwell Fraser] bereits einkalkuliert. Die Familie Spitzer* wird die Vitrine, und Freunde von Robert [Hannis Mann] den Mahagoni-Schrank solange nehmen, bis wir entscheiden, was wir mit den Sachen machen möchten. Im Moment stehen sie noch im Flur und müssen rausgebracht werden. Pickfords* werden sie nächste Woche mitnehmen. Ich habe mir gedacht, dass du vielleicht Interesse an den Möbelstücken hast. Wenn nicht, können wir sie verkaufen. Ansonsten ist noch die alte Nussbaum-Garnitur hier, aber ich habe da jemanden im Auge. Wenn auch das weg ist, können wir das Zimmer als Schlafzimmer benutzen und das kleine Zimmer hinten zum Musikzimmer umfunktionieren. Dann können wir nämlich auch den Flügel unterbringen (Original Englisch).

Viele der Erbstücke, die sie aus ihrem ehemaligen Zuhause in Göttingen hatten retten können, behielten Roger Hayden und Hanni Barton und reichten diese an ihre Kinder weiter. Das Gemälde im Stil von Vermeer schenkte Roger Hayden seinem Sohn Michael, und dessen Tochter Anna lernte Violine auf dem Instrument spielen, das ihr Großvater Rudolf/Roger von seinen Eltern im Jahr 1932 zu seiner Bar Mitzwa bekommen hatte. Den Biedermeiersekretär schenkte Hanni Barton ihrer ältesten Tochter Diana Kanter.

Unbekannter holländischer Maler im Stil Vermeers, Öl auf Leinwand – Sammlung Hahn.

Paul Ritter Violine – Sammlung Hahn.

---

* Wer genau Spitzers oder Pickfords waren (wahrscheinlich Nachbarn oder Freunde des Ehepaars Hanni und Robert Barczinski/Barton), ließ sich nicht mehr feststellen. Weder den Töchtern von Hanni und Robert Barton noch den Söhnen von Roger Hayden sagen diese Namen heute noch etwas.

Dieses Porträt eines unbekannten Meisters (Öl auf Leinwand) hing ursprünglich im Speisezimmer in der Merkelstraße 3 (siehe das untenstehende Foto) und ist heute Teil des Zuhauses von Michael und Sandy Hayden in Vancouver – Sammlung Hahn.

Dieser schöne Biedermeier-Sekretär aus dem Hahnschen Haus in Göttingen schmückt heute die Wohnung von Diana Kanter in Brüssel – Sammlung Hahn.

Kondolenzalbum für Raphael Hahn, der am 22. Dezember 1915
in Göttingen gestorben war – Sammlung Hahn.

Eine Ausgabe von Kriegsbriefen gefallener deutscher Juden, herausgegeben vom Reichsbund Jüdischer Frontsoldaten, erschienen im Berliner Vortrupp Verlag – Sammlung Hahn. Die Zeichnung im Innentitel stammt von Max Liebermann. Die Gedenktafel, die der Reichsbund Jüdischer Frontsoldaten nach dem Ersten Weltkrieg auf dem jüdischen Friedhof in Göttingen aufstellen ließ, trägt 19 Namen. Insgesamt 105 jüdische Männer aus Göttingen hatten am Krieg teilgenommen. Der Reichsbund Jüdischer Frontsoldaten hatte sich 1919 in Berlin als Reaktion auf den Ausschluss von Juden aus dem rechtsnationalen paramilitärisch organisierten Stahlhelm-Bund der Frontsoldaten gebildet, 1933 hatte die Göttinger Ortsgruppe 43 Mitglieder.

Unter den Dingen, die Gertrud und Max Raphael Hahn in die für Schweden bestimmten Container gepackt hatten, befanden sich auch Tagebücher, Fotos, Bücher und persönliche Dokumente, die die Grundlage für dieses Buch bildeten, und auch ein paar der Judaica (insbesondere die Haggadot und Megillot), die nicht konfisziert worden waren, hatten sie nach Schweden verschicken können.

Elfenbeinpfeife in ihrem Behältnis – Sammlung Hahn.

Elfenbeinschnitzerei gerahmt – Sammlung Hahn.

Handgemaltes Miniaturportrait, Deutschland, 19. Jahrhundert,
mit messinggefasstem Perlmuttrahmen – Sammlung Hahn.

Silberner Weinkorken mit der hebräischen Aufschrift *Wein macht froh* – Sammlung Hahn.

Die drei guten Juden: Mosue [Moses], Rex Davit [König David], Judas Machabeus. Radierung von Daniel Hopfer Echting 1519 – Sammlung Hahn.

Dreidl-Kreisel aus Elfenbein – Sammlung Hahn. Ein Dreidel, auch Dreidl, ist ein traditionelles Spielzeug, das von den jüdischen Kindern während des acht-tägigen Lichterfestes Chanukka gedreht wird. Auf den vier Seiten befinden sich vier hebräische Buchstaben, die für den Satz stehen: נס גדול היה שם [in Laut-schrift *Nes gadol haja scham*, übersetzt: *Ein großes Wunder ist dort geschehen*.) Bei dem Spiel, das auf ein deutsches Kinderspiel aus dem 16. Jahrhundert zurückgeht, spielen die Kinder um Süßigkeiten, wobei die verschiedenen Buchstaben den Gewinn anzeigen: נ Nun (= jiddisch *nisht*) – Man gewinnt nicht, ver-liert aber auch nichts, ג Gimel (= jiddisch *gants*) – Man gewinnt den gesamten Kasseninhalt, danach muss jeder Spieler wieder ein Stück in den Pott legen; ה He (= jiddisch *halb*) – Man gewinnt die Hälfte der Kasse (aufgerundet). Manchmal wird verlangt, dass, wenn nur ein Stück verbleibt, jeder eines nachlegen muss, ש Schin (= jiddisch *schtel*) – Man muss ein Stück in die Kasse legen. Wer nichts mehr in die Kasse legen kann, scheidet aus.

Zwölf Handgepäckstücke in der Schweiz

Unsere Eltern, hatte Roger Hayden seiner Schwester am 4. Juli 1945 geschrieben, *haben auch außer den Containern [nach Schweden] ihr gesamtes Handgepäck in die Schweiz vorausgeschickt. Sie schickten es nach Basel, aber ich weiß nicht, wo es sein könnte, bzw. an wen man sich da wenden kann. Ich glaube, dass es sich lohnen würde, das Gepäck zu suchen, weil es wahrscheinlich Dinge sind, die man für den Alltag braucht. Du musst bedenken, dass unsere Eltern sich damals darauf vorbereitet haben, in die USA zu gehen und sie werden angenommen haben, dass sie eine Weile nicht an ihre Sachen aus den Containern rankommen würden* (Original Englisch).

Es dauerte bis Mai 1946, bis Roger Hayden und Hanni Barton herausgefunden hatten, dass sich diese zwölf Gepäckstücke, darunter auch die Briefmarkensammlung ihres Vaters, bei einem Anwalt in Basel befanden. Und danach dauerte es noch einmal neun Monate, bis sie auch dieses Eigentum ihrer Eltern endlich wieder in Händen hielten.

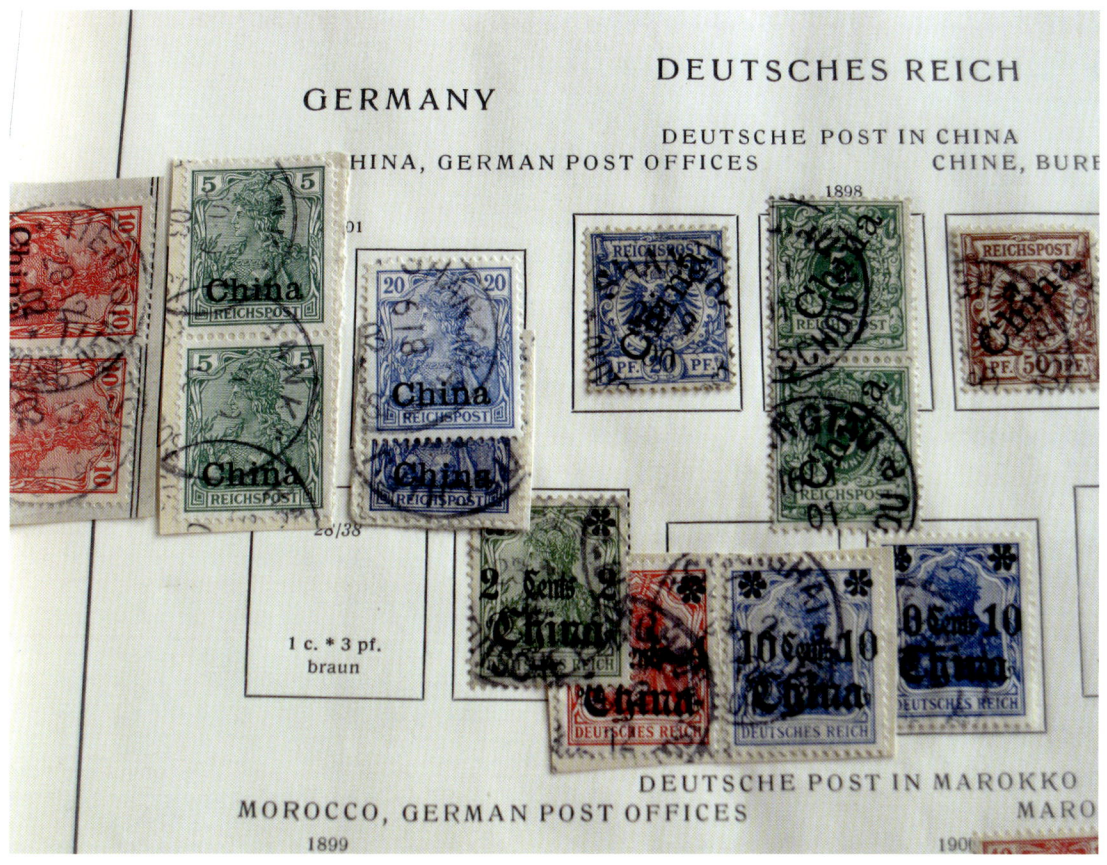

Briefmarkensammlung Hahn: Die Sammlung umfasste ca. 4000 Marken. Sie befindet sich jetzt bei Jonathan Hayden in Südafrika.

My parents were Max Ruben Hahn and Gertrud Tara Hahn who resided at Gottingen and afterwards at Hamburg. In or about December 1941 they were removed by the German Authorities to an unknown destination and have not since been heard of.

I joined the British Army on the 7th February 1940, and served therein up to June 1946 in various places. I was posted to Germany in April 1946 on compassionate grounds to enable me to make enquiries as to my parents and then spent all available time at my disposal in exhaustive enquiries in all likely ways and from all the persons and acquaintances known to them, and I was given to understand that there would be very little likelihood of their return or survival.

When they were removed as aforesaid my parents had previously packed up and despatched to Messrs. Goth & Co. Ltd., of Basle, Switzerland, the 12 packages which I am now endeavouring to recover. These 12 packages are now in the hands of H. M. Customs & Excise, London.

Für den englischen Zoll gab Roger Hayden am 14. Februar 1947 die folgende eidesstattliche Erklärung ab: *Ich trat am 7. Februar 1940 in die britische Armee ein und diente dort an verschiedenen Einsatzorten bis Juni 1946. Im April 1946 wurde ich, weil man Verständnis für meine Lage hatte, nach Deutschland versetzt, damit ich dort Nachforschungen nach meinen Eltern anstellen konnte und dann verbrachte ich die gesamte mir zur Verfügung stehende Zeit mit gründlichen Nachforschungen in alle denkbaren Richtungen und bei allen Menschen und Bekannten, die meine Eltern gekannt hatten. Aber ich war gezwungen zu akzeptieren, dass es nur eine sehr geringe Wahrscheinlichkeit für ihre Rückkehr oder ihr Überleben gab. Bevor sie, wie oben gesagt, deportiert wurden, haben meine Eltern die 12 Gepäckstücke an die Herren Goth & Co, Ltd. in Basel geschickt, die ich nun habe ausfindig machen können. Diese 12 Gepäckstücke befinden sich nun beim britischen Zoll in London.*

Ein kleiner Hahn kommt nach Hause

Über achtzig Jahre lang war Göttingen das Zuhause der Familie Hahn gewesen, und Max Raphael Hahns Kinder besuchten auch nach dem Krieg immer wieder ihre ehemalige Heimatstadt und brachten auch ihre Kinder mit und diese später auch wieder ihre Kinder. Hanni Barton, geb. Hahn, die bis zum ihrem Tode im März 1985 in England lebte, hatte zwei Töchter: Diana, verheiratete Kanter, und die nach ihrer Großmutter benannte Trudy, verheiratete Tozer. Roger Hayden war wenige Monate vor seiner Schwester im Dezember 1984 nach einem Herzanfall gestorben. Er hinterließ zwei Söhne: Michael und Jonathan. Vor allem Michael Hayden, der die gleichen Initialen wie sein Großvater trägt (MRH = Max Raphael Hahn und Michael Reuben Hayden) und Diana Kanter kamen regelmäßig nach Göttingen, und sie stießen dort immer wieder auf Dinge, die ihren Großeltern gehört hatten. Bei seinem Besuch 1986, bei dem Michael Hayden die Mappa entdeckt hatte, die ihm der damalige Göttinger Oberbürgermeister Artur Levi dann genau zur Geburt seiner Tochter Jessica Raphaela nach Vancouver geschickt hatte, stieß er durch Zufall auch auf kleines Besitzstück seiner Großeltern, das zwar keinen nennenswerten materiellen, dafür aber einen hohen symbolischen und emotionalen Wert hat.

Bei seinem Besuch 1986 war Michael Hayden auch zu dem Haus in der Merkelstraße 3 gegangen, in dem sein Großvater Max Raphael Hahn und seine Großmutter Gertrud Hahn mit seinem Vater Rudolf/Roger und seiner Tante Hanni gelebt hatten. Im obersten Stock klopfte er an eine Tür, die ihm von einer älteren Frau geöffnet wurde. Als sie erfuhr, dass der Enkel von Max Raphael Hahn vor ihr stand, war sie sehr berührt. Sie bat Michael Hayden in ihre Wohnung und bot ihm eine Tasse Tee an. Dann erzählte sie ihm, dass sie kurz nachdem Max Raphael und Gertrud Hahn 1940 ihr Haus hatten verlassen müssen, dort eingezogen sei. In dem Hahnschen Haus hatten außer der Familie Hahn immer schon mehrere Mietparteien gewohnt, und nachdem mehrfach Wohnungen geteilt worden waren (zuletzt noch im April 1939), lebten während des Krieges dort immer mehr Menschen. Die letzten Juden, die in der Merkelstraße 3 wohnten, waren Otto und Martha Wolf gewesen. Otto Wolf, der als Aktivist des Reichsbundes Jüdischer Frontsoldaten in seiner Gemeinde so hohes Vertrauen genoss, dass er sogar als Vermögenstreuhänder für emigrierte Göttinger Juden fungierte, hatte nach dem Weggang von Max Raphael Hahn den Vorsitz der jüdischen Gemeinde übernommen. Doch schon bei dem ersten Göttinger Judentransport am 26. März 1942 war auch das Ehepaar Wolf aus Göttingen deportiert worden und die Merkelstraße 3 nun *judenrein*, wie es damals hieß. Das Haus wurde *arisiert* und an Franz Hollenbach, den Besitzer einer Reißwollfabrik in Duderstadt, verkauft.

Nach dem Krieg war die Villa zunächst mehrere Jahre von der britischen Militärregierung beschlagnahmt. Nach Abschluss eines Rückerstattungsverfahrens, das die Hahnerben 1951 angestrengt hatten und das – wie auch das entsprechende Verfahren für den Besitz in der Weender Landstraße 59 – mit einem Vergleich endete, konnte die Witwe des inzwischen verstorbenen Reißwollfabrikanten Franz Hollenbach das Haus nach Zahlung einer Entschädigung behalten. Das Stammhaus der Familie Hahn in der Weender Straße 63 (heute 70) erhielten die Hahnerben zurück. Es wurde im Zuge der Erbteilung den Kindern von Nathan Hahn zugesprochen und wird nach deren Tod heute von der 1985 von Max Meier Hahn ins Leben gerufenen *Nathan und Betty Hahn/ Max M. und Lili Hahn-Stiftung* verwaltet.

Zurück zur Merkelstraße 3: Kurz nach ihrem Einzug, so erzählte die alte Dame Michael Hayden bei seinem Besuch 1986, sei die Dampfheizung des Hauses gereinigt worden, und dabei sei ein kleiner, verrußter Gegenstand herausgefallen.

Glutlöscher aus Zinn – Sammlung Hahn.

Es war ein Glutlöscher für einen Aschenbecher in der Form eines Hahns. Sie reichte Michael Hayden den kleinen Hahn und sagte ihm, dass sie all die Jahre darauf gewartet habe, diesen seinem rechtmäßigen Besitzer zurückgeben zu können.

Die Möbel werden zurückgegeben

Auf der Grundlage der 1998 verabschiedeten Washingtoner Grundsätze (Washington Principles) und der ‚Erklärung der Bundesregierung, der Länder und der kommunalen Spitzenverbände zur Auffindung und zur Rückgabe NS-verfolgungsbedingt entzogenen Kulturgutes, insbesondere aus jüdischem Besitz‘, begannen bundesweit in Museen, Bibliotheken, Archiven und anderen öffentlichen Einrichtungen intensive Recherchen, so heißt es in einem 2010 im Jahrbuch des Göttinger Geschichtsvereins veröffentlichten Artikel *‚Arisiertes‘ Kulturgut im Sammlungsbestand des Städtischen Museums.* Das Ergebnis der Recherchen im Sammlungsgut des Göttinger Museums wurde mit diesem Artikel der Öffentlichkeit präsentiert, und darin kann man nachlesen, dass sich auch mehrere Objekte aus dem ehemaligen Hahnschen Besitz im Museum befanden.

Es handelte sich dabei um ein Neu-Rokoko-Sofa, einen Tisch, zwei dazugehörige Stühle und eine dazu passende Decke (alles im April 1938 erworben für zusammen insgesamt 275,– RM) sowie um einen Hornkamm und eine Serviette, die ebenfalls im April 1938, aber ohne Preisangabe ins Museum gekommen waren. *Beim Ankauf,* heißt es in dem 2010 erschienen Bericht weiter, *war sich Museumsdirektor [Otto] Fahlbusch bewusst, dass es sich bei den Möbeln nicht um Originalrokokostücke aus dem 18. Jahrhundert, sondern um Möbel im Rokokostil aus dem 19. Jahrhundert (‚Neu Rokoko‘) handelte. Obwohl sie daher nicht unterbezahlt schienen, ist doch offensichtlich, dass die Verkäufe nicht freiwillig erfolgten, sondern eine Folge der wachsenden wirtschaftlichen Notlage der Familie Hahn waren. Von den Stühlen ist in der Sammlung des Museums nur noch einer nachweisbar.*

Als sich 2011 Michael Hayden gemeinsam mit seinen Töchtern Anna und Jessica und seiner Cousine Diana Kanter mit ihrem Mann überraschend für einen Besuch in Göttingen ankündigte, war es aufgrund der vorangegangenen Recherchen für den Leiter des Göttinger Museums Ernst Böhme selbstverständlich, dass den Hahnenkeln bei diesem Besuch nicht nur die oben beschriebenen Möbel und die beiden Kleinteile Kamm und Serviette gezeigt wurden, sondern dass ihnen bei dieser Gelegenheit auch angeboten wurde, ihnen diese Erbstücke aus dem Nachlass ihres Großvaters zurückzugeben.

Die Rückgabe der Möbel und der anderen ehemaligen Besitztümer der Familie wird am 8. November 2014 erfolgen. An demselben Tag wird für Max Raphael und Gertrud Hahn am Haus Merkelstraße 3 eine der Gedenktafeln enthüllt werden, mit denen die Stadt Göttingen traditionell ihrer bedeutenden Bürger gedenkt, und auch dieses Buch wird aus diesem Anlass der Öffentlichkeit präsentiert werden.

Hornkamm und Serviette aus dem Bestand des Städtischen Museums Göttingen.

Es ist nicht immer einfach, die Provenienz in der NS-Zeit geraubter Gegenstände zu klären. Hier jedoch ist der frühere Besitzer von Sofa, Tisch und Stühlen nicht nur durch die Eintragungen in den Inventarverzeichnissen des Städtischen Museums Göttingen, sondern auch durch dieses in den frühen 1930er Jahren aufgenommene Foto der Diele in der Merkelstraße 3 eindeutig zu bestimmen.

Stuhl und Sofa im Neu-Rokoko-Stil aus dem Bestand des Städtischen Museums Göttingen.

Eine Chanukkia aus der nach dem Krieg neu aufgebauten Sammlung von Roger Hayden. 1984 stellte Roger Hayden diese Chanukkalampe dem Braunschweigischen Landesmuseum für dessen Ausstellung über *Jüdisches Kultgerät* zur Verfügung.

Kapitel 6: Die Familientradition wird fortgeführt

Die Sammlung des Vaters bewahren

Wie sein Großvater Raphael und sein Vater Max Raphael Hahn liebte Roger Hayden jüdische Kunst und sammelte aufbauend auf dem, was er und seine Schwester von der ursprünglichen Sammlung Hahn hatten retten können, nach dem Krieg selbst Judaica. Die Erinnerungen an die Nazizeit, die Vertreibung, den Krieg und die Ermordung seiner Eltern waren ein steter Quell von Schmerz, Trauer und Leid für ihn, und die Beschäftigung mit der Judaica-Sammlung ein Mittel, das Geschehene zu verarbeiten. Die Sammlung war zudem Ausdruck der Sehnsucht eines Sohnes nach seinem Vater und der Hingabe an die Familientradition, die er so am Leben erhalten konnte und der er bis zum Ende seines Lebens treu blieb.

Aus der Judaica-Sammlung von Max Raphael Hahn haben etwa dreißig Objekte den Krieg überstanden, darunter beispielsweise die hier im Buch abgebildeten Haggadot und Megillot, aber auch einige Gebetbücher, außerdem ein paar Dinge, die für den Schabbat benötigt werden: mehrere bestickte seidene Challadecken, ein Challa-Messer, und ein Hawdala-Teller aus Porzellan (S. 53 und S. 55); und auch ein paar Silberobjekte: einige Bessamimbüchsen (S. 17, S. 116 und S. 148), ein Chanukkaleuchter aus Italien (S. 149), ein Tora-Brustschild (S. 49), ein Dreidl (S. 138) und ein Pessachteller (Keara), ein runder Teller, auf dem die symbolischen Speisen, die Juden am Pessachabend zu sich nehmen, angeordnet werden.

Hanni Barton und Roger Hayden, 1946.

Silberne Bessamimbüchse. Drei der Größe nach angeordnete Würfel stehen auf einem Sockel, der mit einer Gravur versehen ist. Der untere Würfel ist für die duftende Gewürze (Bessamim) vorgesehen. Der Glockenturm auf dem oberen Würfel wurde beschädigt und fehlt.

Bessamimbüchse. Silberguss mit Lochmuster. Ein Löwe sitzt auf einem achteckigen Podest.

Silberne Bessamimbüchse.

Drei Bessamimbüchsen (Gewürzbehälter) aus der Sammlung von Max Raphael Hahn, die vor den Nationalsozialisten gerettet werden konnten.

Roger Hayden stellte oft Objekte aus der Judaica-Sammlung seines Vaters für Ausstellungen in Kapstadt zur Verfügung, wie beispielsweise für die 1970 vom dortigen Kulturhistorischen Museum gemeinsam mit dem Jüdischen Museum veranstaltete Ausstellung über *Aspekte jüdischen Lebens in Südafrika*, dessen Katalogtitel hier abgebildet ist. Ausstellung und Katalog waren zweisprachig, auf Englisch und Afrikaans. Der unten abgebildete Chanukkaleuchter aus der Sammlung von Max Raphael Hahn wurde auch auf dieser Ausstellung gezeigt.

ASPEKTE VAN

JOODSE LEWE

IN SUID-AFRIKA

•

TENTOONSTELLINGS
LESINGS

•

23 Februarie — 9 Maart 1970

in die Kultuurhistoriese Museum
(Ou Hooggeregshof) Adderleystraat

en die Kaapstadse Joodse Museum
(Ou Sinagoge) Goewermentslaan

Onder die gesamentlike beskerming van die SUID-AFRIKAANSE JOODSE RAAD VAN AFGEVAARDIGDES KAAPSE RAAD en die JOODSE VROUEFEDERASIE, KAAPSE TAK

Chanukkia im Renaissance-Stil. Messing. Gelbguss. Süditalien, 19. Jahrhundert. Ein Tempelleuchter, ein Ölkännchen, zwei Bäume und die Hand G'ttes auf der Rückwand, vorn acht kleine Öllämpchen, der Schammasch (Diener) ist oben links – Sammlung Hahn.

01-455 1450   JOSEPH GRADENWITZ,
                                                  51 WOODLANDS,
                                                     LONDON,
                                                     NW11 9QS

                                                26th March 1972.

Messrs. A. Rosenthal, Ltd.,
9 - 10 Broad Street,
Oxford.

Dear Dr. Ettinghausen,

        I received your letter of 23rd March, together with
cheque for £63.00, and I would like to thank you for your
kind words.   It is gratifying to find one's work appreciated.

        By same mail I am sending you the remaining two Haggadoth.

        Haggadah Amsterdam 1712:   This rather tricky restoration
turned out very satisfactorily indeed.   I was able to soak away
all the old unsightly mends, which covered not only all texts
underneath the illustrations but also large areas of text proper.
None of the colouration "ran", and in fact the colours came out
cleaner and more brilliant than before.   I mended all folios
throughout without losing any text whatever, and I extended all
leaves to their original size.   The book is now bound in black
morocco with some brilliant gold tooling front, back and spine.

        Haggadah Sulzbach 1751:   Here again the restoration work
was highly successful.   The dirty limp and crumpled leaves
were cleaned and made crisp and lively again.   The title page
appears almost as new and the last leaf, which was in a terrible
condition, all torn and crumpled and damaged, is now mounted
on transparent silk and in very good condition.   I bound this
volume in a fine light brown morocco and very elegantly tooled
the book front, back and spine with gilt tooling.

        I regret not to be able to retain these two lovely volumes
for my own collection but this is one of the hazards of my trade,
that invariably though reluctantly one has to part with the
most desirable pieces.
                                With kindest regards,
                                   Yours sincerely,

                                   J. Gradenwitz.

Brief von Joseph Gradenwitz an Maurice Ettinghausen über die abgeschlossene
Restaurierung der Haggadot von Max Raphael Hahn vom 26. März 1972.

Die wertvollen Bücher seines Vaters ließ Roger Hayden restaurieren. *Am liebsten*, schrieb der Londoner Restaurator Joseph Gradenwitz nach Abschluss seiner Arbeiten am 26. März 1972, *hätte ich die beiden wundervollen Bände für meine eigene Sammlung behalten, aber das ist nun mal der Nachteil in meinem Beruf, dass man sich ständig, wenn auch schweren Herzens, von den schönsten Stücken trennen muss.*

Der hier nebenstehende Brief von Joseph Gradenwitz ist an einen Dr. Ettinghausen gerichtet. Mit ziemlicher Sicherheit handelt es sich dabei um Maurice Ettinghausen, der nach dem Krieg gemeinsam mit Albrecht (Albi) Rosenthal einen Handel mit antiken Büchern betrieb. Rosenthal, der 1933 aus München nach England emigriert war, hatte 1937 die Antiquariatshandlung *A. Rosenthal Ltd.* in London gegründet, die 1941 nach den Bombenangriffen auf London nach Oxford verlegt worden war.

Auf S. 56 und S. 57 sind die im Brief erwähnten beiden Haggadot von 1712 und 1751 abgebildet.

Innenansicht der Amsterdamer Haggada von 1712 – Sammlung Hahn.

Präsentation der weltlichen Stücke aus der Sammlung Max Raphael Hahn

Roger Hayden nutzte auch jede Gelegenheit, die weltlichen Kunstwerke aus der Sammlung seines Vaters, die in den Schwedencontainern überlebt hatten, in Ausstellungen zu präsentieren. Schon 1949 organisierte er selbst zwei Ausstellungen in der kleinen Galerie der Buchhandlung *I. D. Booksellers* am Church Square in Kapstadt und stellte dort zunächst die Radierungen und Holzschnitte von Max Liebermann und anschließend die chinesischen Kunstwerke aus der Familiensammlung aus.

Max-Liebermann-Ausstellung vom 17. bis 26. September 1949 in Kapstadt

Max Liebermann, Holländische Landschaft, Holzschnitt 1922 – Sammlung Hahn.

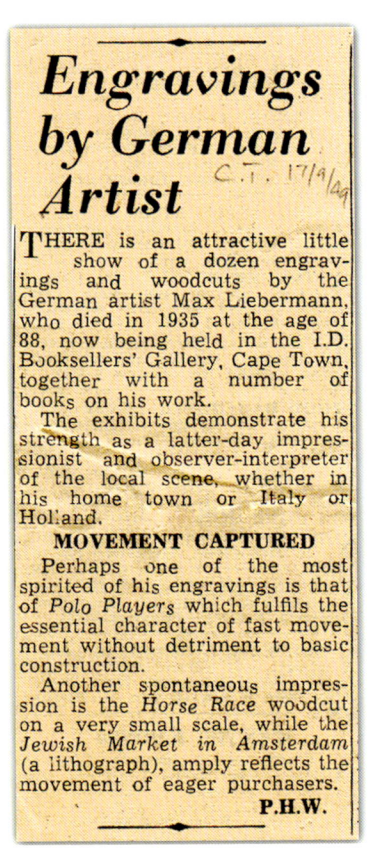

Engravings by German Artist

C.T. 17/9/49

THERE is an attractive little show of a dozen engravings and woodcuts by the German artist Max Liebermann, who died in 1935 at the age of 88, now being held in the I.D. Booksellers' Gallery, Cape Town, together with a number of books on his work.

The exhibits demonstrate his strength as a latter-day impressionist and observer-interpreter of the local scene, whether in his home town or Italy or Holland.

MOVEMENT CAPTURED

Perhaps one of the most spirited of his engravings is that of *Polo Players* which fulfils the essential character of fast movement without detriment to basic construction.

Another spontaneous impression is the *Horse Race* woodcut on a very small scale, while the *Jewish Market in Amsterdam* (a lithograph), amply reflects the movement of eager purchasers.

P.H.W.

Ankündigung der Liebermannausstellung Roger Haydens in der *Cape Times* vom 17. 9. 1949.

Max Liebermann

1847–1935. Die Arbeiten von Max Liebermann, die mittlerweile als klassisch gelten, hatten wegen ihres ,hässlichen' Realismus zu ihrer Zeit noch für Kunstskandale gesorgt. Liebermann war der Wegbereiter des deutschen Impressionismus. Seine Bewunderung für Frans Hals und andere Künstler aus dem 17. Jahrhundert und seine intellektuelle Herangehensweise an die Kunst ließen ihn im Gegensatz zu seinen Zeitgenossen Farben nur sehr sparsam einsetzen.

Obwohl ein bedeutender Maler, beruhte seine Bedeutung für die deutsche Kunstgeschichte nicht nur auf seiner Künstlerschaft, sondern war mindestens ebenso stark auf seine Persönlichkeit und sein um Ausgleich bemühtes öffentliches Auftreten zurückzuführen. 1920 wählte man ihn zum Präsidenten der Berliner Akademie. Als die Nationalsozialisten 1933 an die Macht kamen, legte er alle seine Ämter nieder und übergab sein letztes Selbstportrait, ein sehr bewegendes Kunstwerk, dem Jüdischen Museum in Berlin, so dass sein Werk auch als ein jüdischer Beitrag zu der Kunst seiner Generation betrachtet werden kann.

Aus dem Katalog der *Jewish Art Exhibition* des Jüdischen Museums in Kapstadt 1951 (Original Englisch).

Das in dem Artikel erwähnte Selbstbildnis Liebermanns ist abgebildet in Frübis, 2004, S. 55.

Max Liebermann, Pferderennen, Holzschnitt, 1922 – Sammlung Hahn.

Max Liebermann, Mutter und Kind im Garten spazierend, Radierung, 1922 – Sammlung Hahn.

Ausstellung
chinesischer Stickereien und Kunstobjekte
vom 27. September bis 11. Oktober 1949
in Kapstadt

Chinesische Stickereien aus der Sammlung Hahn.

You are cordially invited to an exhibition of

Chinese Embroideries and Objets d'Art

which will be on view

from September 27 to October 11 1949

at

The I.D. Booksellers, 1, Church Square,

Cape Town

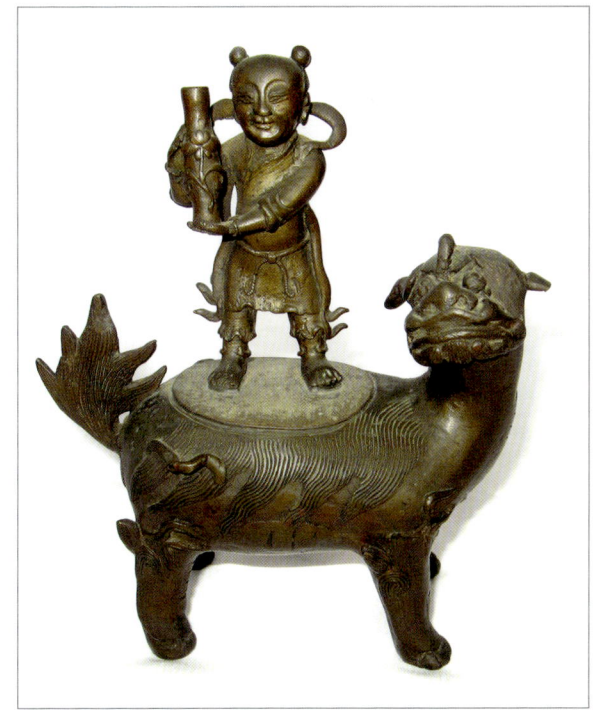

Einladung zur Ausstellung chinesischer Stickereien und Kunstobjekte vom 27. September bis 11. Oktober 1949
in Kapstadt und Objekte aus der Hahnsammlung, die dort gezeigt wurden.

1956 reichte Roger Hayden für die *Home Curiosities Exhibition* (vielleicht am besten mit *Kuriositäten aus dem eigenen Heim* zu übersetzen) aus seiner eigenen Sammlung einen Krug ein, der aus Patronenhülsen gefertigt worden war, die man auf den Schlachtfeldern in Nordafrika im Zweiten Weltkrieg gefunden hatte, und zwei Bernstein-Halsketten aus der Sammlung seines Vaters, die einen auffälligen, mit Halbedelsteinen verzierten Zinnverschluss hatten.

Ein Haus, in dem es nichts Kurioses gibt, wäre allein schon dadurch eine Kuriosität, schrieb der Chefredakteur der *Cape Times*, die die Ausstellung sponserte, im Katalog zu der Ausstellung (siehe Abbildung auf der nächsten Seite). *Der Wunsch, alles Mögliche zu sammeln, ist so sehr verbreitet, dass es wohl kaum eine Familie gibt, die nicht irgendetwas besitzt, das eine Geschichte erzählen könnte.*

Es gab ein enormes Interesse an den 284 eingereichten Ausstellungsobjekten. *Was mich persönlich beeindruckt hat*, schrieb ein Kunstkritiker in einem Bericht über die Ausstellung, der nur als nicht datierter Zeitungsausriss erhalten ist, *waren zwei Halsketten aus Bernstein mit Zinnverschluss und Halbedelsteinen. Diese Ausstellungsexemplare wurden von Herrn R. R. Hayden eingereicht.*

Roger Hayden erhielt als einer von insgesamt sechs Preisträgern den Preis für diese Halsketten und gratulierte der Zeitung in einem Leserbrief *für das Sponsern eines so interessanten Projekts.* Die Hälfte seines Preisgeldes spendete er für wohltätige Zwecke.

Bernsteinhalskette mit einem mit Halbedelsteinen verzierten Zinnverschluss – Sammlung Hahn.

ADMIRATION: Miss Barbara Stern (right), of Clare-mont, admires an antique amber necklace which Sister S. J. Nagel, of Groote Schuur Hospital, tried on yester-day at the Home Curiosities Exhibition, in the Old Drill Hall, Cape Town.

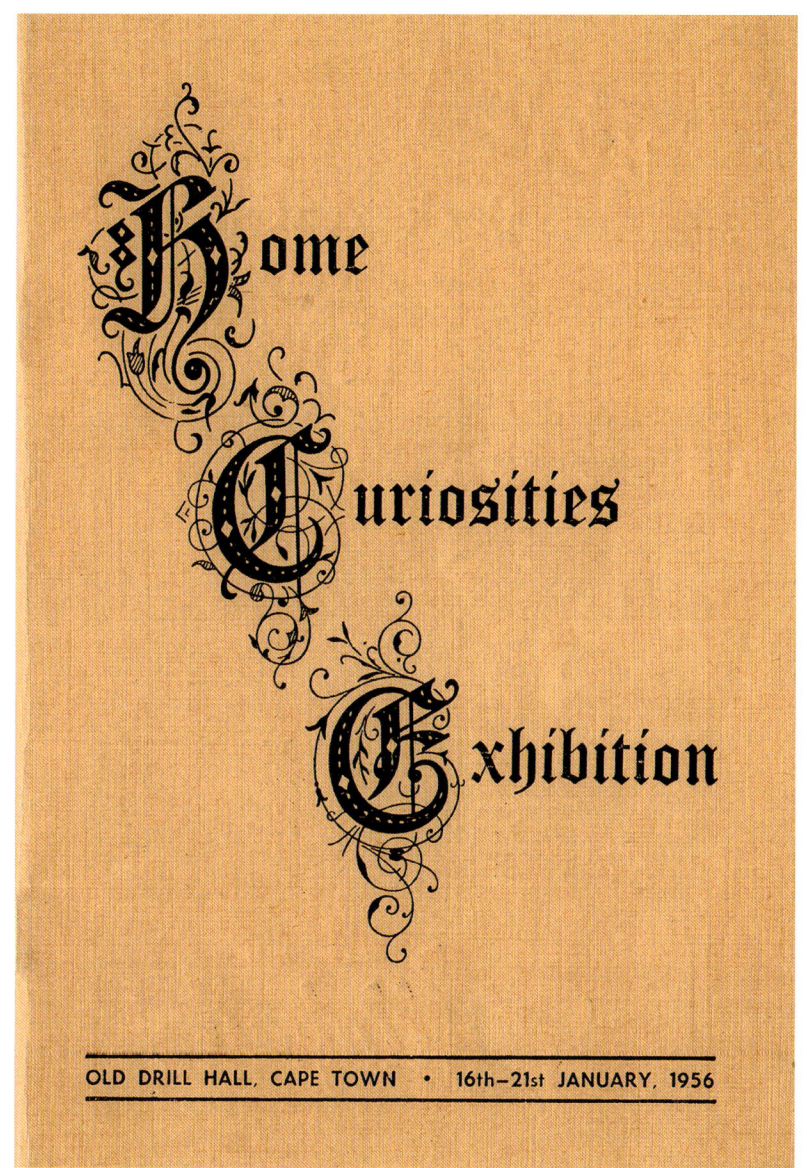

Zeitungsbericht der *Cape Times* über die Ausstellung vom 21. Januar 1956.

Titelbild des Ausstellungskatalogs.

Die Judaica-Sammlung von Roger Hayden

Roger Hayden erweiterte in den Jahren von 1950 bis zu seinem Tod 1984 die Sammlung seines Vaters durch regelmäßige Zukäufe zumeist bei Händlern in London und Kapstadt. Ihn faszinierte vor allem die variantenreiche Ausdrucksstärke der jüdischen religiösen Kunst. In den Chanukkalampen oder Bessamimbüchsen sah er die perfekte Verschmelzung von Exaktheit und Phantasie, von artifizieller Raffinesse und Spiritualität. Für ihn persönlich bedeutete die Sammlung außerdem eine stete Erweiterung seines menschlichen und künstlerischen Erfahrungshorizonts und sei es nur dadurch, dass er die jüdische Kunst der ganzen Welt kennenlernte und in Länder reiste, die er sonst vielleicht nie besucht hätte. So war er in den 1970er Jahren beispielsweise in der Tschechoslowakei und schrieb danach einen längeren Artikel über das Jüdische Museum in Prag, der 1973 in der September-Ausgabe des *The Judean* veröffentlicht wurde. Und Roger Hayden tat auch das, was schon Erich Töplitz in seinem oben zitierten Artikel vom 17. Januar 1929 über die Hahnsammlung angemahnt hatte: Er dokumentierte die Sammlung seines Vaters und die von ihm gemachten Zukäufe sorgfältig und machte sie damit, über die vielen Ausstellungen hinaus, an denen er sich beteiligte, auch auf diese Weise der außerfamiliären Öffentlichkeit zugänglich.

Kidduschbecher mit den Initialien RRH – Rudolph Raphael Hahn – Sammlung Roger Hayden. Wahrscheinlich hatte Rudolf Hahn diesen Becher schon 1939 bei seiner Emigration nach England mitgenommen.

Silberner Pessachteller, Deutschland, 19. Jahrhundert – Sammlung Roger Hayden.

Silberne Chanukkalampe aus der Türkei – Sammlung Roger Hayden.

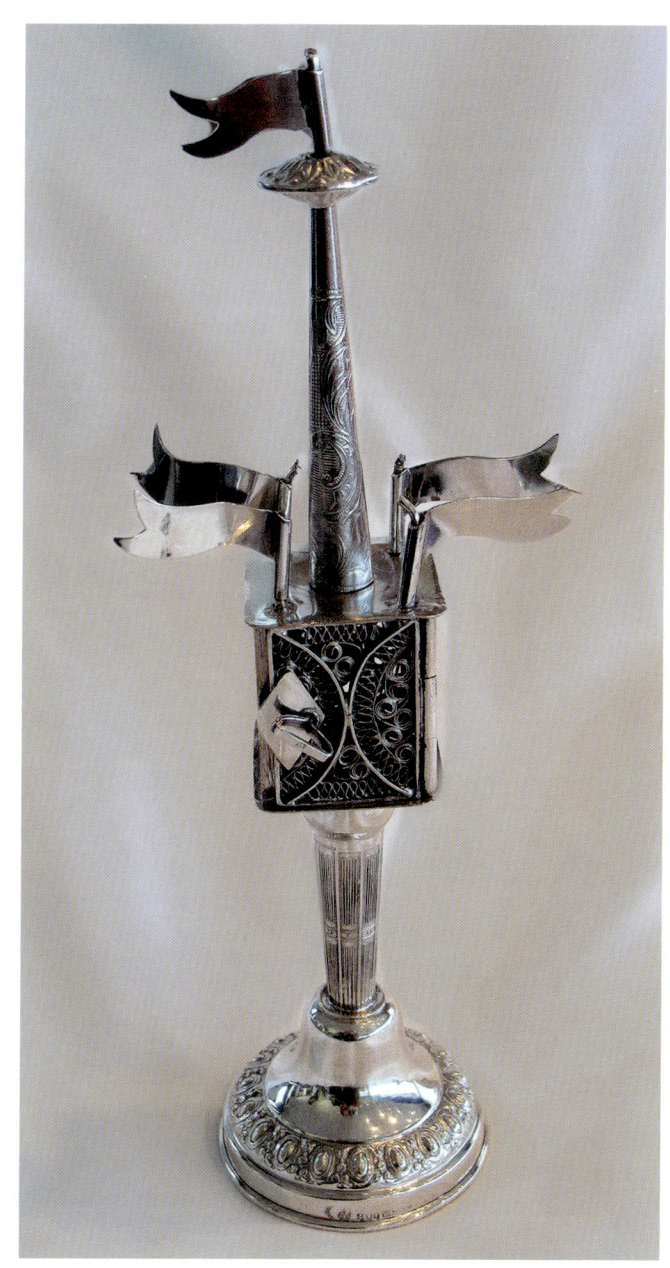

Silberne Bessamimbüchse – Sammlung Roger Hayden.

Torakronen (Rimonim), Silber vergoldet, aus dem Irak, 1880 – Sammlung Roger Hayden. Diese waren wie der Chanukkaleuchter von S. 146 ebenfalls in der Ausstellung des Braunschweigischen Landesmuseums 1984 zu sehen.

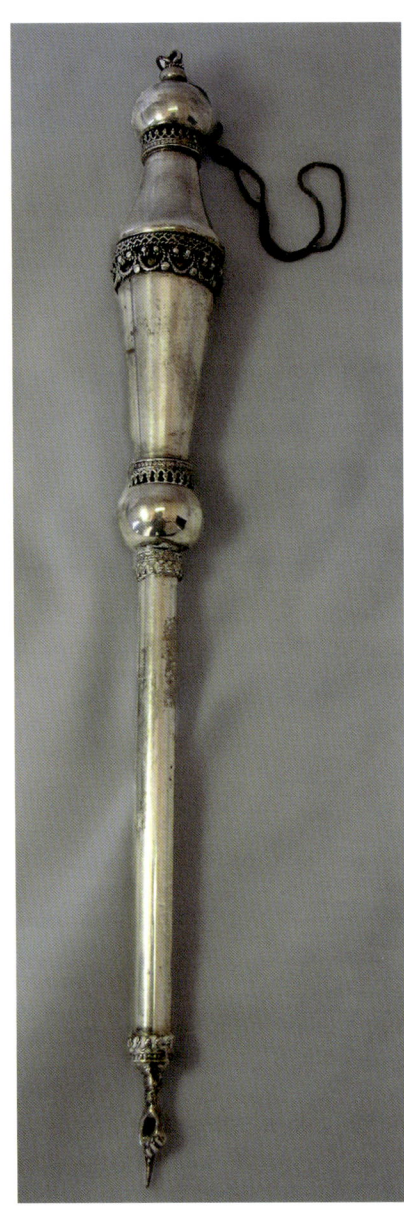

Torazeiger (Yad) aus Silber – Sammlung Roger Hayden.

Silberner Chanukkaleuchter – Sammlung Roger Hayden.

Engagement für das Jüdische Museum in Kapstadt

Die älteste südafrikanische Synagoge wurde 1863 in Kapstadt eingeweiht. Nachdem Anfang des neuen Jahrhunderts die Gemeinde zu groß für diese Synagoge geworden war, baute man 1905 neben die alte Synagoge ein neue, *The Gardens Synagogue*. Nach dem Zweiten Weltkrieg wurde die alte Synagoge zunehmend als Ausstellungsraum genutzt und 1958 dann in deren Räumlichkeiten das Jüdische Museum Kapstadt eröffnet. Roger Hayden unterstützte diese neue Einrichtung großzügig. Er verlieh Kunstobjekte aus seiner und der Sammlung seines Vaters für einzelne Sonderausstellungen, aber auch für die Dauerausstellung des Museums, und Objekte seiner Sammlung wurden oft auf den Titelseiten der Museumspublikationen abgebildet. Von 1972 bis 1982 war er dann sogar Vorsitzender des Vorstandes des Museumsvereins.

Von den Sonderausstellungen, an denen sich Roger Hayden beteiligte, sind insbesondere zu nennen:

1951 *Jüdische Kunstausstellung* (auf S. 153 wurde aus dem Ausstellungskatalog zitiert),

1954 *Jüdische religiöse Kunst*,

1970 *Aspekte jüdischen Lebens in Südafrika* (siehe S. 149),

1973 *Die Pessach-Haggada: Vom Mittelalter bis zur Gegenwart*,

1975 *Die Chanukkaleuchter* (Abbildung nebenstehend),

1983 *Jüdische Kunst und Jüdische Künstler*, gleichzeitig und gemeinsam mit *25 Jahre Jüdisches Museum in Kapstadt* (siehe S. 166),

1983 *Reisen in das Heilige Land*.

Chanukkaleuchter, den Roger Hayden der Chanukkaleuchter Ausstellung in Kapstadt im Jahr 1975 und auch der Ausstellung *Jüdisches Kultgerät* in Braunschweig 1984 zur Verfügung stellte – Sammlung Roger Hayden.

Challah Cover, Germany, 19th century.

CATALOGUE OF ITEMS HOUSED
IN THE UPSTAIRS GALLERY OF
THE JEWISH MUSEUM
CAPE TOWN

Old Synagogue
84 Hatfield Street
Gardens
Cape Town
8001
Rep. S. Africa

Opening Hours:
Tuesdays & Thurs-
days 2 - 5 p.m.
Sundays 10 - 12.30,
and by appointment,
ph. 45-1546 & 45-4302

Die Titelseite einer Broschüre über die Dauerausstellung des Jüdischen Museums Kap-stadt. Sie zeigt die oben schon auf S. 53 abgebildete Challadecke aus dem Zuhause von Max Raphael Hahn. Die Broschüre ist undatiert, stammt aber wahrscheinlich aus den 1970er Jahren.

JEWISH MUSEUM

The Chairman and Committee invite you to attend a

Farewell Function

in honour of

Prof. Lippy & Mrs. Rachel Lipshitz

to be held on Wednesday, 14th December, at 5.30 p.m.

at the Jewish Museum, 84 Hatfield Street, Cape Town

Maccabean Panel
Carving in stinkwood by Prof. Lippy Lipshitz

Anfang 1978 verließ der südafrikanische Maler und Bildhauer Lippy Lipshitz Kapstadt und siedelte nach Israel über. Als Vorstandsvorsitzender des Museumvereins organisierte Roger Hayden im Dezember 1977 einen Abschiedsempfang für diesen bedeutenden Künstler. Oben die Einladung zum Abschiedsempfang für Lippy Lipshitz mit der Abbildung von dessen Holzrelief des Makkabäer Aufstandes. Unten das Holzrelief *Darstellung des Makkabäer-Aufstandes* von Lippy Lipshitz.

Farewell for sculptor

The well-known sculptor, Professor Lippy Lipshitz and Mrs Lipshitz who are leaving Cape Town to settle in Israel were given a farewell reception by the chairman and committee of the Jewish Museum on Wednesday. Professor Lipshitz is seen having a glass of wine with the chairman of the Museum, Mr Roger Hayden.

The Cape Times, Samstag, 17. Dezember 1977: *Abschied für einen Bildhauer. Für den bekannten Bildhauer, Professor Lippy Lipshitz und seine Frau, die Kapstadt verlassen, um sich in Israel niederzulassen, wurde am Mittwoch ein Abschiedsempfang von dem Komitee des Jüdischen Museums und seinem Vorsitzenden ausgerichtet. Hier trinkt Professor Lipshitz ein Glas Wein mit dem Vorstandsvorsitzenden des Museumvereins, Roger Hayden [rechts].*

NEW ACQUISITION FOR CAPE TOWN MUSEUM

CAPE TOWN: Mr Andries van Gelder presented a facsimile copy of the famous Kaufmann Haggadah to Cape Town's Jewish Museum on behalf of the Bar Kochba Lodge and Chapter of B'nai B'rith during a meeting in the Old Shul which houses the Museum.

The richly-illustrated, leather bound Haggadah has been reproduced in ten colours by the Hungarian Academy of Sciences in Budapest.

Its name is derived from the renowned Kaufmann collection in Budapest, where the original manuscript is kept.

Various authorities have tried to establish its source. After an exhaustive study, Professor Alexander Sheiber proved beyond doubt that the work was of Spanish origin, produced during the reign of Isabella of Castille and Ferdinand of Aragon. The reproduction was completed over a two-year period in the 1950's.

The meeting was opened by Mr Alfred Lewin and Mrs Grete Lamm, presidents of the Lodge and Chapter.

Speakers were Mr Rodger Hayden, chairman of the Museum, and Mrs Clara Friedman-Spitz, honorary curatrix.

Bericht der *South African Jewish Times* vom 9. Juli 1980 über das dem Jüdischen Museum in Kapstadt übergebene Faksimile der berühmten Kaufmann-Haggada, das durch eine Spende der Kapstädter Ortsgruppe der Jüdischen Loge B'nai B'rith an das Museum gelangte. Die Kaufmann-Haggada, die wahrscheinlich spanischen Ursprungs ist und aus der Zeit von Isabella von Kastilien und ihrem Ehemanns Ferdinand von Aragon, also aus dem 15. Jahrhundert, stammt, heißt nach dem jüdischen Gelehrten David Kaufmann, der im 19. Jahrhundert eine berühmte Handschriftensammlung in Budapest besaß. Das Faksimile der Kaufmann-Haggada wurde in zweijähriger Arbeit in den 1950er Jahren in Budapest angefertigt. Roger Hayden hatte maßgeblichen Anteil an der Transaktion nach Kapstadt.

Katalog zur Ausstellung *Jüdische Kunst und Künstler*, Jüdisches Museum und Südafrikanische Nationalgalerie, Kapstadt 1983.

25 Jahre Jüdisches Museum in Kapstadt

Am 3. August 1958 öffnete das Jüdische Museum Kapstadt offiziell seine Pforten, obwohl es schon früher Bestrebungen gegeben hatte, ein solches Projekt ins Leben zu rufen. Älteren Berichten kann man entnehmen, dass die Jahrhundertfeier der ersten jüdischen Gemeinde in Kapstadt, die sich 1841 zusammengefunden hatte, der Anlass war, um im Mai 1942 eine Gesellschaft für jüdische Geschichte und ein jüdisches Museum zu gründen. Doch danach geschah erst einmal für mehrere Jahre nichts, bis am 2. April 1951 eine Satzung beschlossen wurde, die als Ziel der Gesellschaft festhielt: ‚Die Sammlung, Bewahrung und Ausstellung von Büchern, Aufzeichnungen und anderen Objekten von historischem und kulturellem Interesse für die jüdische Geschichte', insbesondere mit Blick auf die Rolle, die die jüdische Gemeinde in der historischen Entwicklung und dem kulturellen Leben von Südafrika gespielt hat.

Wir sind glücklich, dass wir als Basis für unsere Arbeit die ‚Mutter Synagoge' haben, die am 13. September 1863 eingeweiht wurde und die die erste Synagoge war, die in Südafrika gebaut wurde. Dieses Gebäude, das heute 120 Jahre alt ist, ist nicht geeignet für die Ausstellung größerer Objekte unserer Sammlung, da es noch immer als Gotteshaus und auch für andere Zwecke der Gemeinde genutzt wird, was die Möglichkeiten von Ausstellungen naturgemäß begrenzt. Das ist der Grund, warum viele, vor allem nichtzeremonielle Objekte unserer Sammlung, die in der alten Synagoge nicht gezeigt werden können, hier in diese Ausstellung aufgenommen wurden und damit erstmals der Öffentlichkeit präsentiert werden. Das Thema dieser Ausstellung ‚Jüdische Kunst und Künstler' zeigt den bedeutenden Beitrag und Einfluss, den die jüdischen Künstler auf das graphische und bildhauerische Werk dieses Landes und anderswo ausgeübt haben. Es liegt mir fern, hier jetzt in die Diskussion über die umstrittene Definition dessen, was jüdische Kunst ist, einzutreten, aber es ist eine nicht zu leugnende Tatsache, dass jüdische Künstler durch ihren religiösen Hintergrund beeinflusst und inspiriert wurden, wenn auch zugegebenermaßen jeweils in verschieden hohem Maß.

Man sollte es nicht als Zufall ansehen, dass die ‚Alte Schul' direkt an die Südafrikanische Nationalgalerie grenzt. Denn aus dieser räumlichen Nähe heraus entwickelte sich eine Beziehung, die nun ihren Ausdruck in einer freundlichen nachbarschaftlichen Kooperation gefunden hat. Die Feier unseres silbernen Jubiläums, für das zwei verschiedene Institutionen ihre Ressourcen zusammengetan haben, um diese gemeinsame Ausstellung auf die Beine zu stellen, fügt dem eine neue und bisher einzigartige Dimension von gemeinsamer Öffentlichkeitsarbeit hinzu.

Die Eröffnung der Ausstellung fällt – dies ist ein besonders glücklicher Umstand – genau auf den Tag der Eröffnung des Jüdischen Museums vor 25 Jahren, als der verstorbene Vorstandsvorsitzende des Museumsvereins, Dr. Louis Mirvish, die Öffentlichkeit um die Schenkung von Objekten für unsere Sammlung bat. Seitdem haben wir mit aktiver Unterstützung unserer Gemeinde eine vielseitige Sammlung aller der Dinge aufgebaut, die für Juden und das Judentum von Interesse sind, darunter Dokumente und Aufzeichnungen, Kunst- und zeremonielle Objekte.

Zum Schluss möchte ich Dr. Raymund van Nickerk, seinen Assistentinnen Lucy Alexander und Emmy Bedford und seinem Mitarbeiterstab meinen Dank aussprechen für die umfassende Kooperation und wertvolle Beratung, und ebenso meiner Gemeinde für ihre Unterstützung bei der Realisierung dieses Gemeinschaftsprojekts in der Hoffnung, dass sein Erfolg diesen Einsatz rechtfertigen wird. Ich danke ebenfalls der Kapstadter Sektion des südafrikanischen jüdischen Deputiertenausschusses für die finanzielle Hilfe und Ermutigung.

Roger R. Hayden
Vorsitzender des Jüdischen Museumsvereins (Original Englisch)

Roger Haydens Einleitung zum Katalog der Ausstellung *Jüdische Kunst und Künstler*, 1983. Roger Hayden stellte auch dieser Ausstellung wieder Objekte aus der Sammlung seines Vaters zur Verfügung.

Diese Bessamimbüchsen, die einmal Max Raphael Hahn gehört hatten, wurden nie wieder gefunden – Sammlung Hahn (V).

1996 begann man nach jahrelanger Planung mit dem Bau des neuen, direkt im Kapstadter Museumsviertel gelegenen, durch seine imposante Fassade schon von weitem beeindruckenden South African Jewish Museum, das im Jahr 2000 von Nelson Mandela persönlich eingeweiht wurde. Für dieses moderne Museum wurde die Geschichte der Juden in Südafrika multimedial und interaktiv aufbereitet, und es ist auch Roger Hayden zu verdanken, dass es heute in Südafrika einen solchen Ort gibt.

Aus dem Newsletter des Jüdischen Museums Kapstadt, Januar 1984:

Während des Zweiten Weltkriegs wurde unter der Leitung von Hannah Arendt, einer berühmten Dichterin, Philosophin und Publizistin, die Europäische Kommission für kulturelle Restitutionen eingerichtet [siehe den Brief auf S. 125]. Die Aufgabe der Kommission war es, die den europäischen Juden gestohlenen religiösen und andere Wertsachen aufzufinden und ihnen wieder ein würdevolles Zuhause zu geben. So kamen mehrere Tora-Brustschilder, Chanukka-Leuchter und Tora-Kronen in das jüdische Museum nach Kapstadt. Wir sind es den Menschen, die während der Schoah ermordet worden sind, schuldig, ihre Sachen in der Öffentlichkeit so zu präsentieren, dass ihre Schönheit und Bedeutung zur vollen Geltung kommen (Original Englisch).

Familienerbstücke erzählen Geschichten. Sie sind Zeugen der Vergangenheit und spiegeln Geschmack, Werte und den Glauben ihrer ehemaligen Besitzer wieder. Erbstücke werden über Generationen weitergereicht und bilden eine Brücke aus der Vergangenheit in die Zukunft. Sie zeugen von Beständigkeit. Die Tradition des Sammelns begann in der Familie Hahn in den 1870er Jahren mit Raphael Hahn, wurde von seinem Sohn Max Raphael Hahn und später wiederum von dessen Sohn Roger Hayden fortgeführt und lebt heute in Rogers Söhnen Jonathan und Michael weiter, die seit ihrer frühesten Jugend ebenfalls begeisterte Sammler sind. So wie drei Generationen vor ihnen sammeln auch sie Judaica. Doch wie bei Max Raphael Hahn beschränkt sich auch ihre Sammelleidenschaft nicht auf Judaica.

So gehören zu Michael Haydens Sammlung über 3 000 Haggadot, darunter sowohl alte, wertvolle Manuskripte, als auch New Age-, buddhistische und Ladino-Haggadot, aber wie sein Großvater sammelt er auch zeitgenössische Kunst: Arbeiten von Ben Shahn, einem in Litauen geborenen Künstler, der als Vertreter eines amerikanischen sozialen Realismus gilt, und Zeichnungen des Kinderbuchillustrators Maurice Sendak, einem in Brooklyn geborenen Sohn jüdischer Einwanderer aus Polen, der ebenfalls viele seiner Familienmitglieder während der Schoah verlor; außerdem Arbeiten der in Israel aufgewachsenen und jetzt in Kanada lebenden Malerin und Bildhauerin Sylvia Safdie, Fotografien der in Südafrika geborenen und 1985 nach London emigrierten Fotografin Jillian Edelstein, deren Altersportrait von Nelson Mandela heute zum klassischen Bildkulturerbe gehört. Wie bei seinem Großvater umfasst Michaels Haydens Sammelleidenschaft alles, was ihm schön und sammelnswert erscheint und was entweder über das Judentum, sein Geburtsland Südafrika oder seine heutige Heimat Kanada mit seiner Familie verbunden ist. So gehören auch handgemachte Miniaturkörbchen, die von indianischen Künstlern aus der kanadischen Provinz British Columbia hergestellt werden, alte Spielautos und modernes Spielzeug, das in Afrika, dem Kontinent auf dem er geboren wurde, aus Recyclingmaterial hergestellt wird, zu seiner Sammlung.

Jonathan Hayden, der nach wie vor in Südafrika, in Kapstadt, lebt und dort wie sein Vater aktiv in der jüdischen Gemeinde tätig und sich für das Jüdische Museum in Kapstadt engagiert, sammelt außer Judaica auch Kunstwerke südafrikanischer Künstler, insbesondere die Arbeiten von William Kentridge. Kentridge stammt aus einer wohlhabenden jüdischen Familie, die als Rechtsanwälte während der Apartheid Schwarze vor Gericht vertraten, und ist einer der bedeutendsten Künstler des Landes. Er ist weltweit vor allem durch seine mit Hand gezeichneten Animationsfilme bekannt geworden, in denen er die Geschichte und die soziale Situation Südafrikas reflektiert. Das deutsche Publikum lernte Kentridge durch seine Teilnahme an der Kasseler Documenta 1997, 2002 und zuletzt 2013 kennen, wo er mit seiner Lichtinstallation *The Refusal of Time* Aufsehen erregte.

Der Titel *The Refusal of Time* lässt sich in seiner Vielschichtigkeit nur unvollkommen ins Deutsche übersetzen, doch wenn man ihn als Zurückweisung oder Ablehnung von Vergänglichkeit deutet, ist damit zugleich auch ein substantielles Merkmal von Sammeln und Sammelleidenschaft benannt, und dann lässt sich damit auch die Haltung eines Sammler charakterisieren, der Vergangenes bewahrt und weitergibt und auf diese Weise die Zeit überwindet. *The Refusal of Time* passt daher als Motto auch sehr gut zu der hier bebilderten Geschichte der Familie Hahn-Hayden.

Womit alles begann: die Sulzbacher Haggada aus dem Jahr 1751 aus der Sammlung von Max Raphael Hahn.

Quellenangaben und Bildnachweis

Die Objekte, die aus der ursprünglichen Sammlung von Raphael Hahn und Max Raphael Hahn stammen, werden im Text mit *Sammlung Hahn* bezeichnet. Bei Objekten, die von den Nationalsozialisten beschlagnahmt wurden und von denen sich lediglich ein Foto erhalten hat, wurde ein V (für Verlust) hinzugefügt. Die Objekte, die von Roger Hayden der Sammlung hinzugefügt wurden, sind als *Sammlung Roger Hayden* gekennzeichnet.

Familiendokumente und -fotos

Alle Fotos der heute noch erhaltenen Sammlungsobjekte wurden von Michael Rubell gemacht, außer den im Folgenden genannten Fotos: Toraschild S. 49 (Michael Hayden), S. 53 Challadecke (Michael Hayden), S. 55 Challadecke, -messer und Bessamimbüchse (Michael Hayden), S. 148 drei Fotos von Bessamimbüchsen (Michael Hayden), S. 149 italienische Chanukkia (Michael Hayden), S. 135 Biedermeiersekretär (Diana Kanter).

Alle hier abgebildeten oder zitierten Briefe, Familiendokumente (z. B. das Geschäftsbuch von Raphael Hahn) und auch Zeitungsausrisse befinden sich in der privaten Sammlung Hahn-Hayden, Vancouver, Canada. Die Fotos der verlorenen Objekte aus der Sammlung Max Raphael Hahns stammen alle und die Familienfotos der Familie Hahn zum größten Teil aus derselben Sammlung. Weitere Familienfotos wurden dankenswerterweise von Diana Kanter und Trudy Barton (Fotos der Familie Lasch und Israel) und von der Familie von Dorothea Fraser May (das Foto von Hannchen und Raphael Hahn auf S. 25 und in der Stammtafel vorn) für dieses Buch zur Verfügung gestellt. Abbildungen, die aus dem Stadtarchiv Göttingen oder dem Städtischen Museum Göttingen stammen, wurden im Text gekennzeichnet. Das Foto auf S. 81 wird hier mit freundlicher Genehmigung des Hainberg-Gymnasiums Göttingen abgedruckt.

Die Erinnerungen von Siegfried Lasch (Siegfried Lasch, Memoir, etwa 73 Seiten, 1963) befinden sich im Center for Jewish History, New York City, eine Kopie davon auch in der Hahn-Hayden-Sammlung in Vancouver.

Das zitierte Videointerview aus dem Jahr 1984 mit Roger Hayden (Rudolf Hahn) befindet sich im Vancouver Holocaust Education Centre.

Andere ungedruckte Quellen

Einwohnermeldekarten Hermann Hahn, Max Raphael Hahn, Nathan Hahn und Raphael Hahn, Stadtarchiv Göttingen.

Kennkarten Hanni Hahn, Max Raphael Hahn und Rudolf Hahn, Stadtarchiv Göttingen.

Ostfeld, Hermann, Predigten, Stadtarchiv Göttingen, Kleine Erwerbungen 242 (insbesondere die Predigt vom 28. 9. 1935).

Akten mit Informationen zur Jüdischen Geschichte Göttingens im Stadtarchiv Göttingen, insbesondere:
– Judenangelegenheiten (Gen.) 1933–1943 und (Spec.) 1931–1949, Polizeidirektion Fach 157, Nr. 5 und Nr. 6.
– Logenangelegenheiten 1933–1937, Polizeidirektion Fach 157, Nr. 7.
– Vereinsloge des unabhängigen Ordens „Bnei Brith" (Spec.) 1908, Polizeidirektion Fach 148, Nr. 25, Ab. C.
– Verhandlungen wegen Errichtung einer besonderen Schule für Juden 1935–1945, Schulverwaltungsamt Abschnitt D a Fach 24, Nr. 21/5.
– Verordnung betr. Verhängung des Ausnahmezustandes, Belagerungszustand zum Schutz der Republik und des deutschen Volkes, Schutzhaftanordnung, Redeverbot (Spec.), 1923–1936 (Bd. 1), (1936) 1937–1941 (Bd. 2), Polizeidirektion, Fach 31 a, Nr. 2.
– Anfragen und Beobachtungen über Personen in politischer Hinsicht 1933–1941, Polizeidirekton Fach 31 a, Nr. 14.

– Ehemalige Jüdische Grundstücke, 1950–1953, Liegenschaftsamt (Acc. Nr. 439/78) Nr. 84/7.

Hahn, Gertrud an Rudolf Hahn, o. D. (19. 11. 1938), zitiert in: Jüdische Spuren in unserer Region. Am Beispiel der Familie Hahn aus Göttingen. Eine bebilderte Dokumentation der Klasse 11k1, FKG Göttingen, 8. September bis 27. November 1996, S. 5, Manuskript im Stadtarchiv Göttingen.

Hahn, Max Meier, Augenzeugenbefragung am 12. 8. 1981, Stadtarchiv Göttingen, Depositum 77, I, Nr. 26.

Protokoll der Religionsgemeinschaft orthodoxer Richtung vom 9. 1. 1905, unterzeichnet u. a. von Nathan und Max (Raphael) Hahn, als Kopie in der Sammlung Jüdische Kultusgemeinde für Göttingen und Südniedersachsen (Original im Bundesarchiv Abteilung Potsdam, auf der Kopie keine Angabe der genauen Akte).

Gedruckte Quellen

75-jährige Chronik der Firma Raphael Hahn, Göttingen 1933 (in einem wahrscheinlich als Werbegeschenk an die Kunden verteilten Kalender des Jahres 1933), Stadtarchiv Göttingen.

De Waal, Edmund: Der Hase mit den Bernsteinaugen. Das verborgene Erbe der Familie Ephrussi, Wien 2011.

Gesetze und parlamentarische Regeln der Moritz Lazarus Loge in Göttingen und Allgemeine Gesetze für die Logen des VIII. Distrikts, Göttingen 1921 (Kopie in der Sammlung der Jüdischen Kultusgemeinde für Göttingen und Südniedersachsen, Original im Leo-Baeck-Institute Archives New York, Collection B'nai B'rith, District Nr. 8 Göttingen).

Harburger, Theodor: Geleitwort zu: Die Judaica-Sammlung von S. Kirschstein. Versteigerung in der der Galerie Hugo Helbing München. Versteigerungskatalog, München 1932, o. P.

Hermon, Zvi (früher Hermann Ostfeld): Vom Seelsorger zum Kriminologen. Rabbiner in Göttingen – Reformer des Gefängniswesens und Psychotherapeut in Israel. Ein Lebensbericht, Göttingen 1990 (Zitate S. 94–97 f., S. 100 ff., S. 103 f., S. 126 f., S. 159, S. 161 ff.).

Kirschstein, Salli: Jüdische Graphiker aus der Zeit von 1625–1825, Berlin 1918.

Nachruf auf Raphael Hahn, in: Deutsche Israelitische Zeitung vom 30. 12. 1915, S. 5 f. (ohne Autor, wahrscheinlich von Seligmann Meyer).

Nachruf auf Distriktsrabbiner Dr. Seligmann Meyer, in: Der Israelit vom 14. 1. 1926.

Nachruf auf Mathilde Meyer, geb. Hahn, in: Der Israelit vom 3. 9. 1936.

Philolexikon. Handbuch des jüdischen Wissens (erste Auflage 1934), Frankfurt 2003.

Schwarz, Karl: Jüdische Kunst. Jüdische Künstler. Erinnerungen des ersten Direktors des Berliner Jüdischen Museums. Hg. mit einer Vorbemerkung und Anmerkungen von Chana C. Schütz und Hermann Simon, Berlin 2001.

Toeplitz, Erich: Die Gesellschaft zur Erforschung jüdischer Kunstdenkmäler, in: Der Jude (1923), Heft 7/8, S. 496.

Toeplitz, Erich: Jüdische Kunstsammlungen, IV. Die Sammlung Max Hahn in Göttingen, in: Israelitisches Familienblatt, 17. 1. 1929, S. 276 f.

Walk, Joseph (Hg.): Das Sonderrecht für die Juden im NS-Staat. Eine Sammlung der gesetzlichen Maßnahmen und Richtlinien – Inhalt und Bedeutung, Karlsruhe 1981.

Literatur

700 Jahre Juden in Niedersachsen. Geschichte und religiöses Leben. Katalog einer Ausstellung im Städtischen Museum in Göttingen, Göttingen 1973.

Armbruster, Thomas: Rückerstattung der Nazi-Beute. Die Suche, Bergung und Restitution von Kulturgütern durch die westlichen Alliierten nach dem Zweiten Weltkrieg, Berlin 2008 (insb. S. 488 ff.).

Baader, Gerhard: Artikel Heyne, Moritz, in: Neue Deutsche Biographie 9 (1972), S. 95–96.

Bajohr, Frank: „Arisierung" in Hamburg: die Verdrängung der jüdischen Unternehmer 1933–1945, Hamburg 1997.

Banken, Ralf: Edelmetallmangel und Großraubwirtschaft. Die Entwicklung des deutschen Edelmetallsektors im „Dritten Reich" 1933–1945, Berlin 2009.

Barkai, Avram: Vom Boykott zur „Entjudung": der wirtschaftliche Existenzkampf der Juden im Dritten Reich, 1933–1943, Frankfurt am Main 1988.

Bertz, Inka: Raub und Restitution. Kulturgut aus jüdischem Besitz von 1933 bis heute, Göttingen 2008.

Böhme, Ernst; Driever, Rainer und Rohrbach, Rainer: „Gekauft aus dem Nachlass des Bankiers Max Frank". „Arisiertes" Kulturgut im Sammlungsbestand des Städtischen Museums, in: Göttinger Jahrbuch 57 (2009), S. 141–160.

Bollauf, Traude: Dienstmädchen – Emigration. Die Flucht jüdischer Frauen aus Österreich und Deutschland nach England 1938/39, 2. überarbeitete Auflage, Wien 2011.

Breger, Jennifer: Das Ende einer Ära (über die Familie Sassoon), in: Shalom. Das Europäische Jüdische Magazin 35 (Frühling 2001), Online-Ausgabe http://www.shalom-magazine.com/Print.php?id=350215.

Bruns-Wüstefeld, Alex: Lohnende Geschäfte. Die „Entjudung" der Wirtschaft am Beispiel Göttingens, Hannover 1997, insb. S. 53, S. 228 f., S. 232, S. 243–246, S. 246, S. 254–260 und S. 284 f. (Zitat aus dem Bericht des Ermittlungstreuhänders zur Merkelstraße 3, S. 255).

Carlebach, Julius: Deutsche Juden und der Säkularisierungsprozeß in der Erziehung – Kritische Bemerkungen zu einem Problemkreis der jüdischen Emanzipation, in: Das Judentum in der Deutschen Umwelt: 1800–1850, Studien zur Frühgeschichte der Emanzipation, hg. von Hans Liebeschütz und Arnold Paucker, Tübingen 1977, S. 55–94.

Caspers, Michael: Der Traum vom Haus. Göttingen hat eine neue Synagoge und zwei Gemeinden, in: Jüdische Allgemeine vom 5. 6. 2008, Online-Ausgabe http://www.juedische-allgemeine.de/article/view/id/2667.

Das Felix-Klein-Gymnasium unterm Hakenkreuz, von Lehrern und Schülern erarbeitete Broschüre, Manuskript Göttingen 2011 (ein Exemplar befindet sich im Felix-Klein-Gymnasium Göttingen).

Dietert, Eike: Die Geschichte der Juden in Göttingen, Sonderdruck aus Plesse-Archiv 28 (1992), S. 321–518.

Frübis, Hildegard: Die Begründung einer jüdischen Kunst in den Diskussionen der jüdischen Moderne, in: Kunst und Politik. Jahrbuch der Guernica-Gesellschaft 6 (2004), S. 49–64.

Frübis, Hildegard: Judaica-Sammlungen: Die Ethnographie der eigenen Kultur, in: Kunst und Politik. Jahrbuch der Guernica-Gesellschaft 9 (2007), S. 163–174.

Heyther, Dietrich; Matthäus, Wolfgang und Pieter, Bernd: Als jüdische Schülerin entlassen. Nationalsozialismus in Nordhessen. Schriften zur regionalen Zeitgeschichte Heft 5, hg. von der Gesamthochschule Kassel, Kassel 1984 (insb. S. 21).

Hill, Joanne: Family trying to recover extensive Hahn Judaica collection – looted, destroyed by Nazis – and build, in: Jewish Tribune, Canada, 24. 1. 2012.

Holzgrabe, Friedrich: Das israelitische Lehrerseminar in Kassel 1825–1920 (Schluß), in: Mitteilungen des Vereins für Hessische Geschichte und Landeskunde e. V. Kassel, Neue Folge Nr. 18 (März 1989), S. 1–23 (insb. S. 20 f.).

Homeyer, Fritz: Deutsche Juden als Bibliophile und Antiquare, 2. erweiterte und verbesserte Auflage, Tübingen 1963.

Hoppe, Jens: Jüdische Geschichte und Kultur in Museen. Zur nichtjüdischen Museologie des Jüdischen in Deutschland, Münster, New York, München, Berlin 2002 (insb. S. 203 f., S. 235, S. 266 f., S. 286, S. 296 f., S. 304 f., S. 312).

Huber, Carolin: Jüdische Kindheit und Jugend im nationalsozialistischen Deutschland. Eine vergleichende Studie für die Städte Düsseldorf und Essen, Dissertation Universität Düsseldorf 2009, Online-Ausgabe http://d-nb.info/99 5786453/34.

Kruppe, Michael: Häuserchronik der Stadt Göttingen: Merkelstraße 3 (ehem. Waldstraße Nr. 2/4), Manuskript, Göttingen 2013 (ein Exemplar befindet sich beim Hogrefe Verlag in Göttingen).

Lersch, Thomas: Landsberger, Franz, in: Neue Deutsche Biographie 13 (1982), S. 517 f.

Lillteicher, Jürgen: Raub, Recht und Restitution. Die Rückerstattung jüdischen Eigentums in der frühen Bundesrepublik, Göttingen 2007.

Meinl, Susanne und Zwilling, Jutta: Legalisierter Raub. Die Ausplünderung der Juden im Nationalsozialismus durch die Reichsfinanzverwaltung in Hessen, Frankfurt am Main, New York 2004.

Meyer, Beate: „Jüdische Mischlinge". Rassenpolitik und Verfolgungserfahrung 1933–1945, 2. Auflage, Hamburg 2002.

Meyer, Beate: Die Verfolgung und Ermordung der Hamburger Juden 1933–1945. Geschichte, Zeugnis, Erinnerungen, Göttingen 2006.

Meyer-Hoos, Elke: Rückerstattung und Entschädigung für Opfer der nationalsozialistischen Verfolgung: Ernst Wolff, Dannenberg, in: Hannoversches Wendland, Band 16/17 (1998–2011), Lüchow 2012, S. 23–48.

Michael, Berthold: Schule und Erziehung im Griff des totalitären Staates. Die Göttinger Schulen in der nationalsozialistischen Zeit von 1933 bis 1945, Göttingen 1994, insb. S. 38–42.

Rudolph, Sabine: Restitution von Kunstwerken aus jüdischem Besitz. Dingliche Herausgabeansprüche nach deutschem Recht, Berlin 2007.

Sammeln. Stiften. Fördern. Jüdische Mäzene in der deutschen Gesellschaft, hg. von der Koordinierungsstelle für Kulturgutverluste Magdeburg, bearbeitet von Andrea Baresel-Brand und Peter Müller, Magdeburg 2008.

Schäfer, Michael: Villa Merkelstraße – Geschichte eines Hauses. Teil 5: Familie Hahn: Verhaftet, verschleppt, ermordet, Teil 6: Flüchtlinge, Geheimdienst, Göttinger Gruppe, Göttinger Tageblatt 28. 12. 2012 (S. 8) und 8. 1. 2013 (S. 10).

Schäfer-Richter, Uta: Aspekte der Lebens- und Wohnsituation der jüdischen Bevölkerung in Göttingen 1933–1942, in: Göttinger Jahrbuch 39 (1991), S. 183–198.

Schäfer-Richter, Uta, und Klein, Jörg: Die jüdischen Bürger im Kreis Göttingen 1933–1945. Göttingen – Hann. Münden – Duderstadt. Ein Gedenkbuch, Göttingen 1992 (2. Auflage 1993).

Schmidberger, Ekkehard: Rudolf Hallo und das jüdische Museum in Kassel, in: Juden in Kassel 1908–1933. Eine Dokumentation anläßlich des 100. Geburtstages von Franz Rosenzweig, Ausstellung des Kulturamts der Stadt Kassel 23. 11. 1986–31. 1. 1987 und des Jüdischen Museums Frankfurt am Main 19. 5.–28. 6. 1987, Kassel 1986, S. 59–68.

Schütz, Chana C.: Von Berlin nach Tel Aviv – der Lebensweg des Museumsdirektors Karl Schwarz, in: Kunst und Politik. Jahrbuch der Guernica-Gesellschaft 6 (2004), S. 65–77.

Simon, Hermann: Das Berliner jüdische Museum in der Oranienburger Straße. Geschichte einer zerstörten Kulturstätte, Berlin 1988.

Specht, Heike: Die Feuchtwangers: Familie, Tradition und jüdisches Selbstverständnis, Göttingen 2006 (insb. S. 267 und S. 391).

Stein, Harry: Das Sonderlager im Konzentrationslager Buchenwald nach den Pogromen 1938, in: Monica Kingreen (Hg.): „Nach der Kristallnacht". Jüdisches Leben und antijüdische Politik in Frankfurt am Main 1938–1945, Frankfurt 1999, S. 19–54 (hier insb. S. 49).

Tollmien, Cordula: Juden in Göttingen: 1918 bis 1933: Wirtschaftlich-kulturelle Integration und erstarkender Antisemitismus (darin zwei Abschnitte über die sozio-ökonomische Entwicklung und die Personalstruktur der Gemeinde von Matthias Manthey); 1933 bis 1945: Entrechtung, Vertreibung und Ermordung; Nach 1945: Organisation des Überlebens und die Entstehung einer neuen jüdischen Gemeinde, in: Göttingen – Die Geschichte einer Universitätsstadt, Band 3: Von der preußischen Mittelstadt zur südniedersächsischen Großstadt 1866 bis 1989, hg. von Rudolf von Thadden und Jürgen Trittel, Göttingen 1999, S. 688–760.

Tollmien, Cordula: Nationalsozialismus in Göttingen 1933–1945, in: Göttingen – Die Geschichte einer Universitätsstadt, Band 3: Von der preußischen Mittelstadt zur südniedersächsischen Großstadt 1866 bis 1989, hg. von Rudolf von Thadden und Jürgen Trittel, Göttingen 1999, S. 127–273.

Urban-Fahr, Susanne: Der Philo-Verlag 1919–1938. Abwehr und Selbstbehauptung, Hildesheim, Zürich, New York 2001.

Weber, Anette: Zwischen Altruismus und Akzeptanz – Sammeln als Inbegriff bürgerlicher Selbstverwirklichung, in: Sammeln. Stiften. Fördern. Jüdische Mäzene in der deutschen Gesellschaft, hg. von der Koordinierungsstelle für Kulturgutverluste Magdeburg, bearbeitet von Andrea Baresel-Brand und Peter Müller, Magdeburg 2008, S. 27–52.

Weber-Reich, Traudel: Alice Rosenberg, in: Des Kennenlernens werth. Bedeutende Frauen Göttingens, hg. von Traudel Weber-Reich, Göttingen 4. durchgesehene Auflage 2002, S. 364f.

Wilhelm, Peter: Die Synagogengemeinde Göttingen, Rosdorf und Geismar 1850–1942, Göttingen 1978.

Informationen im WEB

Centraal Bureau voor Genealogoie, Den Haag, Niederlande: http://www.cbg.nl/index.php/6/home+-+nieuws?id=6 (Einträge für Frankenberg und Nathanson).

Csiki, Judith: Kurzbiographie Theodor Harburger: http://www.kunstgeschichte.uni-muenchen.de/forschung/ausstellungsprojekte/archiv/einblicke_ausblicke/biografien/harburger/index.html.

Einträge im Gedenkbuch des Bundesarchivs – Opfer der Verfolgung der Juden unter der nationalsozialistischen Gewaltherrschaft in Deutschland 1933–1945
– für Betty Hahn: http://www.bundesarchiv.de/gedenkbuch/de831438,
– für Gertrud Hahn: http://www.bundesarchiv.de/gedenkbuch/de831698,
– für Hermann Hahn: http://www.bundesarchiv.de/gedenkbuch/de831607,
– für Max Raphael Hahn: http://www.bundesarchiv.de/gedenkbuch/de831920,
– für Nathan Hahn: http://www.bundesarchiv.de/gedenkbuch/de831293.

Hainberg-Gymnasium Göttingen, Gedenkstätte für die ehemaligen jüdischen Schülerinnen, 1999: http://www.hainberg-gymnasium.de/unesco/unesco-projekte/gedenkstaette.

Claus Meyer, Die Schülerinnen jüdischer Herkunft im Hainberg-Gymnasium Göttingen, 2008: http://www.hainberg-gymnasium.de/fileadmin/inhalt/hg_allgemein/schulgeschichte/schulgeschichte_pdf/HG3%20pdf-Dateien/2_EINLEITUNG.pdf.

Claus Meyer, Gedenken an die jüdischen Schülerinnen, 2008: http://www.hainberg-gymnasium.de/fileadmin/inhalt/hg_allgemein/schulgeschichte/schulgeschichte_pdf/HG3%20pdf-Dateien/04_GEDENKEN_1995_1999_2008.pdf.

Kriegsrohstoffabteilung: http://www.dhm.de/lemo/html/wk1/wirtschaft/kra.

Firma Lasch Halberstadt: http://www.juden-im-alten-halberstadt.de/menschen.php?menschID=77&filter=.

Sammlung Felix I. Kauffmann: http://findingaids.cjh.org/?pID=479211.

Wikipedia Dreidel: http://de.wikipedia.org/wiki/Dreidel.

Wikipedia Mappa: http://de.wikipedia.org/wiki/Mappa.

Wikipedia Albi Rosenthal http://de.wikipedia.org/wiki/Albi_Rosenthal#cite_ref-5.

Letzte Abfrage für alle Artikel am 10. Mai 2014.